키워드로 읽는
어린이문화콘텐츠

어른을 위한 어린이책이야기 09

키워드로 읽는 어린이문화콘텐츠

2014년 3월 15일 1판 1쇄 발행 / 2017년 1월 23일 1판 2쇄 발행

지은이 최수웅 / 펴낸이 임은주
펴낸곳 도서출판 청동거울 / 출판등록 1998년 5월 14일 제406-2011-000051호
주소 (10881) 경기도 파주시 문발로 115 (파주출판도시, 세종출판벤처타운) 201호
전화 031) 955-1816(관리부) 031) 955-1817(편집부) / 팩스 031) 955-1819
전자우편 cheong1998@hanmail.net / 네이버블로그 청동거울출판사

책값은 뒤표지에 있습니다.
잘못 만들어진 책은 바꾸어 드립니다.
지은이와의 협의에 의해 인지를 붙이지 않습니다.

First published in Korea in 2014 by CheongDongKeoWool Publishing Co.
Printed in Korea.

ISBN 978-89-5749-162-1 (93300)

이 도서의 국립중앙도서관 출판시도서목록(CIP)은 서지정보유통지원시스템 홈페이지 (http://seoji.nl.go.kr)와 국가자료공동목록시스템(http://www.nl.go.kr/kolisnet)에서 이용하실 수 있습니다. (CIP제어번호: CIP2014006165)

어른을 위한 어린이책이야기 09

키워드로 읽는 어린이 문화콘텐츠

최수웅 지음

청동거울

내 상상력의 원천인 두 아이에게,

그리고 그들의 둥지를 든든하게 지켜주는 한 사람에게

머리말

세상은 언제나 이해하기 어려운 텍스트였다. 불멸의 말씀을 이정표 삼아 길을 더듬었고, 이야기의 재미에 빠져 시장과 우물가를 기웃거렸으며, 위대한 거인들의 어깨를 빌려 먼발치까지 구경도 해보았다. 그 과정에서 얻은 보잘것없는 지식을 밑천 삼아 길라잡이 행세를 하며 삶을 꾸려가고 있다. 하지만 고백하건대, 나는 여전히 세상을 잘 모른다.

돌이켜보면 모든 것들이 지금보다 훨씬 단순했던 어린 시절부터 그러했다. 관계는 언제나 복잡했고, 대응방식은 대체로 미숙했으며, 결과는 보잘것없거나 때때로 참혹했다. 지금과 다른 점이라면, 내일이면 나아지리라는 기대를 품고서 쉽게 잠들 수 있었다는 정도일까. 그렇지만 흘러간 옛 노래의 가사처럼 시간은 훌쩍 지나버렸고, 나는 자주 뒤척거린다. 그럴 때마다 잠든 아이들의 머리를 쓰다듬으며 속삭인다. 내일은 조금 더 배우고, 보다 더 익숙해지고, 한층 더 자라게 될 거라고. 어쩌면 그렇기 때문에 세상은 재미있는 곳이라고.

이 책에 수록된 글은 대부분 그 속삭임을 바탕으로 싹텄다. 기르고 가꾸고 수확하는 일은 나의 몫이지만, 아이들이 곁에 없다면 애초에 눈길조차 두지 않았을 주제였다. 그러므로 이번에는 아이들이 내 스승이 된 셈이다.

세상 일이 대부분 그러하듯 관심을 가진 뒤에야 비로소 문제가 보이

기 시작했다. 무엇보다 의아했던 부분은, 어린이문화콘텐츠에 대한 연구자들의 무관심이었다. 문화콘텐츠는 매우 격렬한 논쟁이 벌어지는 분야다. 다양한 영역들을 아우르는 개념이므로 애초에 논란의 여지를 포함하고 있었지만, 정책과 연결되면서 사회적 이슈로 부각되었던 탓이기도 했다. 성과에 근거한 논의가 자연스럽게 형성되기도 전에 예측과 전망부터 내놓는 경우가 많았다. 그에 따라 논의는 새로운 기술과 낯선 분야로만 집중되면서 정작 창작과 소비가 이루어지는 현장의 상황과는 동떨어지게 되었다. 어린이 대상 작품은 여러 분야에서 활발하게 발표되고 있으며, 문화콘텐츠 시장에서 상당한 규모의 실질적인 소비 활동이 이루어지고 있음에도 불구하고, 관련 연구가 활성화되지 않았던 이유는 여기에 있다. 어린이문화콘텐츠는 상대적으로 혁신적 기술이 적용되기 어려운 분야다. 그런 까닭에 연구자들의 관심을 모을 수 없었고, 문화콘텐츠 관련 논의에서 소외되어 버렸다.

또한 어린이 문화를 진지한 연구의 대상으로 인정하지 않는 태도 역시 의심스러웠다. 이는 어린이는 미성숙한 존재이니 그를 다룬 작품도 수준이 낮으리라는 편견에서 비롯된 것이다. 이 논리의 오류는 명백하다. 첫째, 어린이가 세상살이에 서툰 것은 분명하지만 어린이만 그런 것은 아니다. 어른이 되어도 세상은 결코 만만하지 않다. 살아가는 일은 누구에게나 서툴고 어려운 법이다. 둘째, 어린이는 교육받아야 마땅하지만 어린이에게만 배움이 필요한 것은 아니다. 지식기반사회에서는 더욱 그렇다. 이제 누구라도 평생 배우고 익혀야 한다. 셋째, 어린이 문화예술 작품의 상당수는 유치하다. 이는 부인할 수 없다. 하지만 SF작가 스터전(Theodore Sturgeon)이 갈파했던 것처럼, "모든 것의 90%는 쓰레기"가 아닌가. 요컨대 어린이를 다룬다는 사실이 문화예술 작품의 가치를 결정하는 기준이 될 수는 없다. 부족함으로 인해 성장이 도모되고 어리석음을 통해 허위가 밝혀지는 경우는 얼마나 많은가. 같은 맥락에서 어린이를 위해 창작했다는 사실이 작품을 평가하는 근거가 될 수도 없다.

마지막으로 의심을 품었던 부분은 문화콘텐츠에 대한 관심의 유행성과 쏠림현상이었다. 내가 '문화콘텐츠'라는 개념을 연구에 도입하기 시작했던 것은 박사논문을 작성하던 무렵부터였다. 처음에는 소설 창작에서 공간의 역할과 기능을 규명하려는 목적으로 출발했으나 논지를 전개하면서 영상예술, 하이퍼텍스트소설(hypertext fiction), 컴퓨터게임 등의 분야에서도 같은 창작방법을 적용할 수 있다는 사실을 발견했다. 이를 설명하기 위해서 선택한 용어가 당시 새롭게 만들어져 확산되기 시작하던 '문화콘텐츠'였다. 다양한 영역을 한꺼번에 규정할 수

있다는 점이 유용하기는 했지만, 너무 막연하다는 우려를 떨칠 수 없었다. 이후 연구를 지속하면서 범위를 넓혀 나갔지만, 믿음은 좀처럼 생기지 않았다. 문화콘텐츠는 문화예술의 영역들을 차례로 잠식했고, 그 엄청난 확장력을 목격할 때마다 우려는 더해졌다. 유행이 대체로 그러하듯 한순간 휘몰아치다가 사그라질 것처럼 보였다. 사람들의 관심은 거침없이 부풀어 올랐지만, 하나의 개념으로 수많은 현상을 모두 설명하려는 손쉬운 선택이 도통 마음에 들지 않았다. 그러나 여전히 나는 문화콘텐츠라는 용어를 버리지 않았다. 아직 대체할 용어가 마땅치 않기 때문이고, 비록 거품이 많더라도 분명한 실체를 가지고 있다고 믿는 까닭이다.

지금까지 지적했던 의심들을 해소하고 대안을 모색하는 것이 이 책을 집필한 또 하나의 목적이었다. 그를 위해서는 기본에 충실해야 한다고 판단했다. 무릇 논의는 평가와 모색을 위한 작업이며, 그를 올곧게 진행하기 위해서는 우선 작품에 대한 면밀한 분석이 필요했다. 그래야 연구의 현장성과 실천성을 확보할 수 있다고, 나는 믿는다.

최근 문화콘텐츠에 대한 관심은 다소 진정되는 국면을 보이고 있다. 이번에도 호사가들은 한계, 전환, 종료 따위의 자극적인 예측을 쏟아내며 설익은 전망을 끄집어내느라 부산하다. 그러나 나는 오히려 이런 변화가 현장에서는 유익하게 작용하리라고 믿는다. 비록 균형을 회복하는 수준에는 이르지 못했지만, 쏠림현상을 다소나마 상쇄하면서 그동안 간과되었던 부분들을 새롭게 주목하는 계기가 되리라고 기대하기 때문이다. 문화콘텐츠의 활동무대는 마땅히 시장이 되어야 한다. 정책과 같은 거대한 담론이 아니라, 창작자와 소비자가 만나고 교류하고 소통하는 현장에서 이루어지는 활동이 보다 중요하다는 뜻이다. 사례가 확보되지 않은 담론은 공허할 뿐이라고, 나는 여전히 믿고 있다.

작은 것이 아름답고, 다양해야 건강하다. 한국의 문화콘텐츠가 건강하고 아름답게 성장하기 위해서는 현장의 목소리에 더욱 귀를 기울여야 한다. 몇 가지 이슈에 집중된 관심을 분산시켜 다채로운 분야들이 고르고 조화롭게 발전할 수 있는 토대를 만들어야 한다. 바로 거기에 미래가 있다.

어린이문화콘텐츠는 그동안 관심을 받지 못했고, 논의의 중심에 서지도 못했으며, 체계적인 연구가 진행되지도 못했다. 하지만 바로 그런 까닭으로 한국 문화콘텐츠산업의 지속적인 발전에 기여할 수 있으리라고 기대한다. 어린 시절에 이루어진 문화예술 체험이 매우 강력한 영향력을 행사하기 때문이기도 하지만, 어린이문화콘텐츠에 대한 논의야말로 현장에 대한 관심이며, 그를 통해 다양성 확보가 이루어질

수 있는 까닭이다.

부족한 책을 꾸리기까지 수많은 길라잡이들이 나를 이끌었다. 그들의 도움이 없이는 여기까지 이르지 못했을 것이다. 또 하나의 고개를 넘었다. 아직도 남은 길은 아득하고, 여전히 세상은 모르는 것들로 그득하지만, 그래도 다음에는 조금이라도 더 자랄 수 있겠지. 믿는다. 나는 아직도 그렇게 믿는다. 오늘 밤에는 아이들과 함께 잠들 수 있겠다.

봄 밤, 호수 곁에서

최수웅

차례

00

Introduction

어린이문화콘텐츠의 숲을 향한 발걸음

어린이문화콘텐츠의 숲을 향한 발걸음

1. 문화콘텐츠 : 진단과 전망

문화콘텐츠산업은 숨 가쁜 속도로 성장을 거듭하고 있다. 비 내린 뒤 거침없이 자라나는 죽순처럼. 이 비유는 진부하지만 적확하다. 개념이 형성될 무렵만 해도 시도의 의미가 컸지만, 관심과 지원이 집중되면서 가능성이 활성화되었다. 다양한 분야들이 참여했고, 몇몇 성공 사례들이 발표되면서, 어엿한 산업의 한 분야로 인정받게 되었다. 그리고 마침내 시대를 이끌어나갈 핵심적인 분야로 선정되기에 이른다.

이러한 변화는 분명히 놀라운 일이다. 하지만 성장이 곧 성숙을 의미하지는 않는다. 특히 그 어떤 나라보다도 급격한 성장이 진행되었던 탓에 한국의 문화콘텐츠산업은 충분한 성숙을 동반하지 못했다는 사실을 간과해서는 안 된다. 문화콘텐츠 전반을 넓고도 깊게 아우르는 이론서가 나오지 못했고, 기술의 발달을 적극적으로 수용하여 새로운 창작방법론을 도출하지도 못했으며, 각 영역에서 활발하게 발표되고 있는 텍스트들에 대한 심도 있는 분석과 성찰이 집적되지도 못했다. 모든 문제는 속도에서 비롯되었다. 요컨대 변화를 따라잡기에만 급급했던 까닭에 돌이켜 살필 여유가 없었던 것이다.

성장만을 목표로 한다면 이런 상황은 전혀 문제가 되지 않는다. 하지만 자라기만 해서야 열매를 맺을 수 없는 법이다. 드러나지 않더라도 뿌리를 깊게 내려야 하고, 더디더라도 줄기가 악세지기를 기다려야 하며, 아쉽더라도 화려한 꽃잎이 떨어진 뒤에야, 비로소 알차게 여문 열매를 맺을 수 있다. 성숙이란 그렇게 이루어진다. 한국의 문화콘텐츠산업 또한 마찬가지. 속 빈 대나무가 아니라 뿌리 깊은 나무로 자라나기 위해서는 거품을 걷어내고, 내실을 다지고, 깊고도 넓게 성찰을 진행해야 한다. 그리고 이런 노력은 다음과 같은 방향으로 진행될 때 더욱 분명한 효과를 거둘 수 있다.

첫째, 매체 간 교류를 촉진시켜 융합을 활성화해야 한다. 문화콘텐츠의 범위는 매우 광범위하다. 전통적인 인쇄출판부터 디지털 멀티미디어에 이르기까지 다양한 매체들을 아우르는데,[1] 문제는 이들 각자가 나름의 체계와 전통을 유지하면서 독자적인 가치와 미학을 만들어왔다는 사실이다. 문화콘텐츠라는 동일한 범주로 묶이면서도, 매체들 간에는 긴밀한 교류가 이루어지지 못했던 까닭은 여기에 있다. 또한 이는 문화콘텐츠의 개념을 모호하게 만드는 원인으로 작용하기도 했다.

1 연구자에 따라 다소 간의 차이는 있으나, 문화콘텐츠의 영역 구분은 일반적으로 매체를 기준으로 이루어지고 있다. 문자를 통해 구현되는 출판·문학, 영상에 속하는 그림·만화·사진, 영상에 움직임을 더한 영화·드라마·애니메이션, 행위를 바탕으로 하는 연극·공연, 공간에 기반을 두는 전시·여행·테마파크, 놀이에서 비롯된 게임·이벤트·축제, 멀티미디어를 통해 활성화되는 각 디지털·모바일 콘텐츠 등등이 여기에 해당한다(인문콘텐츠학회 편, 『문화콘텐츠 입문』, 북코리아, 2006.; 정창권, 『문화콘텐츠학 강의—깊이 이해하기』, 커뮤니케이션북스, 2007, 16쪽. 참고.).
물론 이러한 구분은 어디까지나 현재까지의 기준에 불과하다. 매체는 고정불변의 개념이 아니다. 지금 이 순간에도 새로운 매체에 대한 실험이 계속되고 있으며, 그를 통해서 문화콘텐츠의 영역 확대 역시 꾸준히 시도되고 있다.

동일한 이야기를 다루더라도 매체에 따라서 표현할 수 있는 방법이 상이하고, 그로 인해 작품에 구현되는 이야기 분량과 강조점에도 차이가 발생한다. 그러므로 문화콘텐츠를 이해하고, 분석하고, 창작하기 위해서는 여러 매체들의 특징과 쓰임새를 두루 살피는 융합의 관점에서 논의를 진행해야 마땅할 것이다.

하지만 연구자 개인이 모든 부분을 감당하기는 매우 어려운 일이다. 이러한 현실적인 한계를 극복하려면, 문화콘텐츠와 관련된 각 분야들의 성과를 공유하고 소통하는 광장이 마련되어야만 한다. 여기서 중요한 것은 전문성과 소통을 함께 존중하는 자세이다. 콜로키엄처럼 전문가의 권위를 강조하면 기존의 영역 구분을 뛰어넘기 어렵고, 인터넷 게시판처럼 소통에 치중하면 논의만 무성할 뿐 성과를 일궈내기 힘들다. 융합을 "남들이 보지 못하는 연결 고리를 발견하고 새로운 가치를 창출"[2]하는 작업이라고 한다면, 이는 전문성과 소통능력이 상호보완적으로 작용할 때 비로소 이루어질 수 있기 때문이다.[3]

둘째, 통합적인 안목을 갖춘 인재를 육성해야 한다. 문화콘텐츠가 만들어지는 과정은 기획개발, 제작, 판매유통 등의 세 단계로 구성되는데, 각 단계들은 순차적으로 진행되면서도 유기적으로 연결되어 있다.

그러한 까닭에 문화콘텐츠를 창작하고 연구하기 위해서는 인문학, 예술, 공학, 마케팅 등의 분야에서 폭넓은 지식을 습득할 필요가 있다. 인문학을 바탕으로 아이템 도출에 필요한 상상력이 발현되고, 예술을 통해 이야기 구성과 미학적 표현이 이루어지며, 공학의 기술력은 제작

2 신동희, 『스마트 융합과 통섭 3.0』, 성균관대학교출판부, 2011, 12쪽.

3 홍성욱은 우리 사회에서 생산적인 융합 교육이나 융합 연구가 부진한 이유로 융합과 전문성을 대립적으로 파악하는 '범주의 오류'를 지적하면서, 이를 극복하기 위해서는 이들 영역을 "상충되는 것이 아니라 상보적인 것"으로 파악해야 한다고 강조했다(홍성욱, 「융합의 현재에서 미래를 진단한다」, 홍성욱 외, 『융합이란 무엇인가』, 사이언스북스, 2012, 9쪽.).

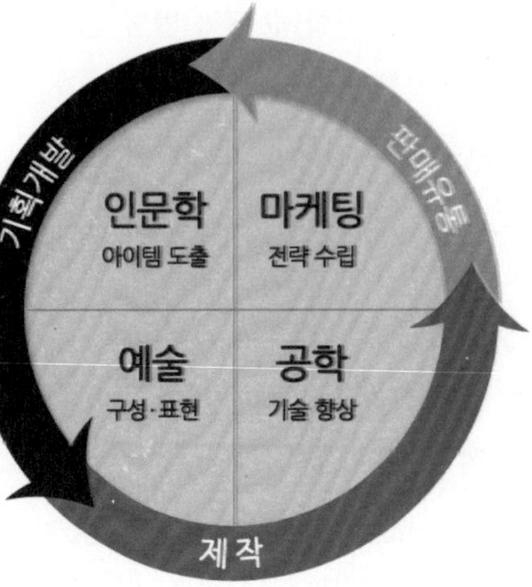

▲ 문화콘텐츠의 제작과정 및 필요 영역

에 필요한 도구의 성능을 향상시켜 새로운 표현방법 실현에 도움을 준다. 또한 마케팅은 소비자 요구 분석과 판매유통 전략 수립에 유용하다. 이러한 내용을 도표로 정리하면 다음과 같다.

통합적인 안목의 필요성이야 누구나 인정하는 부분이다. 하지만 이에 부합하는 교육프로그램은 아직 마련되지 못했다.[4] 그 원인으로는 교육기간의 문제와 성과중심주의를 지적할 수 있다. 기존 프로그램들은 대부분 단기 특강 방식으로 진행되었다. 물론 짧은 기간에 여러 분야를 집중적으로 체험하는 편이 학습동기 유발에 유리한 것은 사실이다. 하지만 교육은 동기만으로 이루어지지 않는다. 오랜 시간을 들여 지속적 학습과 체계적인 훈련을 진행한 뒤에야 비로소 자기 몫을 감당하는 전문가가 육성된다. 과정을 무시하면서 성과만 거두려는 것은 이제 막 옮겨 심은 묘목에서 열매가 여물기를 요구하는 태도와 다르지 않다. 바로 이런 조급함을 버려야 문화콘텐츠산업의 내실 있는 발전을 도모할 수 있다.

셋째, 문화콘텐츠를 진지한 논의의 대상으로 인정해야 한다. 이와 관련된 문제는 기존 문화예술 연구에서도 제기되었으나, 문화콘텐츠

4 이와 관련된 시도가 전혀 없었던 것은 아니다. 아니, 시도 자체는 지나칠 정도로 많았다. 정권이 바뀔 때마다, 문화콘텐츠 관련 단체의 책임자가 교체될 때마다, 조금씩 방향은 다르지만 형식과 내용은 거의 유사한 프로그램들을 내놓았다. 하지만 어떤 사례도 온전한 효과를 거둘 때까지 지속되지 못했다. 이러한 현상은 문화콘텐츠에 대한 교육을 정부나 지자체, 혹은 유관단체에서 주도하는 현실이 개선되지 않는 한 지속적으로 반복될 것이다.

에서는 유독 그 정도가 심하다. 문화예술 작품이 대표적인 연성(軟性) 텍스트라는 사실은 분명하다. 하지만 그렇다고 관련 논의들까지 허술하거나 어설픈 채로 용납되어서는 안 된다. 부드러움을 통해 딱딱한 진리를 드러내고 전달하는 것. 바로 여기에 문화예술과 문화콘텐츠가 추구하는 목적이 있지 않은가.

그럼에도 지금까지 진행되었던 논의 중 상당수는 몇몇 성공사례의 경제적 성과만을 강조하거나, 그를 근거로 막연한 제안을 늘어놓는 수준에 불과했다. 이래서야 헛된 기대를 증폭시켜 실망감을 가중시킬 뿐이다. 물론 문화콘텐츠의 개념을 소개하고 확산시키는 단계에서는 이러한 논의도 가치를 가질 수 있다. 하지만 이제 보다 성숙한 논의를 진행해야 한다. 새로운 가치를 형성하고 창작방법론을 정교하게 다듬는 작업을 통해서, 막연한 추측이나 감정적 호소가 아닌 객관적인 분석에 바탕을 둔 전략을 도출해야 한다. 이 과정에서 필요한 것이 문화콘텐츠에 대한 인식의 전환이다.

2. 어린이 : 정체성

앞서 살펴본 문화콘텐츠산업의 문제점은 어린이를 대상으로 하는 분야들에도 그대로 적용된다. 규모의 성장은 이루었으나 내실 있는 성숙에는 이르지 못했고, 논의는 무성했지만 그 대부분이 경제적인 이윤이나 검증 없는 제안만을 반복했으며, 대상 작품들을 유치한 교보재 정도로 파악하는 인식이 여전히 지배적이다. 여기에는 워낙 다양한 입장과 관점이 얽혀 있기 때문에 문제를 단번에 해결하기는 어렵다. 다만 논의의 범위를 한정한다면 보다 용이한 해결이 가능할 것이다.

여타 문화콘텐츠 분야들이 매체 혹은 주제를 기준으로 구분되는 것과는 달리, 어린이문화콘텐츠는 소비자에 의해서 규정된다. 바로 이것이 문제를 촉발하는 원인이다. 일반적으로 어린이문화콘텐츠의 소비자는 '어린이'라고 설명된다. 즉 유아와 초등학생을 대상으로 하는 작품들을 하나의 범주로 묶은 것이다. 하지만 이는 명확한 기준이라 할 수 없다. 무엇보다 향유자와 구매자의 불일치가 빈번하게 발생하기 때문이다. 작품 감상은 어린이의 몫이지만 구매는 어른이 결정하는 경우가 많다. 또한 어른이 향유활동에 영향력을 행사하는 경우도 적지 않다. 아이와 함께 작품을 감상하거나, 가치를 평가하여 지속적인 소비 여부를 결정하기도 한다. 이러한 상황까지 고려한다면 어린이문화콘텐츠의 소비자를 어린이만으로 한정하는 태도는 명백한 오류다. 오히려 부모와 선생 등 보호자 역할을 하는 어른들까지도 적극적으로 포용하는 편이 합당하다.

하지만 이렇게 되면 구태여 '어린이'라는 용어를 사용할 필요가 없어진다. 이 문제를 극복하는 방법으로는 두 가지가 가능하다. 우선 용어를 부연하는 방법이다. 어린이문화콘텐츠를 "어린이를 대상으로 하는 문화콘텐츠"가 아니라, "어린이를 위해 어른이 제작하고 구매하는 문화콘텐츠" 정도로 규정한다면 소비자의 폭을 확장시킬 수 있다. 하지만 이는 어린이를 시혜의 대상으로 파악하여 그 역할을 수동적으로 고착시키기 쉽다는 한계를 가진다.

용어를 추상화하는 방법도 가능하다. '어린이'를 대상이 아니라 내포된 개념을 대표하는 용어로 파악하는 것이다. 여기에 해당하는 개념으로 '동심(童心)'을 들 수 있다. 이는 오래 전부터 막연하게 사용되었지만, 명나라의 사상가 이지(李贄)에 의해 구체적인 설명이 이루어졌다. 그는 "아이는 사람의 처음이요, 동심은 마음의 처음"이라고 제시하면서, 동심의 개념을 다음과 같이 풀이했다.

> 동심이란 거짓 없고 순수하고 참된 것으로, 최초 일념(一念)의 '본심[眞心]'이다. 동심을 잃으면 참된 마음을 잃는 것이며, 참된 마음을 잃으면 '참된 사람[眞人]'을 잃는 것이다. 사람이 참되지 않으면 최초의 본심은 더 이상 전혀 있지 않게 된다.[5]

이를 어린이문화콘텐츠에 적용하면 '어린이'는 참된 마음을 지켜 가는 참된 사람을 대표하는 용어로 파악되고, 그러므로 구태여 소비자의 연령을 제한할 필요도 없어진다. 연령에 상관없이 동심을 가지고 그에 감응한다면 누구나 '어린이'가 될 수 있기 때문이다.

다만 이 설명은 대상의 확장을 기반으로 하기 때문에, 논점을 명료하게 확보하기 어렵다는 한계를 가진다. 이에 대처하기 위해서는 보다 상세하면서도 엄정한 논의가 이루어져야 하는데, 특히 동심의 쓰임새를 분명하게 규정할 필요가 있다. 활용되는 양상에 따라서 개념의 적용 범위가 결정되는 까닭이다. 이에 대해서는 아동문학 분야에서 진행되었던 연구 성과들을 참고할 수 있겠다.

> ⓐ 동심은 한마디로 비뚤어진 마음[邪心]이 없는 마음이다. 이것은 우리 찾아가야 할 참과 착함과 아름다움의 세계다. 아동문학은 이런 동심의 세계를 그리는(표현하는, 그리워하는) 문학이다. 좀 더 뚜렷하게 말하면 1) 동심의 참모습을 보여주고, 2) 동심이 어떻게 해서 짓밟히고 삐뚤어져 가고 있는가를 보여 주며, 3) 동심을 끝까지 지켜나가는 어린이와 어른들의 삶을 그려 보이는 것이다.[6]

5 李贄, 홍승직 역, 「동심설(童心說)」, 『분서(焚書)』, 홍익출판사, 1998, 180쪽.

ⓑ 동심이라 하는 것은, 순수하고 소박한 것, 정의에 편드는 마음, 악에도 선에도 이끌리기 쉬운 순백의 것 등 여러 방면으로 뜻을 가진 것이라 할 것이나, 요컨대 이러한 동심에서 또 한 가지 여러 계통의 아동들에게 이해되기 쉽게 쓴다는 기술적인 방법과 아울러 아동문학의 특수한 부분으로 존재 가치를 가지고 있는 것이다.[7]

인용에 설명된 내용들은 어린이문화콘텐츠에서도 그대로 적용될 수 있다. 먼저 작품의 지향점을 선정하는데 도움이 된다. 이는 마케팅 분야에서 널리 활용되는 '타기팅(targeting)' 전략에 해당하는데, 소비대상을 어린이만으로 한정하지 않고 "동심을 끝까지 지켜나가는" 어른도 감상에 참여하여 공감하고 감동하면서 함께 향유할 수 있는 작품을 만들어야 한다는 논리이다. 이를 통해서 어린이문화콘텐츠는 유치하다는 편견을 극복할 수 있다.

표현의 한계 설정에서도 도움을 얻을 수 있다. 동심은 순수함의 발현이지, 세상 물정에 어두운 어수룩한 상태를 의미하지 않는다. 오히려 순수하기 때문에 "악에도 선에도 이끌리기" 쉽다. 그만큼 작품에서 유혹의 양상을 다양하게 제시할 수 있고, 그로 인해 발생하는 사건사고를 흥미진진하게 표현할 수 있는 것이다. 또한 동심을 강조하기 위해서라면 그것이 "짓밟히고 삐뚤어져" 가는 모습을 드러내는 방법도 가능해진다. 요컨대 어린이문화콘텐츠라고 무조건 밝고 희망적인 분위기를 만들 필요는 없는 것이다.

스토리텔링 방법 설정에도 도움이 된다. 어른 대상 작품과 어린이문화콘텐츠가 구분되는 지점은 동심의 유무가 아니라 그것을 드러내는

6 이오덕, 『동화를 어떻게 쓸 것인가』, 삼인, 2011, 19쪽.
7 이원수, 「어린이와 문학」, 『아동문학 입문』, 한길사, 2011, 187~188쪽.

방식에 있다. 두 가지 모두 동심을 포함한다는 점에서는 공통된다. 하지만 어른을 대상으로 하는 작품은 동심을 감춰서 감상자가 스스로 찾아내도록 유도하고, 어린이문화콘텐츠는 동심을 전면으로 드러내어 "이해되기 쉽게" 만든다. 바로 이것이 스토리텔링의 차이를 만드는 근본적인 원인이다.

3. 다양성의 숲을 위해서

지금까지 살펴본 것처럼, '동심'을 핵심개념으로 설정하면 어린이문화콘텐츠를 둘러싼 오해와 편견을 상당 부분 극복할 수 있다. 그러나 보다 중요한 가치는 이러한 접근방법이 정체성 강화에 도움이 된다는 사실이다.

어린이문화콘텐츠의 영역 안에서도 작품마다의 가치는 분명한 차이가 있다. 이는 지극히 당연하지만, 그동안의 논의들이 간과했던 부분이다. 작품의 가치는 소재 선정, 표현 수위 조절, 스토리텔링 방식 등등에 의해 결정되지 않는다. 물론 어린이문화콘텐츠는 동심의 표현을 목적으로 하기 때문에, 덜 자극적인 소재를 보다 온건한 표현으로 단순명료하게 제시하는 것은 사실이다. 그렇다고 이것이 작품의 건전함을 보장하거나, 반대로 유치함을 증명하지는 않는다.

어린이문화콘텐츠의 필수요소처럼 설명되는 교훈성 역시 마찬가지 맥락에서 파악할 수 있다. 물론 '에듀테인먼트(edutainment)'처럼 용어에서부터 교육적 기능을 드러내는 분야도 있지만, 그렇지 않더라도 어린이가 주된 향유대상이라면 "미적 표현을 얻음으로써 훈훈한 예술미의 입김을 통한 응결된 교육성"[8]을 추구하는 것이 마땅하다. 그러나

이 역시 가치를 결정하는 요인은 아니다. 교육적 효과를 드러내거나 교훈을 내포했다고 작품의 가치가 향상된다고는 할 수 없다.

오히려 "아동문학의 탄생을 단순히 역사적 연속성이 아니라 하나의 절단, 전도로서 또는 물질적 형식(제도)의 확립으로서 간주해야 한다"[9]는 가라타니 고진(柄谷行人)의 견해에 따르면, 교육이란 미성숙한 존재인 어린이를 어른의 논리에 부합하는 존재로 육성하는 활동이다. 같은 맥락에서 어린이 대상 문화예술에서 추구했던 교육이란 제도화 방안과 다르지 않다. 이는 동심과는 아무런 관련이 없다. 오히려 동심은 제도에 구속당하지 않는 지극히 자유로우며 본질적인 개념이다.[10]

그러므로 교육을 가치 평가 기준으로 삼는 태도는 지양해야 마땅하다. 교육적 효과는 어린이문화콘텐츠의 결과이지 목적은 될 수 없다. 배움 자체를 부정하는 것은 아니다. 다만 배움의 의미를 제도적 교육으로 한정하는 태도를 경계하고자 한다.

범위를 조금만 넓히면 훨씬 풍부한 의미를 수용할 수 있다. 어린이에게 배움이 아닌 순간이 어디 있겠는가? 미지의 영역을 경험하고, 다른 존재와 만나고, 이야기를 주고받고, 그를 통해 호기심을 충족하면서 마침내 이치를 깨달아가는 그 모든 과정이 배움에 해당한다. 그런 까닭에 아이는 놀면서 배우고 배우면서 논다. 호이징하(Johan Huizinga)가 놀이를 문화 창출의 원동력으로 파악한 이유도 여기에 있다.[11] 이처럼 인간적 성숙에 목적을 두는 배움이라면 동심과도 충분히 부합될 수

8 이재철, 『아동문학개론』, 서문당, 1992(중판), 23쪽.

9 柄谷行人, 박유하 역, 「아동의 발견」, 『일본근대문학의 기원(日本近代文學の起源)』, 민음사, 1997, 156쪽.

10 이지는 교육이야말로 동심을 흐리게 하는 원인이라고 비판하기도 했다. "어떻게 동심을 갑자기 잃게 될까? 처음에는 듣고 보는 것이 귀와 눈을 통해 들어오고, 그것이 마음의 주인이 됨으로써 동심을 잃게 된다. 자라면서 도리(道理)라는 것이 듣고 보는 것〔見聞〕을 통해 들어오고, 그것이 마음의 주인이 됨으로써 동심을 잃게 된다."(李贄, 앞의 글, 181쪽.)

있다.

지금까지의 어린이문화콘텐츠에서 부족했던 부분이 바로 놀이성, 혹은 성숙을 지향하는 배움이다. 다른 표현으로는 예술성이라고 할 수도 있겠다. 이야말로 문화예술의 중요한 특성이고, 문화콘텐츠가 가진 매력이다. 그러나 유독 어린이를 대상으로 하는 작품들에서만큼은 이 요소가 의도적으로 배제되거나 왜곡되었다.

다시 오래된 비유를 떠올려 보자. 뿌리 깊은 나무만이 바람에 흔들리지 않고 좋은 꽃을 피우고 열매를 많이 맺을 수 있는 법이다.[12] 하지만 나무는 홀로 살아가지 않는다. 큰 나무 주변에는 풀이 함께 자라고, 그곳을 터전으로 삼아 곤충과 동물이 살아간다. 이처럼 다양한 생명들이 모여 마침내 숲을 이룬다. 문화는 숲이다. 여러 분야들이 서로 영향을 주고받으면서 균형을 만들어낸다. 경제적 가치가 높은 분야도, 보호가 필요한 분야도, 교육을 강조하는 분야도, 재미를 추구하는 분야도, 모두 나름대로 가치를 인정하면서 공존한다. 어린이문화콘텐츠 또한 다르지 않다. 문화콘텐츠라는 거대한 숲을 구성하는 작은 수풀이며, 그 속에서 수많은 분야들이 조화를 이루면서 살아가는 또 하나의 생태계다.

부디 어린이문화콘텐츠의 숲이 건강하게 자라기를 기원한다. 매서운 비바람 이겨내고, 혹독한 눈보라 견뎌내며, 더욱 더 울창해지기를. 아름다운 꽃 피우고, 서늘한 그늘 드리우며, 알찬 열매 풍성하게 만들어내기를. 우리의 아이들과 동심을 지켜나가는 어른들이 함께 즐거운

11 Johan Huizinga, 김윤수 역, 『호모 루덴스(*Homo Ludens, A Study of the play Element in Culture*)』, 까치, 1993, 75쪽. "놀이가 문화로 변한다는 것을 의미하는 것이 아니라, 오히려 문화가 그 초기 단계에서는 놀이적 성격을 가지고 있으며 놀이의 양식과 기분으로 문화가 진행한다는 것을 의미한다. 놀이와 문화라는 복합체에서는 놀이가 일차적이다."

12 『용비어천가(龍飛御天歌)』 제2장. "불휘 기픈 남근 ᄇᆞᄅᆞ매 아니 뮐ᄊᆡ 곶 됴코 여름 하ᄂᆞ니"

산책길에 나설 수 있기를. 오솔길 따라 걷다가 손 마주 잡고 노래 부르기를. 그리하여 마침내 그들 또한 숲이 되어 더불어 살아가기를. 이 책이 어린이문화콘텐츠의 숲으로 향하는 이들에게 길라잡이가 되기를 소망한다.

tag 어린이문화콘텐츠, 융합, 동심, 놀이, 숲, 다양성

01

Animation · 1

한국 극장용 애니메이션을 위한 몇 가지 조언

한국 극장용 애니메이션을 위한 몇 가지 조언

1. 죽거나 혹은 나쁘거나, 한국 애니메이션 산업의 현실

대한민국에서 성공적인 애니메이션 작품이 만들어지지 못하는 것은 수수께끼와도 같은 사실이다. 문화 소비자들의 지대한 관심, 작화 및 각종 첨단기술을 포괄한 창작능력, 그리고 정부 및 유관 단체의 지원까지…… 이 모든 조건들이 형성되어 있지만 현실은 만족스럽지 못하다. 무엇 때문인가?

이 수수께끼의 해답을 찾는 일은 결코 만만한 작업이 아니다. 문제가 난해하기 때문은 결코 아니다. 답을 찾는 일은 어렵지 않고, 오히려 지극히 상식적인 선에서 합의될 수 있는 부분도 많다. 문제는 이런 보편타당한 해답들이 다양한 관점에서 중첩되어 있다는 점이다. 각각의 집단에서 제시하는 해결방법은 상식적인데, 제작 현장에서 집단과 집단이 충돌하게 되면 상식은 몰상식하게도 붕괴되어 버린다.

예를 들어보자. 여러 기관에서 애니메이션 산업을 지원하고 있다.

그 자체로 보자면 분명히 타당한 해답이다. 그런데 이런 지원을 받아 제작된 작품이 소비자들의 호응을 얻는 경우는 매우 드물다. 해당 기관이 내세우는 조건과 소비자들의 요구가 부합되기 않기 때문이다. 그런 까닭에 기획과 품질은 인정을 받지만 판매는 이루어지는 않는 작품이 속출하고 있다. 이를 극복하기 위해 소비자 요구를 반영하자는 의견이 제시된다. 역시 타당하다. 하지만 지원금을 제외하면 제작비를 충당할 수 있는 현실적인 대안은 찾기 어렵고, 자금이 부족하니 작품의 질 또한 낮아질 수밖에 없나. 이런 작품은 소비자들의 선택을 받지 못한다. IT강국 대한민국의 소비자들은 이미 여러 나라의 우수 애니메이션들을 섭렵했고, 그로 인해 작품을 보는 안목만큼은 세계적인 수준이 되어버린 탓이다. 악순환은 이렇게 계속된다.

이것이 우리 애니메이션의 현실이다. 호들갑을 조금 보태자면, 대한민국의 애니메이션 사업은 고사(枯死) 직전이다. 문화콘텐츠산업의 시장에서는 이미 죽어버린 것이나 다름없고, 간신히 살아남은 몇몇은 더욱 나쁜 상황으로 내몰리고 있다. 지원이 없이는 작품을 만들어내지 못하는 공공서비스가 되거나, 예전처럼 하청업체로 되돌아가거나. 그 어느 쪽에도 미래는 보이지 않는다. 공공서비스가 되어 제도권의 통제를 받으면 예술은 창의력을 잃어버리기 쉽고, 단순 반복 노동과 다를 바 없는 하청 작업은 그나마 남은 창조적인 재능까지 소진시켜 버린다.

그럼에도 불구하고, 우리는 희망을 찾아내야 한다. 그대로 포기해버리기에는 문화콘텐츠산업에서 애니메이션이 차지하는 의미가 너무나 크고, 영향력 또한 광범위하기 때문이다. 비록 상황이 좋지 않더라도, 끊임없이 아이디어를 제기해야 한다. 설령 그것이 현실 문제를 일순에 해결할 수는 없을지라도, 다소간의 개선 가능성만이라도 다루어야 한다. 바로 그것이 한국에서 애니메이션을 감상하고, 제작하고, 연구하는 사람들의 숙명이다.

2. 한국 애니메이션의 마지막 통로

대한민국 애니메이션이 상품가치를 회복할 수 있는 출구는 극장에서 찾을 수 있다. 현재 애니메이션과 소비자가 만나는 통로는 극장, TV시리즈, 인터넷 등이 있다. 이 중에서 인터넷은 여전히 무료로 콘텐츠를 제공하는 공간이라는 인식이 강하기 때문에 전통적인 시장의 역할, 즉 재화(財貨)의 유통과 거래를 통해서 이윤을 창출하는 장소로 활용되기는 어렵다. '엽기토끼'라는 별명으로 널리 알려졌던 플래시애니메이션 〈마시마로의 숲〉(2000)이 매체의 한계를 극복하지 못하고 별다른 이윤을 만들어내지 못했다는 사실이 이를 증명한다.[1]

TV는 시리즈물의 상영이 가능하다는 점에서 애니메이션 산업의 핵심으로 각광받기도 했다. 그러나 현재의 생활패턴이 유지되는 한, TV가 작품 발표 창구로 활용되는 것 또한 어려워 보인다. 현재 지상파방송사들의 애니메이션 편성은 오후 3시부터 5시 사이에 집중되어 있

1 여기에서의 '매체'는 동영상 제작 소프트웨어인 '플래시(Flash)'가 아니라, 인터넷 서비스 자체를 의미한다. 기존의 논의 중에는 3분 내외의 짧은 상영 분량, 단순화된 이야기구조, 발랄하지만 기괴한 성향의 캐릭터 등을 플래시애니메이션의 한계로 지적한 것들이 많았다. 그러나 플래시애니메이션도 길고 복잡한 이야기를 만드는 일이 불가능한 것은 아니고, 이야기의 분량이 길어질수록 캐릭터 역시 입체적으로 구현할 수 있는 여지가 많아진다는 점에서, 그 지적을 그대로 받아들이기는 어렵다. 오히려 〈마시마로의 숲〉을 비롯한 플래시애니메이션들이 마주쳤던 한계는 당시 인터넷 서비스의 특징을 그대로 드러내고 있다. 즉, 2000년대 초반까지의 인터넷은 감성적이고 즉각적인 반응을 선호하는 탓에 기존 매체들보다 월등하게 빠른 콘텐츠 회전 속도를 가지고 있으나, 그를 통해 이루어지는 어떤 활동도 수익으로 연결되지는 못했던 '아마추어적인 공유의 장(場)'에 불과했던 것이다. 게다가 디지털콘텐츠에 대한 저작권 인식도 미처 형성되지 않았으니, 플래시애니메이션 제작자들은 작품과 파생상품 어느 쪽에서도 이윤을 만들어낼 수 없었다. 이것이 한동안 유력한 디지털콘텐츠로 주목을 받았던 플래시애니메이션이 등장만큼이나 빠른 속도로 소멸되어버린 까닭이다.

다. 이만큼이나 배정시간이 늘었다는 것은 분명히 큰 발전이다. 하지만 분량이 아니라 가치를 따지면, 이런 편성은 완전히 무의미하다. 아니 오히려 이것이야말로 TV애니메이션의 성장을 가로막는 결정적인 원인이 되고 있다. 애니메이션의 주된 소비 계층은 아무래도 초등학생과 중학생일 수밖에 없다. 그런데 그들은 대부분 애니메이션 방영시간에 TV 앞이 아니라 학원에 있다. 애당초 시청 자체가 불가능한 상황에서 배정시간이 늘었다는 사실이 무슨 의미가 있는가.[2]

케이블TV의 애니메이션 전문 채널 또한 상황이 나르지 않다. 이런 채널에서는 24시간 방영을 하고 있지만, 저녁시간이 되어서야 학원에서 돌아온 아이들에게 애니메이션 시청을 허락하는 가정은 그리 많지 않다. 또한 케이블방송은 지상파에 비해 상대적으로 상업논리의 영향을 많이 받기 때문에, 상품가치가 검증된 외국작품을 선호할 수밖에 없다. 이런 상황에서 한국 애니메이션이 방영 기회를 잡는 것은 쉽지 않고, 설령 방영되더라도 광고 수입이 많은 골든타임을 차지하기는 더욱 어렵다. 더군다나 아직 흥행 여부를 확인할 수 없는 신작 애니메이션에게는 기회 자체가 오지 않는다.

이제 남은 것은 극장뿐이다. 이곳마저 놓치면 한국 애니메이션은 발표 창구를 모조리 잃게 된다. 다행스럽게도 극장 애니메이션에는 다음과 같은 몇 가지 강점이 있다.

우선, 주기적으로 주목받을 수 있는 시기가 형성되었다는 사실이다. 우리나라의 학제상 여름방학과 겨울방학은 물론 봄방학까지 확보되고, 여기에 어린이날이 포함된 5월도 좋은 발표 시점으로 활용할 수

2 이와 관련된 문제는 이미 많은 제작자와 연구자들이 지적한 바 있다. 자세한 내용은 다음 자료를 통해 확인할 수 있다. : 선안나, 「애니메이션 감독, 어린이책 작가를 만나다」, 『어린이책이야기』, 2009 가을호, 164~165쪽.

있다. 물론 이는 어린이문화콘텐츠 전반에 공통적으로 적용되겠으나, 극장처럼 전국적인 네트워크가 형성되어 있는 문화시설이 없다는 사실을 고려하면, 애니메이션의 상영 가능성과 효과는 더욱 높아진다.

관객동원력 또한 무시할 수 없다. 애니메이션은 일반 영화와는 달리 아이와 부모가 함께 극장을 찾는다. 그러기에 배급사 입장에서는 같은 노력을 들여서 2~3배의 관객 동원 효과를 얻을 수 있는 것이다. 또한 극장에서의 상영이 끝난 이후에도 DVD, IP TV, VOD 등을 통한 재관람 가능성 역시 일반 영화에 비해 월등하게 높다. 이와 같은 장기적인 이윤 창출의 가능성은 이미 비디오 대여서비스 시절에 검증된 바 있다.[3] 특히 최근에는 디지털 기술의 발달에 따라 "오프라인 진열공간의 제약과 유통의 장애에 구애받지 않는 시대가 열림에 따라 특정한 소수의 고객들을 타깃으로 한 상품들과 서비스들은 주류상품만큼이나 경제적인 매력을 갖게"[4] 되면서, 이른바 '롱테일(long tail) 전략'이 효과를 발휘하고 있다. 어린이를 대상으로 하는 극장용 애니메이션이야말로 롱테일 전략에 부합하는 상품이다.

3 이제는 거의 사라져버린 비디오 시장의 경우, 애니메이션을 포함한 어린이 영상물이 차지하는 비율이 높았다. 이는 일반 영화에 대한 감상이 단발성 활동으로 그치는 경우가 많은 반면, 어린이 영상물에 대한 시청은 반복적으로 이루어지는 경우가 대부분이기 때문이다. 대여점은 콘텐츠를 구매하는 초기 투자비용을 지불하고 이후 대여료로 수익을 올리는 구조였기 때문에, 폭발적인 인기는 없더라도 몇 번이고 반복적으로 대여하는 작품이 많아야 안정적인 수입을 확보할 수 있었다.
이러한 대여 중심의 시장 구조는 다음과 같은 문제점이 노출되었다. 첫째, 저작물 감상을 통해 발생하는 이윤이 창작자에게 환원되지 않고 대여업자에게만 돌아갔다는 점. 둘째, 안정적 수익 구조로 인해 오히려 새로운 작품 창작에 소극적이게 되었다는 점. 셋째, 작품의 질을 높이기보다 시장 규모를 키워야 이윤이 발생하기 때문에 값싸게 구입할 수 있는 외국의 철 지난 작품들을 무작위로 수입하여, 전반적으로 작품의 질을 떨어트렸다는 점. 이와 같은 이유로 비디오 대여 시장은 한국 영상산업 발전에 별다른 기여를 하지 못했고, 오히려 상영 이후 형성되는 2차 시장의 건전성을 훼손하는 원인으로 작용했다.
그러나 대여 중심의 문화소비 형태는 한국 사회에 광범위하고 뿌리 깊게 확산되어 있다. 단번에 혁신할 수 있는 문제가 아닌 것이다. 차라리 기존의 문제점을 보완하여 창작자, 대여자, 소비자가 공동의 이익을 얻을 수 있는 방법으로 정비하는 편이 현실적인 해결방안이라고 본다.

4 Chris Anderson, 이노무브그룹 · 이호준 역, 『롱테일 경제학(*The Long Tail: Why the Future of Business is Selling Less of More*)』, 랜덤하우스코리아, 2006, 114쪽.

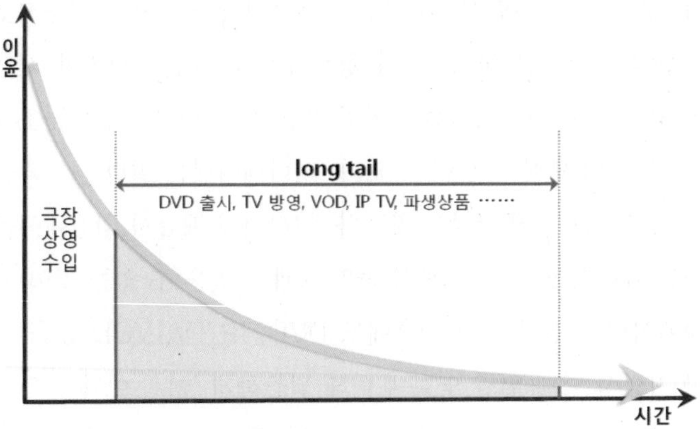

▲ 롱테일 전략에 근거한 극장용 애니메이션의 수익구조

가능성은 충분히 있다. 문제는 기존의 극장 애니메이션을 답습하지 않고, 얼마나 체계적으로 기획하고, 창의적으로 제작하며, 획기적인 유통방법을 찾아낼 것인가 하는 부분이다. 이와 관련하여 몇 가지 아이디어를 제시하도록 하겠다. 물론 이 조언들 역시 현재의 문제를 일소할 수 있는 해결책은 될 수 없겠지만, 한국 극장 애니메이션의 발전을 위한 모색이라는 점에서 의미를 찾고자 한다.

3. 극장, 축제의 공간

한국 애니메이션이 꽃을 피웠던 곳은 다름 아닌 극장이었다. 시작이야 광고가 먼저였지만,[5] 1967년 개봉된 신동헌 감독의 〈홍길동〉부터 본격적인 애니메이션 작품이 창작되었고, 1987년 KBS에서 TV애니메이션 〈떠돌이 까치〉를 방영하기까지 20년 동안 한국 애니메이션은 극장을 중심으로 발전하였다. 그러나 이후 연속된 흥행 실패와 케이블

방송과 인터넷 등 새로운 매체가 등장하면서, 극장용 애니메이션에 대한 관심은 현저히 줄어들었다. 요컨대 변화하는 문화 환경에 적응하지 못한 것이다.

그 이유는 무엇보다 스토리텔링에서 찾을 수 있다. 애니메이션은 영상예술로 분류된다. '움직이는 그림을 통해 구현된 이야기'라는 뜻이다. 그런데 우리의 애니메이션 창작자들은 '그림'에만 집중해왔다. 하지만 아무리 그림을 잘 그리더라도 그것을 통해 재미있는 '이야기'를 만들지 못하면 좋은 작품이 될 수 없다.

여기에서 또 다른 의문이 제기된다. 어떤 이야기가 '재미'있느냐 하는 부분이다. 이 문제야말로 해결하기 어렵다. '재미'는 지극히 주관적인 감정이기 때문에, 창작자의 기호에 따라 천차만별로 다르게 표현되며, 그 결과물에 대한 반응도 소비자의 성향에 따라 완전히 달라진다.

이처럼 재미있는 이야기라는 개념은 막연하지만, 그 대상을 한정시킬 수는 있겠다. 우리가 논의하고 있는 '재미'는 애니메이션, 그 중에서도 극장용 애니메이션을 대상으로 하기 때문이다. 극장에서 영상물을 관람하는 것은 명백한 소비활동, 즉 재화를 소모하여 그에 상응하는 가치를 획득하는 행위이다.[6] 더구나 이러한 소비는 소비자의 감성적 요구와 직접적으로 연결된다. 그러므로 극장용 애니메이션에서의 '재미'란 곧 극장을 찾는 사람들의 요구를 충족시킬 수 있는 요소라고

5 한국 최초의 애니메이션은 1956년 방영된 '럭키치약 CF'로 확인된다. 한양으로 돌아가는 몽룡을 배웅하는 춘향이 럭키치약을 선물한다는 내용인데, KBS의 전신인 HLKZ TV의 미술담당이었던 문달부가 혼자 제작했다고 한다.
물론 이전에도 애니메이션 제작이 시도되었다. 1936년 11월 25일자 《조선일보》에는 김용운과 임석기가 토키 만화영화 〈개꿈〉을 제작하고 있다는 기사가 실려 있다. 안타깝게도 이와 관련된 자료는 이 기사 외에는 찾을 수 없다. : 허인욱, 『한국애니메이션영화사』, 신한미디어, 2002, 16~18쪽. 참고.

6 TV나 인터넷을 통해 이루어지는 관람 행위 역시 수신료나 정보사용료를 지급해야만 즐길 수 있다는 점에서 명백한 소비활동이다. 그럼에도 이들 매체는 극장에 비해서 상대적으로 소비를 자각하기 어렵다. 이는 요금 지불 방식의 차이일 수도 있고, 개인적 감상행위와 집단적 감상행위의 차이일 수도 있다.

할 수 있다.

이러한 문제는 경제학의 기본적인 개념에 해당하지만, 애니메이션 기획 및 제작 분야에서는 심도 있는 고민이 이루어지지 못했다. 2003년 개봉했던 성백엽 감독의 〈오세암〉이 여기에 해당하는 예이다. 이 작품은 한국적인 정서와 이야기를 바탕으로 제작되어서 세인들의 많은 관심을 받았지만, 흥행성적은 그리 좋지 않았다.

▲ 정채봉의 동화를 원작으로 제작된 〈오세암〉 포스터

작품성이 부족했기 때문은 아니다. 원작 동화의 각색을 통해 시간 배경을 겨울로 한정시켜 이야기구조의 집중도를 향상시켰다. 또한 작품 전반에 로우앵글(Low angle)을 주로 활용하였는데, 이를 통해 결말 부분에서 제시되는 주인공의 성불(成佛) 장면이 가진 상승이미지를 부각하는 등 정교한 연출이 이루어지기도 했다.[7] 이러한 노력을 인정받아 이듬해 개최된 제28회 안시국제애니메이션페스티벌에서 그랑프리를 차지하기까지 했으니, 작품성이야 충분히 검증받았다고 할 수 있다.

그럼에도 이 작품은 소비자의 동감을 획득하지 못했다. 그 이유로는 한국 아동문학에 대한 소비자들의 무지, 서양인의 눈에는 신비로울지 모르나 우리에게는 너무도 익숙한 희생과 재생의 스토리텔링, 그리고 어색한 대사 처리와 감상적 사건 진행 등이 제기되었다.

하지만 그 무엇보다 중요한 이유는 이 작품이 극장을 찾는 소비자들

7 조미라, 「죽음을 바라보는 두 개의 시선」, 『상상력의 미학, 애니메이션』, 한울, 2009, 184쪽.

의 요구를 제대로 반영하지 못했기 때문이다. 〈오세암〉의 개봉일은 5월 1일, 앞에서 설명한 것처럼 어린이문화콘텐츠들이 주목받을 수 있으니, 시기 자체는 좋다. 하지만 어린이날에 모처럼 외출한 아이들과 부모들이 이처럼 슬픈 이야기를 보고 싶어 하겠는가? 이건 감동의 문제가 아니다. 또한 문학에 무지한 부모들을 탓할 수 있는 문제 또한 아니다. 애당초 이야기 자체가 그 시기에 극장을 찾은 소비자들의 동감을 얻기 어려웠던 것이다. 즉, 〈오세암〉의 흥행이 부진했던 원인은 작품성이나 관객의 무지가 아니라, 소비자의 요구에 무관심했던 창작자 및 배급자의 전략이 실패한 탓이었다.

이러한 문제는 이 작품에만 한정되지 않는다. 비록 극장이 가장 친숙한 예술 공간으로 변모하기는 했으나, 사람들에게 영화 관람은 여전히 비일상적 체험이며 소비를 분명하게 자각할 수 있는 활동이다. 그러므로 소비자들은 특별한 날에 부합되는 경험, 투자 금액 이상의 재미를 주는 체험을 원하게 된다. 영화를 판단하는 기준은 예술적 가치만 있는 것이 아니다. 엔터테인먼트 또한 중요한 기준이다. 더구나 어린이날이나 방학처럼 특별한 시기에 극장을 방문하는 사람, 어린이 대상 애니메이션을 관람하려는 사람이라면 어떤 기준을 보다 중요하게 생각할지는 너무도 분명하다.

바로 이것이 한국의 극장용 애니메이션 작품들이 간과했던 부분이다. 적어도 어린이용 애니메이션을 관람하려는 사람들에게 있어서, 극장은 사색과 감동이 아니라 재미를 위한 공간이다. 그러므로 그곳에서 상영되는 작품들도 또한 그러한 요구를 적극적으로 반영해야 할 것이다.

한국 애니메이션의 전성기였던 1970년대 후반에 발표된 작품들은 이런 사정을 잘 반영했다는 사실을 상기할 필요가 있다. 대표적인 흥행작 〈로보트 태권V〉 시리즈를 비롯해서,[8] 1977년 7월에 개봉한 〈태권동자 마루치 아라치〉, 같은 해 12월에 개봉한 〈전자인간 337〉, 1979년 12월에 개봉한 〈별나라 삼총사〉 등등이 관객들의 호응을 이끌어낼 수 있었던 이유는 무엇보다 극장을 찾은 어린이들이 즐기고 참여할 수 있는 축제로써의 성격을 잘 구현했기 때문이다.[9] 이 시기의 작품들에 대한 연구는 아직도 미비한 편인데, 이들 작품은 우리 극장 애니메이션이 나갈 방향을 찾을 수 있는 좋은 사례들이다. 보다 엄정한 시각에서 성과와 한계에 대한 논의를 진행해야만 할 것이다.

4. 부모에게 감동을 선사하라

한국 애니메이션이 성공하기 위해서는 소비자의 요구가 반영되어야 한다는 사실은 이미 언급했다. 이제 그 소비자의 정체를 보다 분명하게 밝히고자 한다.

애니메이션이 어린이를 위한 매체라는 주장은 허구다. 적어도 극장용 애니메이션만큼은 분명히 그러하다. 아이들이 극장에 가는 것이 아니다. 부모가 아이들을 데리고 극장을 찾는 것이다. 아이들의 관람은 부모들이 지갑을 열어 지불을 해도 좋은 작품이라고 판단했을 때에만 이루어질 수 있다.

8 〈로보트 태권V〉 시리즈의 개봉 시기는 다음과 같다. 제1탄 〈로보트 태권V〉는 1976년 7월에, 제2탄 〈로보트 태권V 우주작전〉은 같은 해 12월, 제3탄 〈로보트 태권V 수중특공대〉는 1977년 7월, 제4탄 〈슈퍼 태권V〉는 1982년 8월, 제5탄 〈84 로보트 태권V〉는 1984년 8월, 애니메이션과 실사가 결합된 제6탄 〈로보트 태권V 90〉은 1990년 7월에 개봉하였으며, 외전에 해당하는 〈로보트 태권V와 황금날개의 대결〉은 1978년 7월, 〈날아라! 우주전함 거북선〉은 1979년 7월에 개봉하였다. 이는 모두 초등학교 방학기간에 맞춰 개봉일자를 정한 것이다.

9 다음 자료를 참고하면, 이 시기 애니메이션 작품들의 축제적 성격을 보다 분명하게 파악할 수 있다. "〈로보트 태권V〉는 서울에서만 13만 명 정도의 관객을 끌어 모으는 등 흥행에 크게 성공했는데, 극장 안에서 어린이들이 손뼉을 치며 노래를 부르는 진풍경을 빚었을 뿐 아니라, TV 및 영화 전반에 애니메이션을 비롯한 아동용 소재 영화의 양산을 가져왔다."(허인욱, 앞의 책, 63쪽.)

그러므로 극장 애니메이션 작품을 선택하는 소비자는 어린이가 아니라 부모다. 초등학생의 눈높이에 맞춰 작품을 만들 것이 아니라, 초등학교에 다니는 아이를 둔 부모의 눈높이에 맞춰야 한다. 부모가 자기 아이들에게 보여주고 싶어야 하고, 아이들과 함께 웃고 떠들 수 있어야 한다.

이것이 앞서 다루었던 〈오세암〉의 또 다른 실패 이유이다. 애초에 원작의 이야기 자체가 지나치게 진지하다. 문학에서는 이를 삶에 대한 깊이 있는 성찰로 인정했고, 해외 평론가들에게는 신비로운 동양사상으로 인식되었다. 하지만 국내 애니메이션 시장에서는 표현하기 어렵고 즐기기도 힘든 막연한 요소가 될 수밖에 없었다.

원작 동화와는 다르게 애니메이션에 우스꽝스러운 상황과 노래가 삽입되었던 이유도 이런 문제를 해결하려는 노력으로 보인다. 그러나 그 수준이 부모를 자극할 수 있는 정도는 아니었고, 오히려 역효과를 가져왔을 뿐이다. 현재 초등학생 자녀를 둔 부모세대는 유년기 혹은 사춘기에 〈인어공주(The Little Mermaid)〉(1989), 〈미녀와 야수(Beauty And The Beast)〉(1991), 〈알라딘(Aladdin)〉(1992), 〈라이온 킹(The Lion King)〉(1994)으로 이어졌던 디즈니의 뮤지컬 애니메이션을 보고 자란 세대이다. 이들 작품은 〈오세암〉보다 10년 이상 앞서지만 노래, 율동, 화면구성 등은 오히려 월등하다. 이러한 상황에도 소비자들이 만족하기를 바라는 것은 지나친 욕심이 아니겠는가.

이 문제는 우리의 애니메이션이 '그림' 중심에서 벗어나야 비로소 해결될 수 있다. 다른 영상예술이 그러하듯 애니메이션도 영상, 캐릭터, 연기, 스토리텔링, 음악과 음향, 특수효과 등의 구성요소들이 어우러져야 가치를 창출할 수 있다. 그럼에도 그동안의 한국 애니메이션 제작은 지나치게 그림 중심으로 이루어져 왔던 것이 사실이다.

▲ 구미호 설화를 각색한 〈천년여우 여우비〉의 포스터

2007년 개봉한 이성강 감독의 〈천년여우 여우비〉 또한 이러한 문제에서 자유롭지 않다. 이 작품은 분명 〈오세암〉보다 세련된 그림과 음악을 선보이고 있지만, 그것이 캐릭터의 움직임과 조화를 이루지 못했다. 더구나 주인공들이 함께 춤추면서 부르는 노래는 서로 어울리지도, 작품 전체와도 연결되지도 않았다. 이처럼 그림 이외의 다양한 영상언어를 개발하고 그 조화로운 활용을 실현하는 것이야말로 한국 애니메이션 발전을 위한 또 하나의 과제라 하겠다.

부모의 눈높이에 맞추기 위한 또 다른 방법은 교육적 효과를 가미하는 것이다. 한국의 부모들에게 가장 중요한 문제는 자녀교육이다. 이미 오래전부터 애니메이션은 만화와 함께 유용한 학습 보조도구로 활용되었는데, 역사나 문학처럼 전통적으로 스토리텔링이 분명하게 유지되었던 부문에서 관련 작품이 여러 편 창작되었다. 특히 학습의 연속성을 유지할 수 있는 TV시리즈로 제작되는 경우가 많았는데, 〈동화나라 ABC〉(1987), 〈옛날 옛적에〉(1990) 등이 대표적인 사례이다. 최근 들어 '에듀테인먼트(edutainment)'의 개념이 도입되면서, 애니메이션을 보다 다양한 교과목과 결합하려는 시도가 이루어지고 있다. 화학 원소를 소재로 삼아 교육효과를 노린 한일합작 TV애니메이션 시리즈 〈엘리먼트 헌터(Element Hunters)〉(2009), 한자 학습 만화로 인기를 얻은 원작을 바탕으로 제작된 윤영기 감독의 〈마법천자문—대마왕의 부활을 막아라〉(2010) 등이 여기에 해당하는 예이다. 이들 작품은 흥행의 측면에서 큰 성과를 거두지는 못했지만, 새로운 분야를 개척했다는 점에서 의미 있는 시도로 평가된다. 앞으로 에듀테인먼트 애니메이션이라는 새로운 분야가 개척될 수 있을지 관심을 가지고 지속적으로 지켜보아야 할 것이다.

5. 비애를 벗고 신명을 입어라

지금까지 한국 애니메이션의 현실적인 문제를 파악하고, 그 해결방법으로 극장 애니메이션의 가능성에 대해 살펴보았다. 그것은 극장이라는 매체가 가지고 있는 축제의 장소라는 특성을 부각시키려는 노력이었고, 한편으로는 애니메이션에 내포된 산업적인 속성을 인정하고 이를 적극적으로 활용하는 방편이었다.

이러한 해결책은 비단 한국 애니메이션에 한정되지 않는다. 거대 자본을 활용하여 규모가 크고 전문화된 제작 환경을 갖춘 미국과 일본을 제외한 국가들의 애니메이션 창작에 두루 적용될 수 있을 것이다.

이제부터는 한국 애니메이션 고유의 해결 방법을 모색해 보고자 한다. 현재 여러 기관에서 애니메이션 육성사업을 전개하고 있는데, 거기에는 한 가지 공통점이 있다. 한국인의 정체성을 회복하는데 기여하는 작품, 민족 전통을 현대적으로 활용한 작품을 지원한다는 것이다. 취지 자체야 더할 나위 없이 좋다. 미국의 블록버스터급 물량공세와 브로드웨이식 뮤지컬 양식, 일본의 방대한 만화 원작을 활용한 전문적 스토리텔링과 체계적인 미디어믹스(media mix) 전략 등과 정면승부를 벌이는 것은 사실상 무모한 도전에 불과하다. 기술이야 노력하면 속성으로 습득할 수 있다지만, 문화를 단기간에 창출해내는 것은 불가능하기 때문이다. 문화는 오랜 시간에 걸쳐 숙성될 때 비로소 진가를 발휘할 수 있다. 그런 점에서 그들과 다른 우리 고유의 것을 찾아내어, 경쟁력으로 삼자는 논리는 매우 타당하다.

하지만 문제는 그 과정에서 내세우는 전통문화가 지나치게 교조적이라는 점이다. 은근과 끈기, 한(恨), 효성과 충렬(忠烈), 고요한 아침의 나라…… 학교교육을 통해 반복적으로 학습된 이런 내용이 그대로 애니메이션 창작의 지침으로 제공되고 있다.[10]

물론 그러한 것들이 우리 민족의 선동인 것은 분명한 사실이다. 그런데 정말 그것뿐인가? 혹은 그것들이 지금 21세기에도 여전히 유효한가?

구태여 탈식민주의 이론을 거론하지 않더라도, 위에 제시된 키워드들을 우리 민족이 자발적으로 선택한 것인지에 대해서는 의문을 지울 수 없다. 혹시 이것들은 우리를 억압했던 자들에 의해 날조되었던 것은 아닐까. 강요된 것이 아니라면 우리 스스로 억압에 대항하기 위해 어쩔 수 없이 내세워야만 했던 논리는 아니었을까. 설령 그 모든 것을 인정한다 하더라도, 현재의 우리 모습은 과연 이에 부합되는가. 월드컵 때마다 재현되는 거리응원의 역동성, 장르소설·영화·드라마 등등에서 확인할 수 있는 자유분방하고 발랄한 상상력, 스포츠 및 IT 분야에서 발견할 수 있는 도전정신…… 현재 우리가 발현하고 있는 이런 모습은 전통에 대한 기존 개념으로는 설명할 수 없지 않은가.

이러한 의문들을 종합할 때, 우리의 전통 개념은 대폭 수정되어야 마땅하다. 이에 대해서는 보다 깊이 있는 성찰과 논의가 있어야 한다.

10 여기에 해당하는 사례로는 앞서 살펴본 〈오세암〉을 비롯하여, 단편 애니메이션 〈강아지똥〉(2003), 〈오늘이〉(2003) 등을 들 수 있는데, 이 작품들은 모두 국내외의 호평을 받았으며, 이후의 지원 사업에서 일종의 롤모델로 언급되고 있다. 그러나 어떤 이유에서든 많은 소비자들과 만나지 못했다는 점은 분명한 한계라고 할 것이다.

그러나 우선 제시할 수 있는 키워드로 '신명'을 들 수 있다. '흥겨운 신이나 멋'을 지칭하는 이 말은, 전통을 표방했던 우리 애니메이션 작품이 가진 지나친 비애감을 극복할 수 있는 대안이 된다.

신명은 오랜 역사를 가지고 있다. 가깝게는 지금까지 전승되고 있는 풍물놀이나 탈춤의 흥겨움부터, 사설시조의 풍자와 골계, 김홍도와 신윤복으로 대표되는 풍속화의 재기발랄함, 고려속요의 자유분방함까지. 혹은 그 이전 "농사절기에 맞추어 하늘에 제사하고 밤낮으로 음주가무를 즐겼다"라는 『삼국지(三國志)』 위지(魏志) 동이전(東夷傳)의 기록에 이르기까지. 이 모든 것이 신명의 자취이다. 더구나 신명은 현재의 우리 모습과도 잘 어울린다는 장점이 있다. 사실 우리 민족만큼 놀이를 좋아하는 이들도 드물다. 인터넷 댓글, 거리응원, 선거, 심지어 시위 현장까지도 한 판의 놀이로 만들어버리지 않는가.

실적 중심, 능률 위주의 산업사회에서 이런 속성은 애써 배척되어 왔다. 하지만 이제 시대가 바뀌었다. 문화예술을 중심으로 하는 창의사회에서는 놀이, 몰입, 창작 등의 활동이 더욱 중요한 가치를 인정받는다. 이전 세대처럼 욕망을 억압하고 한 가지 목표에만 집중해서는 안 된다. 급훈으로 자주 사용되었던 "안 되면 되게 하라"의 정신은 시대착오적인 구호에 불과하다. 이제는 억압을 풀고 다양한 길을 모색해야 하고, 그를 통해 좋아하는 것을 찾아내어, 마침내 몰입에 이르러야 한다. 이 과정에서 신명이 생긴다.

물론 이런 것들은 전통적 개념의 '일'이 아닐 수도 있겠다. 하지만 이미 일보다 '놀이'가 더욱 큰 부가가치를 생산하는 시대가 되었다. 문화콘텐츠야말로 그러한 변화를 대표하는 분야다. 그러므로 우리 시대 문화콘텐츠의 사명은 그동안 산업화의 틀 속에서 배척되었던 '신명'을 되살리는 일이다. 애니메이션 또한 다르지 않다. 특히 어린이용 애니메이션은 그 자체로 문화 향유활동이면서, 후속세대의 예술적 감식안을 형성하는 역할을 수행한다는 점에서 중요한 의미를 가진다.

그렇다면 어린이용 애니메이션에서 신명을 구현할 수 있는 소재로는 무엇이 있을까? 오래 고민할 것도 없이 활극(活劇)을 들 수 있다. 사실 이처럼 흥미진진한 소재는 없을 것이다.[11] 세계 애니메이션 시장을 살펴봐도 이 이야기 요소가 빠진 작품은 찾아보기 어렵다. 서구의 기사(騎士)이야기나 판타지물, 중국의 무협물, 일본의 사무라이물이나 로봇 액션물 등등 각 나라들은 활극에 자신들만의 색깔을 입혀 발전시켜왔다. 우리의 경우도 애니메이션의 초창기를 열었던 작품들은 활극을 표방하는 경우가 많았다. 한국 최초의 장편 애니메이션 〈홍길동〉(1967)을 비롯하여, 앞서 언급한 〈로보트 태권V〉, 〈태권동자 마루치 아라치〉, 〈전자인간 337〉 등이 여기에 해당한다. 특히 〈로보트 태권V〉와 〈태권동자 마루치 아라치〉에 도입된 태권도와 같은 경우, 한국의 정체성을 그대로 드러내어 활용 가능성이 매우 높다.

그러나 한국 애니메이션 초창기부터 꼬리표처럼 따라다녔던 것과 같이, 활극은 폭력성에 대한 시비에 말려들기 쉽다. 물론 이 주장의 논리는 지극히 취약하다. 폭력의 종류와 가치를 구분하지 못했기 때문이다. 사전적 정의를 그대로 받아들여 누군가를 제압하기 위해 물리력을 동원하는 행위를 모두 폭력이라 규정해버리면 경찰관의 검거, 군인의 전투, 스포츠 선수들의 경기 등등의 활동과 깡패들의 싸움이나 집단따돌림 따위를 구분할 수 없게 된다. 현실에서는 엄연히 존재하는 폭력을 아이들에게 무작정 감출 수는 없을 것이다. 오히려 상황과 발현 방

11 물론 인류의 보편적 소재인 '사랑', 특히 한국 드라마에서 자주 활용되는 '몇 겹으로 꼬인 사랑이야기' 역시 흥미로운 이야기요소다. 그러나 어린이를 대상으로 하는 애니메이션에서는 사랑, 특히 복잡하게 얽힌 연애의 활용 가능성은 현격하게 떨어진다.

식에 따라 다양하게 평가되는 폭력의 가치를 인식하도록 하는 편이 더욱 교육적이다.

하지만 시비 자체가 부담스럽다면 '예능(藝能)'으로 대체할 수도 있을 것이다. 특히 우리의 전통 예능은 매우 역동적이기 때문에 활용 가치가 높다. 이미 이준익 감독의 영화 〈왕의 남자〉(2005)를 통해 그 가능성이 입증되었는데, 실제 배우들의 연기가 필요하지 않은 애니메이션에서는 보다 다채로운 기술과 연희 양상이 구현될 수 있을 것이다.

지금까지 한국의 극장용 애니메이션 발전을 위한 몇 가지 아이디어를 살펴보았다. 이는 전혀 새로운 제안이라기보다, 기존의 해결책들을 다른 각도에서 검토한 것이다. 분명한 것은 이 아이디어들이 구현되기 위해서는 적지 않은 시행착오가 바탕이 되어야 한다는 사실이다. 특히 지금처럼 단기적인 성과에 치중한 정책으로는 좋은 작품을 만들어내기 어렵다. 문화예술의 발전은 실패를 바탕으로 진행된다. 실패를 두려워하지 않고 계속 도전하는 것, 그를 통해 도출된 문제를 하나씩 해결해나가는 노력을 꾸준히 전개하는 것이다. 이것은 결코 쉽지 않은 길이다. 그러나 마땅히 걸어가야 한다. 다시 한 번 강조하지만, 그것이야말로 한국에서 애니메이션을 감상하고, 제작하고, 연구하는 사람들이 감내해야 할 운명인 까닭이다.

tag 애니메이션, 마시마로의 숲, 롱테일 전략, 오세암, 로보트 태권V, 태권동자 마루치 아라치, 천년여우 여우비, 신명

02
Animation · 2

동화를 만난 애니메이션,
애니메이션과 만난 동화

동화를 만난 애니메이션, 애니메이션과 만난 동화

1. 만남의 필요성

다시 이야기하지만 대한민국 애니메이션 사업의 전망은 결코 밝지 않다. 문화콘텐츠 시장에서의 경쟁력은 영화나 드라마에 비해서 현저하게 약하며, 장르의 특성을 발휘할 수 있는 매체는 여전히 확보되지 못했고, 심지어 우리보다 월등한 자본과 규모를 갖춘 미국과 일본의 작품들이 무차별적으로 수입되어 소비자들의 기대치까지 높아진 상황이다. 물론 이를 극복하기 위해 여러 단체의 지원이 계속되고 있지만, 그것이 경쟁력 강화로까지 이어지지는 못하는 실정이다.

그럼에도 불구하고 우리는 애니메이션을 지키고 발전시키려는 노력을 그만두어서는 안 된다. 이는 비단 산업적 가치 때문만이 아니다. 그보다 중요한 것은 애니메이션이야말로 어린이들에게 가장 친숙한 문화콘텐츠라는 사실이다. 모든 문화예술의 창작은 감상을 바탕으로 이루어진다. 특히 성장기에 이루어지는 감상은 단순한 문화 소비를 넘어서 아름다움을 평가하는 기준을 만들어 가는 일종의 학습과정으로 작용한다. 그러니 우리가 스스로 애니메이션을 만들어내지 못하게 되면, 그것은 단지 문화콘텐츠산업의 한 분야를 포기하는 수준에 그치는 것이 아니라, 문화적 전통과 정체성을 아이들에게 자연스럽게 학습시킬 수 있는 기회를 잃어버리는 것이다. 바로 이것이 그 어떤 악조건 속에서라도 대한민국의 애니메이션을 지켜내야만 하는 이유이다.

한국 애니메이션의 가장 큰 약점은 '이야기'이다. 다양한 상황들이 중첩되어 있기 때문에 하나의 문제만으로 단정하기는 어렵지만, 이야기는 작품 제작의 모든 과정에 영향을 주기 때문에 그 중요도가 매우 높다.

이야기의 여러 요소들 중에서도 우선적으로 해결되어야 할 문제는 제재(題材)로 활용될 수 있는 자원의 부족, 즉 '스토리뱅크(story bank)'의 부재이다. 애니메이션 산업을 주도하는 나라들은 대부분 든든한 스토리뱅크를 갖추고 있다.

미국은 월트 디즈니(Walter E. Disney) 이후 꾸준하게 발전했던 애니메이션 전통을 기반으로 할리우드 영화산업, 브로드웨이 뮤지컬, 그리고 거대한 출판시장에서 창출되는 동화와 만화 등등을 흡수하여 스토리뱅크를 구축하고 있다. 디즈니사에서 만들어내는 세계 명작 동화와 전설에 기반을 둔 애니메이션 시리즈, 만화를 원작으로 영화와 애니메이션이 거의 동시에 제작되는 슈퍼히어로(Super Hero) 시리즈 등이 대표적인 예이다.

일본의 스토리뱅크 구성은 보다 단순하다. 세계에서 만화를 가장 많이 생산하고 소비하는 국가이니만큼, 애니메이션 제재의 대부분을 만화에서 공급받는다. 만화는 이미지를 활용하여 스토리텔링을 전개하고 그 과정에서 캐릭터디자인과 동선(動線)을 제공한다는 점에서 매체 전환이 용이한 분야이다. 일본에서는 이러한 만화의 특징을 십분 활용하여 애니메이션, 드라마, 영화, 게임 등과의 연계를 촉진하는 '미디어 믹스(Mediamix) 전략'을 구사하고 있다.[1] 이 전략이 효과를 거둘 수 있는 까닭은 일본 만화가 다루는 분야가 매우 세분화·전문화되어 있기 때문이다. 원작의 관심 영역 자체가 광범위하니 그를 토대로 제작된 애니메이션의 내용 역시 다채로워질 수 있는 것이다. 물론 만화만이 일본 애니메이션의 스토리뱅크 역할을 수행하는 것은 아니고, 동화와 장르문학이 활용되기도 하지만 상대적으로 그 역할은 크지 않다.

유럽의 경우는 애니메이션의 생산이 저조한 편이지만, 오히려 스토리뱅크는 매우 충실하게 구축되어 있다. 무엇보다도 오랜 기간에 걸쳐 이야기 문화의 전통이 축적된 까닭이다. 신화와 전설에서부터 동화와 청소년소설에 이르기까지 유럽의 이야기 자산은 깊고도 넓다. 이런 역량이 바탕이 되기 때문에 유럽 애니메이션 산업은 비록 생산량은 많지 않지만 예술성을 인정받는 양질의 작품을 지속적으로 만들어낼 수 있는 것이다.

이러한 해외 사례를 검토하면 우리의 애니메이션의 약점은 더욱 분명해진다. 우리에게는 영화나 뮤지컬의 전통이 부족하고, 만화 산업의 다양성도 갖춰지지 못했다. 그렇다면 남은 분야는 하나, 아동문학뿐이다. 물론 이 역시도 아직 만족스러운 수준에는 이르지 못했다. 유럽에 비해 전통과 깊이가 부족하고, 미국과 일본에 비하자면 규모와 활용도가 떨어진다. 그렇지만 다른 분야보다는 경쟁력을 갖춘 것만은 분명한 사실이다. 최근 시장이 확대되었고, 작가층도 넓어졌으며, 그에 따라 작품 경향도 다양화되고 있다는 사실이 성장 가능성을 증명한다. 특히

1 夏目房之介, 박관형 외 역, 『망가세계전략(マンガ世界戦略)』, 시공사, 2002, 207쪽.

최근 〈마당을 나온 암탉〉을 비롯한 몇몇 사례들이 주목할 만한 성과를 거두면서 기대는 희망으로 바뀌고 있다.

그러나 아직 안심해서는 안 된다. 문화콘텐츠산업을 지배하는 것은 냉엄한 시장원리이다. 모든 가능성이 찬양받지만, 그것에 도취되어 머뭇거리는 순간 가차 없는 몰락이 찾아온다. 그러니 지금 대한민국 애니메이션을 위해서 필요한 것은 어설픈 위로나 자기위안이 아니다. 보다 냉정하게 성과를 분석하고, 그를 토대로 실천적인 전략을 수립하는 일이 더욱 절실하다.

2. 만남의 방법 : 〈마당을 나온 암탉〉을 중심으로

1) 간극의 인정

원작이 다른 매체로 전환되기 위해서는 각색 과정을 거쳐야만 한다.[2] 각각의 매체는 나름대로 분명한 특색을 가지고 있고, 그렇기 때문에 차이가 발생하기 마련이다. 이는 너무나도 당연한 사실이지만 실제

2 각색에 대한 논의는 주로 소설과 영화의 관계에서 활발하게 이루어졌는데, 이는 다음과 같은 세 가지로 구분된다. 첫째, '충실한 각색(the faithful adaptation)'으로 "원작소설의 내러티브 요소들인 배경, 인물, 주제, 그리고 플롯 등을 얼마나 원작에 근접하게 옮겨놓았는지"에 따라 각색의 가치가 결정된다는 관점이다. 하지만 실제 창작 활동에서 완벽하게 충실한 각색은 이루어지기 힘들다는 점에서 한계를 가진다. 무엇보다 분량 면에서 분명한 차이가 있기 때문이다. 둘째, '다원적 각색(the pluralist adaptation)'인데 영화가 그 자체로서의 독립성을 유지하며 존재하는 것을 강조하면서 동시에 원작의 어조, 분위기, 정신 등을 영상을 통해 구현하는 것도 중요하게 판단하는 관점이다. 그러나 이 관점은 객관적인 증명이 어렵다는 점에서 한계를 가진다. 원작의 어조·분위기·정신에 대한 판단은 개인마다 차이를 가지기 때문이다. 셋째, '변형적 각색(the transformative adaptation)'으로 영화 그 자체로서 소설의 그늘로부터 완전히 벗어나 있는 하나의 예술적 성취로 보고, 소설을 그대로 '번역하듯 영상화'하는 것이 아니라 소설을 완전히 새롭게 '변형'하는 기술이라고 파악하는 관점이다. 이 경우는 원작의 필요성이 사라진다는 점이 문제이다. 변형이 이루어질수록 완전히 새로운 창작활동이 되어버리기 때문이다. : 이형식 외, 『문학텍스트에서 영화텍스트로』, 동인, 2004, 22~28쪽. 참고.

창작과 비평 활동에서는 쉽게 무시되는 경향이 있다.

동화와 애니메이션의 관계에서도 이 사실이 간과되어서는 안 된다. 애당초 내재된 차이를 인정하고 그것을 바탕으로 논의가 진행될 때, 올바른 해답을 찾을 수 있다. 동화와 애니메이션의 간극은 문자매체와 영상매체의 차이에 기인하는 것이다. 이에 대해서는 다양한 논의가 진행되고 있지만, 창작 과정만을 염두에 두면 표현 방법의 차이가 가장 두드러진다. 즉, 문자매체가 '말하기(telling)'와 '보여주기(showing)'를 모두 구사할 수 있지만 영상매체는 '보여주기'를 주로 구사할 수밖에 없다는 사실이 문제다. 이 차이는 특히 심리 표현에 있어 두드러진다. 문자매체는 말하기 기법을 활용하여 캐릭터의 심리상태를 분명하게 드러낼 수 있지만, 영상매체는 그런 직접적인 표현이 어렵기 때문이다. 동화 『마당을 나온 암탉』에 제시된 다음 부분을 통해 그 차이를 살펴보도록 하겠다.

▲ 황선미의 동화를 원작으로 제작된 애니메이션 〈마당을 나온 암탉〉 포스터

용기를 내려고 해도 점점 무서워졌다. 나중에는 가슴 밑바닥에서부터 슬픔이 밀려 올라왔다.

'이렇게 죽다니, 아직은 그럴 수 없어. 마당으로 가고 싶어!' (……) '나한테는 소망이 있었어. 알을 품어서 병아리의 탄생을 보는 것! 암탉으로 태어났으면 당연히 가질 수 있는 바람인데, 끝내 이루지 못하고 이렇게 죽는구나.'

정신이 가물가물해질수록 잎싹은 상상 속으로 빠져들었다.

잎싹은 둥우리에서 따뜻하게 알을 품고 있는 자신을 보았다. 늠름한 수탉이 곁을 지켜 주었고 아카시아꽃이 눈처럼 흩날리고 있었다.

'언제나 알을 품고 싶었지. 꼭 한 번만이라도. 나만의 알, 내가 속삭이는 말을 들을 수 있는 아기. 절대로 너를 혼자 두지 않아. 아가야, 알을 깨렴. 너를 보고 싶어. 무서워하지 마라…….'

마침내 잎싹은 자신이 정말 알을 품고 있다는 착각에 빠져서 미소를 머금은 채 정신을 잃었다.[3]

위의 인용은 주인공 잎싹이 폐계로 처리되어 구덩이에 버려졌을 때의 감정이 드러난 부분으로 간접인용과 서술자의 직접 진술을 통해 캐릭터의 심리, 즉 모성(母性)에 대한 갈망을 확인할 수 있다. 바로 이것이 이후 이야기를 발생시키는 원동력으로 작용한다. 자신이 낳지도 않은 알을 품고, 부화시키고, 양육하고, 자신을 희생하면서까지 보호하는 그 모든 행동은 "알을 품고 싶다"는 소망에서부터 비롯되는 것이다. 또한 족제비를 회피하고, 대결하고, 끝내 이해하는 행동도 역시 같은 심리에서 기인한 것이다. 이처럼 동화는 초반부에 주인공의 열망을 직접적으로 제시함으로써 이후 전개되는 사건들에 타당성을 부여하는 스토리텔링 방식을 활용하고 있다.

애니메이션에서는 이러한 내용이 제시되지 않는다. 잎싹이 구덩이에 버려지기 전까지 모성에 대한 언급은 "그깟 알이라고? 그렇게 말하지 마. 난 내 알을 꼭 품고 싶단 말이야"라는 대사가 전부이다. 이마저 그 전후에 양계장을 탈출해 마당으로 나가고 싶다는 대사들과 함께 제

3 황선미, 『마당을 나온 암탉』, 사계절출판사, 2000, 23쪽.

시되기 때문에 크게 부각되지 못한다.[4] 즉 주인공이 마당으로 나가려는 이유가 모성을 지키기 위해서인지, 아니면 자유에 대한 동경 때문인지가 분명하지 않은 것이다. 위의 인용에서 제시된 동화의 심리 표현은 애니메이션에서는 아예 빠져 있다. 구덩이에 버려진 직후, 곧바로 족제비의 습격과 나그네의 도움이 이어져 짧지만 강렬한 액션 장면이 연출된다. 물론 이후 전개되는 내용의 주요 얼개는 동화와 일치하지만, 주인공의 행동에 대한 심리적 인과관계는 분명하게 드러나지 않는다. 바로 이것이 애니메이션 〈마당을 나온 암탉〉이 원작 동화에 비해 스토리텔링의 밀도가 떨어지게 된 원인이다.

그러나 이를 구성의 문제만으로 치부할 수는 없다. 그보다는 매체 차이에 의해서 발생한 간극으로 파악하는 편이 타당할 것이다. 스토리텔링 창작능력이 부족하기 때문이 아니라, 보여주기를 중심으로 하는 영상매체의 특성으로 인해서 어쩔 수 없이 선택되었던 방법으로 보아야 한다.

2) 캐릭터의 강화

영상매체는 문자매체에 비해 직접적인 설명이 어렵고 스토리텔링 밀도를 높이기 힘들다는 태생적 한계를 가진다. 이를 극복하기 위해 애니메이션은 나름의 보완책을 강구한다. 이야기 분량을 확보해야만 하기 때문이다. 모든 매체는 그에 합당한 이야기 분량을 가진다. 몇몇 예외들도 있지만, TV드라마 중에서 미니시리즈는 50분 분량을 16회 정도로 풀어낼 수 있는 이야기를, 극장 상영을 위한 장편 극영화는 90

4 오성윤 감독, 〈마당을 나온 암탉〉, 2011, 0:03:06~30.

분 내외에 완결되는 이야기를 갖추어야 한다. 애니메이션 역시 마찬가지로 〈마당을 나온 암탉〉같은 극장용 장편 애니메이션을 제작하기 위해서는 극영화와 유사한 분량의 이야기가 필요하다.

문제는 원작이 되는 동화가 이만한 분량의 이야기를 제공하기는 어렵다는 사실이다. 일반적으로 장편동화는 원고지 300장 내외, 소설로 치면 중편소설 분량에 불과하다. 이 중에서 앞서 살펴본 '말하기' 기법을 적용한 경우를 제외하면 활용할 수 있는 부분이 더욱 줄어들기 때문에 장편 애니메이션을 만들 수 있는 분량을 확보하는 일은 불가능에 가깝다. 그런 까닭에 동화를 원작으로 하는 애니메이션은 대부분 새로운 이야기를 추가하여 분량을 확보하는 전략을 전개한다. 여기에 부합되는 방안이 캐릭터의 강화인데, 이는 기존 캐릭터의 변형과 새로운 캐릭터의 추가로 구분된다. 〈마당을 나온 암탉〉의 등장인물들을 통해서 세부 내용을 살펴보도록 하겠다.

우선 기존 캐릭터의 변형이 이루어진 예로는 주인공 잎싹을 들 수 있다. 원작에서 이 인물은 내성적이고 사색적인 성격이지만, 애니메이션에서는 보다 활달하고 수다스러운 인물로 바뀐다. 이는 앞서 설명한 표현방식의 한계를 극복하기 위한 방법이다. '말하기' 기법을 통해 심리를 직접적으로 설명할 수가 없기 때문에 대사와 행동을 통한 '보여주기' 기법에 적합한 캐릭터로 변형된 것이다.

이러한 차이는 족제비의 습격에서 벗어나 마당으로 돌아오는 부분에서 분명하게 드러난다. 동화에서 잎싹은 자신을 받아들이지 않는 마당 식구들의 눈치를 보며 망설인다. 자신의 처지를 분명하게 인식하고 있기 때문이다.[5] 그에 비해 애니메이션의 잎싹은 눈치 보지 않고 먼저 다가가 친근하게 말을 건다. 이를 애니메이션 특유의 천진난만한 명랑

함이라고도 할 수 있지만, 상황 인식능력이 부족한 것만은 분명하다. 이러한 잎싹의 성격은 작품의 여러 장면에서 반복적으로 제시되면서, 유머를 발생시켜 작품의 긴장을 완화하는 역할을 수행한다.

하지만 여기에는 결정적인 문제가 있다. 주체성이 결여되었기 때문이다. 동화의 잎싹은 내성적이긴 해도 자기 삶을 스스로 개척한다. 둥지를 찾고, 아기에게 '초록'이란 이름을 붙여주고, 그를 지켜내는 것도 혼자 힘으로 해낸다. 그에 비해 애니메이션의 잎싹은 그 일들의 많은 부분을 주변의 도움을 받아서 해결하는 수동적인 인물이 되어 버렸다.

물론 이는 스토리텔링 구현에 있어 긍정적인 효과를 주기도 한다. 집오리들을 따라 마당에 갔다가 주인에게 붙잡힌 초록이를 구해내는 과정에서 자기 의지를 드러낸 이후 잎싹은 점차 자기주도적인 성향을 드러내는데, 이로 인해서 애니메이션의 성장 구조가 분명해진다. '성장'은 매우 강력한 스토리텔링의 방법이며, 특히 어린이를 대상으로 한 작품에서 유용하게 활용될 수 있는 요소이다. 그러므로 잎싹의 성격 변화는 의도된 것이든 아니든 애니메이션 스토리텔링에서 나름의 역할을 수행했다고 파악된다.

이러한 성과를 인정한다 하더라도 주체성의 약화는 결코 긍정적인 변화가 아니다. 주체성은 진정한 모성을 획득하기 위한 전제조건이기 때문이다. 자신의 삶조차 스스로 책임지지 못하는 인물이 다른 이의 삶까지 지켜줄 수야 없는 일이다. 타인에게 기대는 인물은 생물학적 어미는 될 수 있고 자식의 신체를 양육할 수는 있을지언정, 정서적 훈

5 이런 심리가 잘 표현된 구절은 다음과 같다. "암탉이 몹시 부러웠다. 아름다운 모습에 알까지 품는다니. 잎싹은 여태 몸맵시에 신경을 쓴 적이 없었다. 그래도 깃털이 빠져서 지금 자신이 몹시 볼품없다는 것을 알고 있었다. 갑자기 그 사실이 부끄러웠다. 잎싹은 서글픈 마음을 억누르려고 몸을 작게 움츠렸다. 깃털이 숭숭 빠져서 맨살이 다 드러난 목을 아무도 보지 말았으면."(황선미, 앞의 작품, 41쪽.)

육에는 이르지 못한다. 이를 감안하자면 잎싹의 캐릭터 변화는 스토리텔링의 효과를 거두는 대신, 주제의식의 깊이를 놓쳐버렸다고 평가할 수 있겠다.

이와 다른 측면에서 변형이 이루어진 캐릭터들도 있는데, 마당을 지키는 수탉이 대표적인 예이다. 동화의 수탉은 배타적이지만 위엄과 관용을 갖춘 인물인데 비해서,[6] 애니메이션에서는 가짜 볏을 뒤집어쓰고 허세를 부리는 인물로 희화된다. 이 변화는 작품에 웃음요소를 만들기 위한 목적으로 이루어진 것이다.

새로운 캐릭터도 추가되었는데, 이들은 주로 잎싹과 초록의 조력자들이다. 수달 '달수', 참새 '짹', 초록에게 나는 법을 가르치는 박쥐와 부엉이, 파수꾼 자리를 두고 초록과 경쟁하는 '빨간머리' 등이 여기에 해당한다. 이중에서 특히 주목되는 캐릭터는 '달수'와 '빨간머리'이다.

달수는 잎싹에게 크고 작은 도움을 주면서 넉살을 떨어 긴장을 이완시키는 역할을 수행한다. 이는 특히 잎싹이 머물 둥지를 골라주면서 함께 춤을 추는 장면에서 잘 표현되었다. 다른 부분에서는 목소리 연기를 맡은 배우 박철민 특유의 전라방언을 활용한 언변으로 캐릭터의 성격과 역할이 제시되지만, 이 장면에서는 그와 함께 애니메이션의 특징인 역동성과 멀티미디어적 요소들이 추가되면서 더욱 분명한 효과를 얻을 수 있었기 때문이다.[7]

그에 비해 빨간머리는 긴장을 강화하는 역할을 담당한다. 청둥오리

6 원작 동화의 다음 대화를 통해서 이 캐릭터의 성격을 파악할 수 있다. : "엇저녁에 잠자리를 내준 건 네가 볏을 가진 족속이기 때문이야. 볏을 가진 족속은 웃음거리가 되면 안 돼. 그러니 네 자리로 가."(위의 작품, 42쪽.)

7 참새 '짹'도 유사한 캐릭터이지만 '달수'에 비해 비중이 적다. 다만 작품 초반에 대화를 주도하면서 잎싹이 자신의 의지를 표현하도록 유도하는 역할, 초록이가 잡혀 마당에 있다는 사실을 전달하는 역할 등을 수행할 뿐, 전체적인 스토리텔링에는 별다른 영향력을 행사하지 못한다.

무리의 파수꾼 자리를 차지하기 위해 벌이는 비행 레이스는 작품 전체에서 가장 긴박감이 넘치는 장면이며, 동시에 초록의 정체성이 발현되고 앞으로의 행방까지 결정되는 등 스토리텔링에서도 중요한 분기로 작용한다. 비행 레이스 과정에서 초록은 박쥐와 올빼미의 가르침을 떠올리고, 그를 이용하여 승리를 거둔다. 이러한 캐릭터 활용은 주변 인물의 가치를 높여주고, 이로 인해 박쥐와 올빼미의 비행 교육은 하나의 암시로 기능하게 된다. 이를 통해 스토리텔링의 밀도도 높아지게 되었다.

3) 멀티미디어의 활용, 상상력의 구현

다시 문자매체와 영상매체의 차이에서부터 논의를 이어가야 한다. 영상은 여러 종류의 매체가 하나로 결합된 형태, 즉 '멀티미디어(multimedia)'이다. 영상이 기존의 어떤 매체보다 생생한 전달력과 강력한 호소력을 발휘할 수 있는 까닭도 여기에서 있다. 이에 비하면 문자매체는 다소간의 불편을 감수해야 한다는 한계를 가진다. 정보가 시각적으로 제시되지도 않고, 움직임도 없으며, 음향이나 특수효과의 도움도 기대할 수 없다. 그러나 역설적으로 이런 불편으로 인해 또 다른 힘을 부여받는다. 그것은 바로 상상력이다. 제약이 자유를 꿈꾸게 하고, 한계가 도전을 감행하도록 만든다.

두 매체가 가진 힘은 충돌하는 것이 아니라, 서로를 보완하는 방향으로 작용해야 한다. 그런 작용을 통해서 각자의 부족한 부분을 채워질 때 비로소 새로운 가치가 창출된다. 바로 이것이 문자와 영상, 동화와 애니메이션이 만나고 교류하고 융합해야 하는 이유이다.

〈마당을 나온 암탉〉은 이러한 보완이 이루어진 주요 사례이다. 우선 영상매체가 보완해줄 수 있는 부분은 표현의 영역이다. 앞서 살펴본 비행 레이스 장면처럼 시각 효과를 통해서 긴박감을 형성할 수 있고, 잎싹과 달수가 춤추는 장면처럼 음악과 움직임을 결합시켜 분위기를 이완시키는 효과를 거둘 수도 있다. 특히 몇 차례에 걸쳐 제시되는 족제비의 습격 장면에서는 동화에 비해 월등하게 높은 긴장감이 표현되었다. 역시 영상, 움직임, 음향이 복합적으로 작용했기 때문이다. 다음과 같은 장면이 대표적인 예이다.

"꽤에액!"

눈이 번쩍 뜨였다. 청둥오리의 비명이었다. 짧고도 소름끼치는 소리가 가슴을 후비고 들어왔다.

"아!"

달도 없는 캄캄한 어둠 속에서 청둥오리가 안간힘을 쓰면서 퍼덕이고 있었다. 버둥거리는 날갯짓, 물고늘어진 검은 몸뚱이. 목이 단숨에 물렸는지 비명 소리는 더 나지 않았다. 제 목을 물리기라도 한 듯 잎싹은 덩달아 숨통이 조여들어 진저리를 쳤다.[8]

인용은 잎싹과 알을 지키기 위해서 청둥오리가 족제비와 대결하는 부분이다. 하지만 막상 싸움의 구체적인 내용은 드러나지 않는다. 그에 비해 애니메이션에서는 약 2분에 걸쳐 직접적이고 상세한 제시가 이루어지는데, 이는 결코 적은 분량이 아니다.

일반적으로 전투 장면은 작품의 긴장감을 고조시키는 역할을 담당한다. 하지만 이 부분에는 또 다른 역할이 추가되어 있다. 바로 서정성

8 황선미, 앞의 작품, 83쪽.

▲ 〈마당을 나온 암탉〉 나그네와 족제비의 결투장면 스틸컷

의 획득이다. 이를 위해 애니메이션은 원작의 세부 설정을 변경한다. "달도 없는 캄캄한 어둠"이 아니라 휘영청 밝은 보름달 아래에서 싸움이 벌어지는 것이다. 이것은 단순한 배경 설정의 문제가 아니다. 장면의 가치를 높이기 위한 치밀한 장치이다.

달빛은 각 캐릭터의 실루엣을 돋보이도록 만들어 관객들이 움직임을 파악하는데 용이하도록 도와준다. 이러한 장치가 바탕이 되어 대결의 치열함이 선명하게 전달된다. 그러나 이 싸움은 잔혹하게 그려지지 않는다. 달빛이 만들어내는 고고한 분위기가 그들을 감싸고 있기 때문이다. 긴박하지만 속도에 압도당하지 않고 처연하지만 당당하다.

이처럼 복합적인 감정이 만들어지는 과정에는 음악의 효과가 크게 기여한다. 나그네와 족제비가 대치하고 접전을 벌이는 시퀀스는 그들이 하늘로 떠올라 달빛 속에 머무는 순간을 기점으로 전반부와 후반부로 나뉜다. 이에 따라 음악의 쓰임새도 구분되는데, 전반부는 긴장을 고조시키는 기능을, 후반부는 비장함을 전달하는 역할을 담당한다. 또한 카메라 워킹 역시 유사한 기능을 수행한다. 캐릭터의 감정을 전달하는 클로즈업과 거리두기 효과를 내는 풀샷(full shot)이 번갈아 사용되면서, 하나의 시퀀스에서 긴장과 이완을 반복하여 리듬을 형성하게 된 것이다.

이상의 장면 분석을 통해 알 수 있는 것처럼, 영상매체는 자신이 가진 멀티미디어적 특성을 십분 발휘하여 문자매체에서는 이루어질 수 없는 공감각적 전달이 가능하도록 만든다. 이것이 애니메이션이 동화를 보완할 수 있는 부분이다.

그에 비하자면 동화는 애니메이션에 주제의식을 제공할 수 있다. 주제는 스토리텔링이 전달하고자 하는 궁극적인 목표이며, 그 깊이에 따라서 작품의 품격이 결정된다. 이는 기술로는 결코 획득될 수 없는 영역이다. 첨단 특수효과를 동원한 블록버스터 영화는 흥미로울 수 있지만 감동까지 느낄 수 있는 경우가 드문 까닭도 결국 주제의식의 문제이다. 바로 그 감동을 만들어낼 수 있는 깊이 있는 시각이야말로 문자매체가 영상매체를 보완할 수 있는 요소이다.

〈마당을 나온 암탉〉의 주제는 단순한 모성 추구가 아니다. 그보다 자기희생을 통해서 이루어지는 모성의 확장으로 보아야 한다. 모성은 지극히 개인적인 욕망이면서 동시에 모순된 감정이다. 어머니는 자식을 양육하고 보호하기 위해서 위험을 감수한다. 이는 지극히 숭고한 행동이다. 하지만 그것이 다른 어머니의 욕망과 충돌한다면 어찌되는가? 자기 자식을 지키기 위해서는 누군가의 자식을 희생해야만 하는 상황이라면.

그동안 모성을 다룬 작품은 많이 발표되었다. 하지만 모성과 모성의 충돌을 다룬 작품은 많지 않은데, 〈마당을 나온 암탉〉은 이런 문제적 상황을 제시했다는 점에서 우선적으로 의미가 있다. 또한 그 충돌이 증오와 쟁투가 되는 것이 아니라, 이해와 화해로 이어진다는 점도 가치를 가진다.

버드나무 아래, 굴 속으로 먼저 들어간 잎싹은 몸을 맞대고 있는 어린것들을 움켜쥐었다. 아직 털도 나지 않은 살덩이였다. 잎싹은 정말 그렇게 하고 싶지 않았다. 옳은 일이 아니었다. 하지만 지금은 다른 방법이 없었다. (……)

"제발, 조심해. 아직 눈도 못 떴어."

족제비가 떨리는 목소리로 부탁했다. 그러나 잎싹은 고개를 저었다.

"너도 우리를 봐 줘야 할 때가 많았어. 하지만 안 그랬잖아. 뽀얀 오리도, 나그네도, 나와 내 아기까지. 기회가 있을 때마다!"

"어쩔 수 없었어. 배고팠을 때 하필 눈에 띄었을 뿐이야. 굶지 않으려고 그랬어. 우리는 지금도 배가 고파."

"하필이면 눈에 띄었을 뿐이라고? 아냐, 넌 항상 우리를 못 잡아먹어서 안달이었어. 그러니까 나도 너의 소중한 새끼들을 해치겠어! 그래야 공평하지."

"아아, 그러지 마. 그건 공평한 게 아냐. 너는 배가 고픈 게 아니잖아. 나는 배가 고프면 사냥을 해. 먹을 만한 것이라면 뭐라도."[9]

잎싹은 족제비의 굴을 발견하고 그곳에서 아직 눈도 뜨지 못한 어린 새끼들과 만난다. 그리고 이어지는 대치상황에서 잎싹은 초록을 구하기 위해 족제비의 새끼를 인질로 잡는다. 인용의 대화는 그런 상황에서 제시된 것인데, 이를 통해 잎싹은 그동안 족제비의 행동이 단순한 괴롭힘이 아니라 자식을 지키기 위한 것이었다는 사실을 알게 된다.

이해는 동감을 바탕으로 할 때 이루어진다. 잎싹과 족제비는 모성이

9 위의 작품, 180~181쪽.

라는 공통분모를 가지고 있고, 그를 통해 족제비의 행동을 이해하게 된다. 작품의 결말에서 잎싹이 족제비에게 "자, 나를 잡아먹어라. 그래서 네 아기들 배를 채워라"라고 말할 수 있는 까닭도 모성에 대한 이해에서 비롯된 것이다.[10] 마침내 잎싹은 자신을 희생하여 족제비의 새끼들을 지킨다. 자기 자식이 소중한 만큼, 다른 어미의 모성 또한 가치 있다는 사실을 알게 된 것이다.

3. 만남의 지속

지금까지 살펴본 것처럼, 동화와 애니메이션은 서로 보완할 수 있는 요소를 풍부하게 갖추고 있다. 〈마당을 나온 암탉〉은 이를 잘 활용하여 시너지 효과를 만들어냈는데, 작품성과 흥행의 양면에서 높은 평가를 받았다는 사실이 이를 증명한다.[11]

하지만 이것만으로 한국 애니메이션의 부활을 속단할 수는 없다. 오히려 〈마당을 나온 암탉〉은 극히 예외적인 사례에 속한다. 문화 소비자들의 인식에서부터, 작품 유통을 방해하는 시장 구조, 부족한 기획 및 마케팅 능력 등에 이르는 여러 가지 문제가 해결되지 않는 한 대한민국 애니메이션 산업의 발전은 기대하기 어렵다.

다만 이 작품은 하나의 희망이 될 수 있다. 우리의 이야기 자산도 충분히 문화콘텐츠로 활용될 수 있고, 원작을 각색하여 매체 특성에 부

10 이 대사의 앞부분에 잎싹의 심리가 직접적으로 제시된다. : "잎싹은 퀭한 족제비의 눈을 보면서 물컹하던 어린것들을 떠올렸다. 부드럽게 느껴지던 살덩이. 왠지 그 살덩이가 잎싹이 마지막으로 낳았던 알처럼 느껴졌다. 단단한 껍데기도 없이 나와서 마당에 던져졌던 알. 너무나 가엾어서 가슴이 긁히듯이 아프던 기억. 또다시 온몸이 뻣뻣해지려고 했다."(위의 작품, 190쪽.)

11 물론 원작이 초등학교 교과서에 수록되어 널리 알려졌다는 사실도 성공 요인 중 하나로 작용했다. 하지만 그렇다고 해도 완성도가 갖추어지지 못했다면 흥행은 이루어질 수 없었을 것이다.

합되는 스토리텔링을 창작할 수 있으며, 애니메이션 제작에 충분한 기술력을 갖추고 있다는 사실을 증명했기 때문이다.

그렇다면 해답은 분명하다. 동화와 애니메이션 양쪽에서 좋은 작품이 더 많이 발표되어야 한다. 그래야만 동화는 스토리뱅크로의 기능을 수행할 수 있고, 애니메이션도 표현력을 갖출 수 있다. 이를 간과한 채 어설프게 각자의 영역을 기웃거리는 일은 아무런 도움이 되지 못한다. 기반이 약한 문화는 예외적인 성공을 거둘 수는 있지만 끝내 붕괴되어 버리기 쉽다. 돌아보지 말고 자신의 길을 가라. 무소의 뿔처럼, 두려움 없이. 그 오래된 진리가 우리를 구원할 것이다.

tag 애니메이션, 동화, 마당을 나온 암탉, 황선미, 오성윤, 각색, 문자매체와 영상매체, 스토리뱅크

03

Character Industry

그들은 어떻게 세상을 지배했는가?

그들은 어떻게 세상을 지배했는가?

1. 지배자의 프로필

혹시 당신만 모르고 있지는 않은가? 세상은 이미 그들이 지배하고 있다는 사실을. 우리가 무관심했던 틈을 타서, 그들의 손길은 구석구석으로 파고들었다. 그들은 벌써 당신의 주변을 장악했다. 의심이 된다면 한번 둘러보라. 당신의 집, 동네, 학교…… 그 어느 곳에나 그들이 있다. 당신의 경계심을 무력화시키는 천진난만한 웃음을 머금은 채로.

2003년 11월 27일, 그들이 처음 등장했을 때만 해도 사람들은 별다른 관심을 드러내지 않았다. 주목되는 요소가 전혀 없었던 것은 아니다. 국내의 건실한 중견기업들이 참여했고, 한국이 자랑하는 세계적인 기술력이 유감없이 발휘되었으며, 남한과 북한의 공동 작업이 진행되기까지 했다. 하지만 큰 기대는 하지 않았다. 그들이 발을 내딛은 땅이 너무도 척박했기 때문이었다. 아무도 성공을 장담할 수 없었고, 하지도 말아야 했다. 그동안 얼마나 많은 호언장담이 있었으며, 그 기대들은 또 얼마나 무참하게 깨져버렸던가?

조심스럽기는 그들도 마찬가지였다. 기대 반 우려 반의 심정으로 도전은 시작되었고, 성과를 거두긴 했으나 만족스러운 것은 아니었다. 평균을 간신히 넘겼을 뿐이고, 다시 한 번 도전할 수 있는 기회가 마련된 정도였다. 그들은 두 번째 도전을 준비했다.

열광은 바깥에서부터 시작되었다. 우리 땅에서의 출발은 소박했으나, 세계 무대에서 그들의 진가는 아낌없이 발휘되었다. 영국, 인도, 멕시코 등등으로 야금야금 시장을 넓혀 나가더니 어느덧 수십 개의 나라로 진출했고, 마침내 2004년 프랑스에서 선풍적인 인기를 끌었다.[1] 이제 상황은 역전되었다. 회의적인 시선으로 바라보던 국내 언론들이 호들갑을 떨며 그들의 찬양하기 시작했다.

그들은 기회를 놓치지 않았다. 두 번째 도전은 무리 없이 끝났다. 질적인 면으로만 따지자면, 크게 떨어지지도 향상되지도 않은 정도의 수준이었다. 그럼에도 그들은 성공했다. 문제는 집중력이었다. 두 번째 도전을 전후로 해서 그들은 연관된 상품을 쏟아내기 시작했다. 식상한 비유를 반복하려는 것이 아니다. 말 그대로 쏟아지듯 그들의 영향력은 동시다발적으로 퍼져나갔다. 슈퍼스타의 탄생이 대체로 그러한 것처럼, 그들 또한 한순간에 세상을 장악해 버렸다.

그들은 작은 성공에 만족하지 않고 끊임없이 확장을 거듭했다. 어려운 일은 아니었다. 새로 시작할 필요가 없었기 때문이다. 그들은 스스로를 복제하여 같은 이미지의 상품을 지속적으로 발표했다. 그것만으로도 충분했다. 그들이 나고 자란 영토의 속성이 본래 그런 법이니까.

그들은 순식간에 세상을 차지했다. 정신 차린 소비자들이 어리둥절

1 문일호, 「한국콘텐츠 희망과 한계—콘텐츠 파워③」, 《매일경제》, 2009.04.21.

한 눈으로 사방을 둘러보았을 때, 이미 그들의 땅이 아닌 곳이 없었다. 뒤늦게 몇몇 경쟁자들이 등장하여 맹렬한 추격을 전개하고 있지만, 여간해서는 그들을 따라잡기 어려워 보인다. 세상은 선두만을 기억할 뿐 후발주자들을 눈여겨보지 않는 법이니까. 더구나 그들은 난폭한 정복자가 아니었다. 그들이 차지한 땅은 오래도록 방치되어 있었고, 그 땅의 주민들은 엄연히 존재했으나 누구의 관심도 받지 못했다. 그러던 차에 그들이 찾아온 것이다. 찾아와서 두 팔을 벌리고 말했다.

"노는 게 제일 좋아, 친구들 모여라!"[2]

그들은 지배했으나 통치하지 않았다. 다만 함께 웃고, 떠들고, 장난칠 뿐이었다. 그러나 그럼으로써 그들의 지배는 더욱 견고해졌다. 이처럼 유쾌하고도 관대한 지배자를 누가 거부할 수 있단 말인가. 사람들은 자진해서 무릎을 꿇고서 복종을 맹세했다. 그들의 지배는 이렇게 시작되었다.

2. 그들이 지배하는 세상

이제 누구인지 알겠는가? 그들은 바로 호기심 많은 꼬마 펭귄 뽀로로와 그의 친구들이다. 아무도 관심을 보이지 않던 유아용 엔터테인먼트 장르를 개척했고, 실패만을 거듭하던 한국 애니메이션 시장에 다시 희망을 선사했으며, 나아가 원작을 뛰어넘는 각종 파생상품으로 막강한 캐릭터 가치를 창출하고 있는 그들, 바로 이 세상의 지배자들이다.

아직도 믿기지 않는가? 그럼 딱 하루만 아이들의 생활을 관찰해 보라.

2 〈뽀롱 뽀롱 뽀로로〉 2기 오프닝 주제곡 중 일부.

▲《뽀로로와 노래해요》의 뽀로로밴드

우선, 아침에 일어나면 동요 뮤직비디오 《뽀로로와 노래해요》에 맞춰 체조를 하고, '뽀로로 뽀롱칫솔'에 '뽀로로 꼬마들 치약 새콤달콤 파인애플맛'을 묻혀 이를 닦는다. 식탁에 앉아서 '뽀로로 타원식판'에 밥과 반찬을 담아서, '뽀로로 편한 수저세트'로 떠먹는다. 식사를 마치면 '뽀로로 기차여행 세트'나 '뽀로로 가방퍼즐'을 가지고 놀다가, '뽀로로 로켓볼 배낭'을 메고 어린이집으로 간다. 이제 알겠는가? 당신의 집은 이미 그들에게 점령당했다.

이것으로 끝이 아니다. 어린이집 또한 그들의 영토이다. 노래와 율동을 배울 때는 '뽀로로 사운드북 탬버린'을 활용하고, 그림을 배울 때는 '뽀로로 크레파스'나 '뽀로로 향기 사인펜'을 사용한다. 그뿐인가? '뽀로로 한글박사'로 모국어를 배우고, 《Pororo English》 DVD를 보면서 영어를 배운다. 어린이집뿐만이 아니다. 소아과에 가면 주사실 옆에는 커다란 뽀로로와 친구들 인형이 놓여 있다. 아이가 인형에 정신이 팔린

사이에 재빠르게 주사를 맞히기 위해서다. 우는 아이에게는 '뽀로로 키즈밴드'를 붙여주면 언제 그랬냐는 듯 말끔하게도 눈물을 그친다. 병원에서 돌아오는 길에 들어간 편의점에서 당신은 아이들 눈높이에 맞춰 진열된 뽀로로 빵과 과자와 요구르트 따위를 구입할 수 있다.

다시 집으로 돌아왔다. 외출하고 돌아왔으니까 씻자는 말에, 아이는 '뽀로로 반짝 바구니'에 담긴 목욕세트를 챙겨든다. '뽀로로 ATO 리페어 365' 보습로션과 크림을 바르는 것도 잊지 않는다. 저녁시간, 아이는 '뽀로로 발코니 놀이방 매트' 위에서 뛰논다. 잠 잘 시간이다. 드디어 벗어나는가? 천만의 말씀. 잠들기까지 아이는 '폭신폭신 뽀로로 베개책'을 가지고 놀거나, 『자야 할 시간이야 뽀로로』 자장가책을 듣는다.[3]

이처럼 뽀로로와 친구들은 아이들의 하루를 거의 완전하게 통제하고 있다. 부모보다 많이, 선생님보다 오래, 그들은 아이들과 함께한다. 물론 인생 전체를 생각하면, 뽀로로와 지내는 시간은 그리 길지 않을지도 모르겠다. 유아기에서 벗어나 초등학교에만 들어가도 아이들의 관심은 다양하게 확산되어 버리니까. 하지만 정신분석의 여러 논의들이 증명하듯이, 어린 시절의 체험은 평생에 걸쳐서 영향력을 행사하는 법이다.

3. 그들의 경쟁력

'뽀로로와 친구들' 시리즈가 아동 엔터테인먼트 시장을 개척한 것은

3 지금까지의 설명에서 언급된 상품명들은 모두 뽀로로 공식 온라인 쇼핑몰인 '뽀로로몰(http://www.pororo.co.kr)'에서 판매되었거나 판매되고 있는 제품들이며, 여기에서 소개된 상품은 극히 일부에 지나지 않는다. 본문에 인용된 이미지 또한 같은 곳에서 가져왔다.

분명한 사실이다. 그러나 그들이 유아독존(唯我獨尊)의 존재였던 것은 아니다. 이전에도 비슷한 작품들은 있었다. 다만 그들은 지나치게 교육적이었고, 소비자 타기팅(targeting)이 명확하지 못했으며, 너무 낡은 탓에 시대의 요구를 반영하지 못했다. '뽀로로와 친구들'은 앞선 작품들의 영향을 부정하지 않는다. 오히려 그 작품들의 성과를 적극적으로 수용한 뒤, 자신들만의 독창성을 일부 추가했다. 그것이 바로 그들의 경쟁력이다.

1) 소비계층을 고려한 캐릭터 디자인

'뽀로로와 친구들' 시리즈에서 우선적으로 주목되는 부분은 캐릭터들의 신체비율이 극단적으로 축약되어 있다는 사실이다. 작품에 등장하는 대부분의 캐릭터는 대략 2등신으로 구성되어 있으며, 가장 키가 큰 백곰 포비도 4등신을 넘지 않는다.

그동안 이러한 캐릭터 디자인은 유아의 신체비율을 반영한 것이고, 그렇기 때문에 주된 시청계층인 아이들과의 동감을 형성할 수 있었다고 설명하는 경우가 많았다. 이런 주장은 얼핏 타당해 보인다. 사람은 일반적으로 자기보다 큰 물체에 위압감을 느끼고, 비슷하거나 작은 물체에는 상대적으로 친근감과 안정감을 느끼는 법이니까.

그러나 엄밀하게 따지면 이 주장에는 논리적 허점이 있다. 아이들에게는 2등신을 관찰할 기회가 없기 때문이다. 성장에 따른 인체비율 변화를 정리한 다음 그림에서 확인할 수 있는 것처럼, 인간이 2등신 신체를 유지하는 것은 태아, 그것도 2개월 정도의 초기 단계에 불과하다. 5개월만 되어도 3등신이 되고, 출생 직후에는 4등신이 되며, 이후 성장을 계속하여 2살 때는 5등신, 유아기가 끝나는 6살 무렵에는 성인과 큰 차이가 없는 6등신의 비율을 갖추게 된다. 그러므로 아무리 관찰력이 좋은 아이라도 4등신 이하의 신체비율을 확인할 수 있는 방법은, 애당초 없는 것이다. 보지도 못하고서 친밀감부터 느낄 수야 없는 일이다.

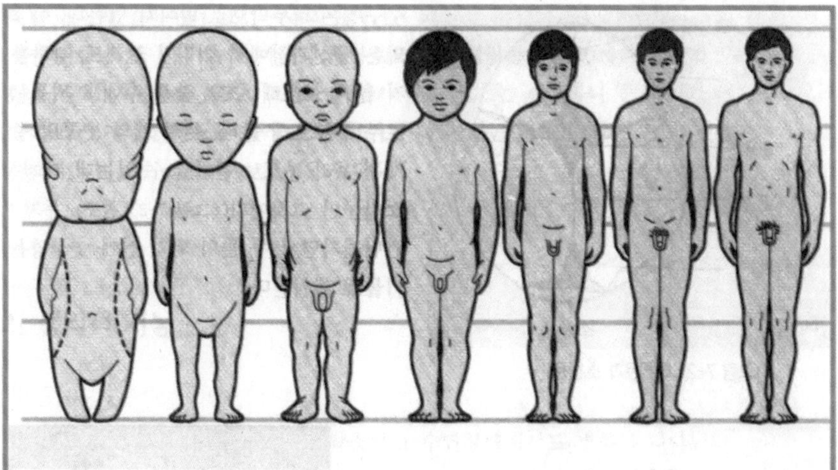

▲ M. J. Muzi, Child development, Prentice Hall, 2000.: 정옥분, 『아동발달의 이해』, 학지사, 2002, 237쪽. 재인용.

이처럼 '뽀로로와 친구들'의 캐릭터 디자인은 의학이나 교육학에 근거를 둔 것이 아니다. 오히려 문화의 측면에서 근거를 찾을 수 있다. 그들이 모방한 대상은 실제 어린아이들이 아니다. 다만 그들은 만화, 애니메이션, 게임 등의 캐릭터 창작방식에 충실했을 뿐이다.

2등신 캐릭터가 정말 아이들과 유사한 형태이기에 친밀감을 느끼는 것이 아니다. 사람들이 그렇다고 믿고 있기 때문에 친밀감이 만들어진다. 즉, '친밀감'이라는 감정을 형성하는 기반은 객관적 사실이 아니라 작품에서 작품으로 이어지는 문화적 연대와 흐름인 것이다.

▲ SD디자인 기법을 적용한 대표적인 캐릭터 〈SD건담 삼국전〉의 능통건담 팬아트

애초에 캐릭터의 얼굴과 손발이 부각시켜는 표현법은 감정 전달을 용이하도록 만들기 위한 기술적인 장치였다. 그러다보니 자연스럽게 신체비율이 축소되게 되었다.

비록 '뽀로로와 친구들'처럼 2등신은 아니더라도, 그에 가깝게 디자인되었던 캐릭터의 사례는 손쉽게 찾을 수 있다. 세계 캐릭터 시장을 선도하고 있는 미키마우스(Mickey Mouse)와 헬로키티(Hello Kitty)가 그러하며, 일본에서는 이와 같은 디자인방법을 별도로 'SD(Super Deformed)'라는 용어로 표현하기도 한다. 결국 '뽀로로와 친구들'의 캐릭터 디자인은 선행 작품들의 창작기법을 발전적으로 수용했다고 할 수 있다.[4]

이러한 관점은 캐릭터 선정에도 그대로 적용되었다. 사실 뽀로로와 친구들의 정체성은 전혀 낯설지 않다. 주요 캐릭터인 펭귄, 백곰, 여우, 공룡, 벌새는 물론이고 보조 캐릭터인 상어, 고래, 드래곤, 외계인 등등은 모두 여타의 작품에서 한번쯤은 보았던 것들이다. 명명법(命名法) 역시 마찬가지이다. 종종걸음으로 재게 움직이는 모양에서 따온 '뽀로로', 아가의 옹알이에서 비롯된 '크롱', 발명왕 에디슨(Thomas A.

4 물론 이러한 수용정책이 작품의 질을 훼손하는 것은 아니다. '발전적 수용'이야말로 문화를 발전시키는 중요한 원천이며, 같은 수용이라고 하더라도 자신들만의 색채를 얼마나 첨가했는지 여부에 따라 독창성이 결정되기 때문이다. 다만 사실 관계를 증명하지 않은 채 이루어지는 무비판적인 찬사 혹은 비판은 마땅히 경계해야 할 것이다.

Edison)을 연상시키는 '에디'를 제외한 나머지 이름들은 별다른 의미가 없다. 다만 익숙하고 발음하기 편하면서도, 세계 여러 나라에서 보편적으로 통용될 수 있는 이름을 선정했을 뿐이다.

이처럼 '뽀로로와 친구들'의 캐릭터 디자인은 차별보다는 보편에 더 비중을 둔 것으로 판단된다. 바로 이것이야말로 이 작품이 친근함을 획득할 수 있었던 이유이다. 독창적인 작품은 필연적으로 낯설 수밖에 없고, 낯선 작품은 신기함을 줄 뿐이다. 친근함을 얻기 위해서는 낯익어야 하고, 낯익은 작품이 되기 위해서는 보편적이어야 한다.

더구나 이제 막 문화를 습득하기 시작한 유아의 입장을 고려하면, 이 전략의 효과는 더욱 크다. 낯설다는 것은 상대적인 개념이다. 보편적 기준을 인지하고 있어야, 그와 비교하여 새로운 점을 찾아낼 수 있다. 그런데 유아에게는 아직 보편적인 기준이 형성되지 않았다. 그런 상황에서는 차이점보다는 공통점이 더 쉽게 인식되기 마련이다.

나아가 이후의 상황을 고려해도 보편화 전략은 가치를 가진다. 기준이 만들어지지 않은 상황이라면, 바로 이 작품이 기준이 될 가능성이 높다. 즉, 앞으로 시청하는 작품들이 '뽀로로와 친구들'보다 재미가 있다면 좋은 작품으로, 비슷하거나 재미가 없다면 나쁜 작품으로 평가하게 된다는 것이다. 그리고 그 과정에서 아이들은 자신도 모르는 사이에 '뽀로로와 친구들'을 반복적으로 떠올리게 될 것이다. 이것보다 효율적인 마케팅 방법이 또 어디에 있겠는가.

게다가 '뽀로로와 친구들'의 입장에서는 보다 실질적인 이익을 얻을 수 있다. 다른 작품들이 비교당하고 있을 때, '뽀로로와 친구들'의 후속 혹은 연계 작품들은 오로지 같은 브랜드를 공유한다는 이유만으로 소비자들의 선택을 받을 수 있기 때문이다. 물론 작품의 질이 바탕이 되지 않는다면 차라리 선택되지 않는 편이 좋겠지만.

2) 소통과 성장

글보다 말이 힘이 세고, 말보다 몸짓이 힘이 세다. '뽀로로와 친구들'의 또 다른 경쟁력은 캐릭터들 간의 의사소통이 글보다는 말을 통해서 말보다는 몸짓에 의해서 이루어진다는 점이다. 간과하지 말아야 할 부분은 이 중에서 하나의 방법만 사용하지는 않는다는 사실이다. 몸짓이 가장 많이 활용되지만, 말이 보조적 역할을 담당하고, 극히 한정되기는 하지만 글이 동원되는 경우도 있다.

유아기는 언어의 습득이 빠른 속도로 진행되지만 아직 완성 단계라고는 할 수 없다. 이런 특징을 고려할 때, 뽀로로와 친구들의 소통방식은 매우 효과가 크다. 일반적으로 유아 초기에는 200~300 단어를 활용하기 시작하여, 5살 무렵에는 2,500 단어를, 말기에는 보통 10,000개의 단어를 활용한다고 알려져 있다.[5] 이러한 소비자를 대상으로 하는 작품에서 말과 글을 주된 표현수단으로 사용할 수는 없을 것이다. 보다 직접적이면서도 복합적인 소통방식이 적용되어야만 한다.[6]

캐릭터들의 구성도 같은 맥락에서 파악할 수 있다. 2003년 발표된 '뽀로로와 친구들' 1기에서 캐릭터들은 대부분 말을 할 수 있지만, 사용하는 어휘도 많지 않고 대화의 속도도 빠르지 않다. 요컨대 유아들이 이해할 수 있는 범위를 지키는 것이다. 그에 비해 아기공룡 크롱은 말을 하지 못한다. 다만 "크롱, 크롱, 크롱롱"이라고 옹알이를 할 뿐이

5 정옥분, 앞의 책, 382쪽.

6 이런 소통방식 역시 독창적인 것은 아니다. 1997년부터 2001년까지 영국 BBC에서 제작·방영되었고, 이후 세계 여러 나라에 수출된 〈꼬꼬마 텔레토비(Teletubbies)〉에서 이미 활용된 것이다. 텔레토비들은 과장된 행동을 통해 감정을 표현한다. 말을 하지만 사용하는 어휘는 많지 않으며, 같은 단어를 몇 번씩 반복한다. 심지어 같은 내용을 되풀이해서 제시하기까지 한다. 이러한 일련의 과정은 어른들이 보기에는 지루하고 비효율적인 연출에 지나지 않겠지만, 이는 유아의 학습과정이 그대로 반영하여 매우 치밀하게 기획된 것이다.

다. 그럼에도 의사소통은 원활하게 이루어진다. 다른 캐릭터들이 옹알이를 말로 다시 설명해줄 때도 있지만, 그보다는 몸짓의 효과가 크다. 몸짓은 말과는 달리 단정적으로 설명되는 것이 아니라 상황의 전후 맥락을 통해 이해할 수 있기 때문이다.

그런데 2005년 발표된 2기에서부터 변화가 생긴다. 말을 빨리하는 캐릭터로 벌새 해리가 추가되었고, 다른 캐릭터들이 사용하는 어휘도 훨씬 풍부해졌다. 또한 제17화에서는 크롱이 말을 하게 된다. 이는 아이들의 언어발달 과정을 스토리텔링에 반영한 것이며, 시청자를 지속적으로 확보하기 위한 전략이기도 하다. 1기가 방영되었을 때 크롱은 말하지 못했던 시청자들에게 동감을 얻었다. 그러다 2기가 방영되기까지 그 시청자들은 말을 배웠고 크롱 역시 말을 시작한다. 다시 한 번 동질감을 느낄 수 있는 여지가 형성된 것이다.

이러한 성장의 요소는 캐릭터 디자인을 통해서도 확인할 수 있다. 미묘한 변화이기는 하지만 캐릭터들의 신체비율이 2등신에서 벗어나게 된다. 또한 처음에는 대부분의 캐릭터가 옷을 입지 않았지만, 2009년 발표된 3기에서는 모든 캐릭터가 의상을 갖춰 입게 된다. 이러한 변화를 가장 분명하게 드러내는 것은 백곰 포비인데, 이 캐릭터는 1기에서는 옷을 입지 않고, 2기에서는 멜빵바지만 입고, 3기에서는 티셔츠와 바지를 갖춰 입은 모습으로 제시된다.

▲ 포비의 캐릭터 디자인 변화. 왼쪽부터 1기, 2기, 3기 디자인

성장은 시청계층의 동감을 얻는 비결이기도 하지만, 한편으로는 '뽀로로와 친구들' 시리즈에 명확한 한계를 부여하기도 한다. 캐릭터들은 대부분 나이를 먹지 않는다. 1928년 탄생한 미키마우스, 1959년생 바비(Barbie), 1974년생 키티 화이트(Kitty White)가 그러하다. 1994년에 초등학생이 되어버린 탐정 에도가와 코난(江戸川 コナン)은 아직까지 졸업을 하지 못했다. 이처럼 유명 캐릭터들은 자라지 않는다. 해가 거듭될수록 세련되어질 뿐.

그런데 뽀로로와 친구들은 성장했다. 현실에서야 당연한 일이지만, 캐릭터 세계에서는 낯선 일이다. 성장은 기존 소비계층의 충성도를 지속시키는 효과를 발휘했다. 아이들은 자신들과 함께 성장하는 캐릭터들에 더욱 친밀감을 느꼈다. 하지만 한계는 분명하다. 성장이 거듭될수록 아이들은 유아단계에서 벗어날 수밖에 없기 때문이다. 주요 소비계층이 떠나버린 자리를 어떻게 채울 것인가? 이것이야말로 성장하고 있는 뽀로로와 친구들이 해결해야만 하는 과제이다.

3) 함께 만드는 힘

만일 '뽀로로와 친구들'이 성장의 한계를 극복하게 된다면, 그 힘은 지금까지 살펴본 내용들과는 전혀 다른 차원에서 도출될 것이다. 앞선 내용들도 작품의 경쟁력을 형성하는 데 기여했던 것은 사실이지만, 그것은 어디까지나 각 캐릭터들을 규정하는 역할을 수행했을 뿐이다. 즉, 부분을 담당했던 것이지 작품 전체에 영향을 미치지는 않았다.

힘은 융합을 통해 형성된다. 융합은 부분과 부분의 단순 결합을 의미하지 않는다. 각기 다른 특성을 가진 부분들이 모여 전혀 새로운 가치를 창출해내는 일종의 시너지 작용이다.[7] 이 개념은 문화콘텐츠에 있어서도 유용하게 적용될 수 있다. 일부를 탁월하게 창작해내는 작품은 많다. 하지만 작품의 가치는 부분이 아니라 전체를 대상으로 평가된다. 분업화된 제작 시스템 속에서 창작자들은 각각 자신이 맡은 부분을 만들어내지만, 소비자들은 그것들을 하나하나 구분해서 받아들이지 않는다. 감상은 언제나 완성된 전체를 대상으로 이루어지는 행위이기 때문이다.

'뽀로로와 친구들'이 가진 결정적인 경쟁력은 바로 융합에 있다. 물론 부분들도 훌륭하다. 그러나 이들의 융합을 통해 더욱 큰 가치가 만들어진다. 이를 우선적으로 확인할 수 있는 부분은 관계의 설정이다. 이 작품의 캐릭터들은 "각기 개성이 있지만 독립적으로 등장하는 시간보다 여러 캐릭터들, 특히 다 함께 등장하는 시간이 월등히 많다".[8] 즉, 캐릭터들은 독립적으로 가치를 가지면서도 관계맺음을 통해 서로의 가치를 향상시켜 나간다. 비록 '뽀로로'를 전면에 내세우고는 있으나 사실 이 작품의 이야기는 '친구들'과의 활동을 통해 완성된다. 이처럼 함께 만들어가는 향상의 과정이 곧 작품의 스토리텔링이 되는 것이다.

더욱 주목되는 부분은 이들의 관계가 매우 개방적이라는 사실이다. 그들은 친구지만 패거리를 형성하지 않는다. 함께 놀지만 각자의 집을 가지고 독립적으로 생활하고, 다른 캐릭터의 단점을 간섭하거나 비난하기보다 감싸고 교정해준다. 기존의 관계에 집착하는 것도 아니어서,

7 학술용어로서의 '융합'은 다음과 같이 설명된다. "지식, 통찰, 경험, 방법 등의 요소들을 결합해서, 자신이 해결하려는 문제의 실마리를 잡아서 이것을 풀어내는 과정이다. 과학 문제를 푸는 과정에서 이러한 요소들이 꼭 과학적 지식일 필요는 없다. 예술적 통찰, 철학적 방법론, 사회과학적 개념, 종교적인 믿음, 신비스러운 아이디어, 기계로부터 얻은 영감 등도 개입할 수 있다. 창의적 융합은 이러한 이질적인 지식들이 고민의 '용광로' 속에서 융해되어 하나로 합쳐지는 과정이다."(홍성욱, 「창의적 융합의 '벡터 모형'」, 홍성욱 외, 『융합이란 무엇인가』, 사이언스북스, 2012, 67쪽.) 그러나 문화콘텐츠 창작에서 활용되는 융합은 문제의 해결에 목적을 두고 있지 않기 때문에, 이 글에서는 보다 일반적인 설명을 사용하였다.

8 이계일, 「에듀테인먼트 애니메이션의 특성에 관한 연구」, 순천향대학교 애니메이션학과 석사학위논문, 2008, 42쪽.

▲ 뽀로로와 친구들 에듀테인먼트 파생상품 사례

방문자들을 기꺼이 이웃으로 맞이한다. 이러한 개방적인 관계 설정은 시리즈가 거듭될수록 새로운 캐릭터를 추가하는 일이 자연스럽게 이루어지도록 만들었다. 이로써 캐릭터들의 세대교체가 이루어질 수 있는 여지가 확보된 것이다.

여러 논의들이 이 작품을 '에듀테인먼트(edutainment)'로 규정하는데, 그 근거로 제시하는 것이 바로 뽀로로와 친구들이 원만한 관계를 유지한다는 점이다. 하지만 적어도 애니메이션 시리즈 자체만을 보면 이는 분명한 오류이다. 교훈적인 이야기를 다룬다고 모두 교육이 될 수는 없다. 그렇다면 권선징악(勸善懲惡)을 표방하는 고전소설, 할리우드 상업영화 등은 모두 에듀테인먼트 콘텐츠로 평가되어야 마땅할 것이다. 에듀테인먼트는 교육에 대한 의지를 보다 분명하게 표방해야 한다. '뽀로로와 친구들' 시리즈에는 어떤 의지도 포함되지 않았다. 다만 그들은 함께 노는 친구들을 소중히 여기고 배려하는 자세를 갖추고 있을 뿐이다. 이는 목적이 아니라 태도에 해당한다.

물론 애니메이션 시리즈를 제외한 파생상품들은 에듀테인먼트에 해당하는 경우도 있다. 『뽀로로 유아백과』, 〈뽀로로 한글 퍼즐 카드〉, 『뽀로로의 반대말놀이』, 『뽀로로 에듀스티커 색칠북』 등등의 상품이 그러한 예이다. 하지만 이 둘은 명확하게 구분해서 논의되어야 마땅하다.

이러한 상품 구성 역시 융합의 가치가 발현된 것이다. 즉, 애니메이션 시리즈에서는 교육적 면모를 드러내지 않고 엔터테인먼트를 부각시켜 흥미를 자극하여 관심을 유도하고, 파생상품들을 통해서는 에듀테인먼트를 강조하여 균형을 맞추는 방법이다. 이는 어린이문화콘텐츠, 특히 유아를 대상으로 하는 콘텐츠들에 있어 매우 효율적인 판매 전략이다.

어린이를 대상으로 한 문화콘텐츠는 소비자와 구입자가 분리된다. 실제로 작품을 감상하고 소비하는 것은 아이들이지만, 작품의 구매는 부모의 선택에 의해 이루어지기 때문이다. 그렇기 때문에 창작자는 이러한 두 가지 계층의 요구를 모두 충족시킬 필요가 있다. 많은 수의 어린이문화콘텐츠 작품들이 '학습'을 표방하는 이유도 그 때문이다. 우선 판매가 이루어져야 하기 때문에 구입자인 부모의 요구를 충족시키려는 것이다. 그러나 이 경우에는 자칫 아이들이 흥미를 잃기 쉽다. 이것이 재미를 간과해서는 안 되는 이유이다. 본질적인 의미에서 '에듀테인먼트'는 재미의 효과와 학습의 기능을 함께 갖추고 있어야 하지만, 현실적으로는 두 가지 요소를 하나의 작품에서 구현하는 것은 결코 쉬운 일이 아니다. '뽀로로와 친구들'은 영리하게도 이를 분리시킴으로써 더욱 효과적인 에듀테인먼트 방법을 구현할 수 있었다.

4) 변화보다는 확장

지금까지 살펴본 내용만으로 '뽀로로와 친구들'은 충분히 매력적인 작품으로 평가할 수 있다. 그러나 이 정도로는 세상을 지배할 수 없다. 지배자가 되기 위해서는 보다 총력적이면서도 전면적인 자세가 필요하다.

▲ 『하늘을 날고 싶어요』 표지

뽀로로와 친구들이 선택한 전략은 '확장'이다. 유사한 이미지를 가진 파생상품을 끊임없이, 그리고 꾸준하게 만들어냄으로써 그들의 지배는 완성되었다. 바로 이것이 시리즈의 범위를 단지 애니메이션 작품으로 한정할 수 없는 이유이다.

물론 초기에는 애니메이션의 스토리텔링을 재활용하는 수준에서 작업이 이루어졌던 것이 사실이다. 영역 확장의 첫 번째 사례로는 동화책 『하늘을 날고 싶어요』를 들 수 있다. 이는 1기 TV시리즈의 제7화에서 다루어졌던 내용을 그림동화의 형식으로 재구성한 것이다. 2004년 출간된 이 책은 독자들의 호응을 이끌어냈지만, 작품으로의 가치는 그리 크지 않다. "애니메이션 콘텐츠도 유아 출판시장에서 경쟁력 있는 상품을 만들 수 있다는 가능성을 보여"[9]주었고, 안정된 수익을 보장하는 판매방법이었을 뿐, 창작동화의 면모를 갖추지 못했기 때문이다.

이후에도 유사한 작업이 출판 분야에서 지속적으로 반복되었다. 하

9 신현덕, 「애니메이션 캐릭터 라이선싱 전략 연구」, 한양대학교 문화콘텐츠전공 석사학위논문, 2008, 47쪽.

지만 2009년 『빨간 모자 패티』가 출간됨으로써 비로소 애니메이션의 스토리텔링에서 벗어나서 캐릭터만을 활용하는 방안이 시도되었다. 이 작품은 동화 '빨간 모자'의 내용과 '뽀로로와 친구들'의 캐릭터를 결합시킨 것이다. 애니메이션의 내용과는 연관되지 않지만 캐릭터의 특성과 분위기를 유지하면서 시리즈와의 연속성을 획득했다. 그와 동시에 원작 동화의 내용을 뽀로로와 친구들의 세계관에 맞춰 변형하는 작업이 병행되었는데, 이는 결말 부분에서 두드러진다.

원작 동화에서는 나쁜 짓을 한 늑대가 죽임을 당하지만, 『빨간 모자 패티』의 이야기는 누구 하나 상처입지 않고 서로를 감싸고 화해한다. 이어 제시되는 음식을 나눠 먹으면서 사건을 마무리하는 방식은 '뽀로로와 친구들' 시리즈의 전형적인 결말을 반복한 것이다.

이처럼 그들의 활동영역은 이미 규정이 어려울 정도로 광범위하게 확산되고 있다. 그에 따라서 애니메이션 시리즈에서 제시된 이야기들은 약화될 수밖에 없었다. 이제 뽀로로와 친구들의 캐릭터는 독립적인 상품으로 기능하게 된 것이다. 장난감이나 생활용품처럼 이야기가 거의 포함되지 않는 영역은 물론이고, 《뽀로로와 노래해요》와 같은 에듀테인먼트 영상작품에서도 그런 경향은 그대로 유지된다. 이들 작품은 애니메이션 시리즈에서 캐릭터와 설정만을 따왔을 뿐, 스토리텔링은 전혀 무관하게 이루어진다.[10]

▲ 『빨간 모자 패티』 표지

그러나 관계 자체가 사라지는 것은 아니다. '뽀로로와 친구들'

시리즈에는 애초부터 에듀테인먼트 콘텐츠로 활용될 수 있는 요소가 포함되어 있다. 그들이 즐기는 놀이는 스키 타기나 눈싸움과 같은 스포츠, 노래를 부르거나 악기를 연주하는 음악 활동, 아니면 그림 그리기와 조각 등의 미술 활동이다. 이런 활동은 어린이집이나 유치원에서 배우는 학습내용을 반영한 것인데, 이는 그대로 에듀테인먼트로 재생산될 수 있다. 즉 스포츠는 게임으로, 음악은 동요 뮤직비디오로, 미술은 색칠공부로 연결되는 것이다. 대표적인 예로 애니메이션 1기 제13화 '에디의 비밀' 편을 들 수 있다. 노래를 잘 부르지 못하는 꼬마 여우 에디가 친구들 앞에서 장기자랑을 하기 위해서 유리잔 연주를 하는 내용이 나온다. 이는 《뽀로로와 노래해요》에서 에디가 실로폰을 연주한다는 설정과 연결되어 연속성을 획득하게 된다.

한편 2013년 1월에 개봉된 극장용 애니메이션 〈뽀로로 슈퍼썰매 대모험〉은 캐릭터를 활용한 영역 확장의 새로운 가능성을 제시했다. 우선 주목되는 부분은 TV에서 극장으로 매체가 바뀌었다는 점이다. 이로 인해 스토리텔링 구조의 변화가 촉발되었다. 기존 시리즈는 5분 내외의 짧은 에피소드를 나열하는 스토리텔링 방식을 유지했지만, 극장용 애니메이션에서는 총 77분에 이르는 이야기를 한꺼번에 제시할 필요가 있다.

이러한 분량의 차이를 극복하기 위해 스토리텔링의 집중도와 완결성이 강화되었는데, 그 과정에서 작품 내용의 입체적 구현이 가능해졌다. 이러한 변화는 소비자의 연령 상승에 효과적으로 대처할 수 있는 방책이다. 즉, 평면적인 스토리텔링을 유치하다고 느끼기 시작하는 유아기를 벗어난 소비자들의 관심을 환기시킬 수 있는 여지가 만들어진 것이

10 반대로 애니메이션 시리즈 역시 에듀테인먼트 영상작품의 영향을 받지 않고, 독자적인 스토리텔링을 유지한다. 이러한 분리가 가능한 것은 에듀테인먼트 영상작품들이 스토리텔링과 거의 무관하게 학습적인 내용만으로 구성되었기 때문이다.

다. 여기에 이야기 규모에 부합되는 스케일과 볼거리가 함께 제공된다면, 이전 소비자들의 이탈을 되돌릴 가능성은 매우 높아진다.[11]

▲ 극장용 애니메이션 〈뽀로로 슈퍼썰매대모험〉 포스터

〈뽀로로 슈퍼썰매 대모험〉의 국내 흥행성적은 93만 명. 괄목할 만한 성과라고 하기는 어렵지만, 가능성만큼은 충분히 검증받았다. 별다를 것은 없다. 그들은 언제나 그런 식으로 영토를 넓혀왔다. 가능성을 타진하고, 발판을 마련한 뒤, 거침없이 진격했다. 2013년 2월 미국의 대규모 영화 배급사에 배급권을 판매하면서 상대적으로 인지도가 낮았던 북미지역으로 진출했으며, 중국 등의 해외 상영도 적극적으로 추진하고 있다. 이제 재도약의 기틀은 분명히 마련되었다. 또다시 영역 확장에 성공한다면, 그들의 지배는 한동안 더 지속될 것이다.

지금까지 논의한 것처럼 애니메이션 시리즈와 파생상품들은 비록

11 이러한 전략은 일본의 애니메이션 시리즈 〈명탐정 코난(名探偵コナン)〉에서 활용되고 있다. 원작 만화는 1994년부터, TV애니메이션은 1996년부터 시작되어 20년이 넘게 시리즈가 이어지고 있으니, 초기 소비자들의 관심이 현재까지 지속되기를 기대하기는 어렵다. 다만 극장용 애니메이션 작품이 기존 소비자들의 향수를 자극하여 새로운 수요를 창출하는 역할을 담당한다는 사실에 주목할 필요가 있다. 명탐정 코난 시리즈의 극장판은 1997년 상영된 〈시한장치의 마천루(時計じかけの摩天楼)〉 이후 2013년 〈절해의 탐정(絶海の探偵)〉에 이르기까지, 1년 단위로 꾸준하게 발표되어 총 17편에 이른다. 이들은 지속적으로 일정 수준 이상의 수익을 만들어내고 있는데, 이는 현재의 소비자들뿐만 아니라 지금은 만화와 TV애니메이션을 보지 않는 기존의 팬들까지 소비에 참여했기 때문에 가능한 일이다.

이야기는 연관되지 않는다 해도 관계는 여전히 긴밀하게 유지하고 있다. 그동안의 캐릭터 상품들이 그랬던 것처럼, 파생상품의 캐릭터 디자인이 변형되지도 않고, 전혀 상관없는 설정이 제시되지도 않는다. 바로 이것이 그들의 확장을 중구남방식 확산이 아니라 응집된 힘을 발휘할 수 있는 융합으로 만드는 경쟁력인 것이다.

4. 또 다른 지배자를 기다리며

문화인류학의 대표적인 저술로 평가되는 『황금가지(The Golden Bough)』는 '숲의 왕(Rex Nemorensis)' 전설을 소개하면서 시작한다. 왕위에 오르기 위해서는 노심초사 기회를 노려 지금의 왕을 살해해야 하고, 왕에 된 뒤에는 도전자를 물리치려 전전긍긍해야만 한다는 이 전설은 다소 잔혹하게 보이지만, 권력의 속성을 적나라하게 드러내고 있다. 맞다. 권력은 독점되어서는 안 되고, 영원히 차지할 수도 없는 것이다. 지금의 지배자는 다가올 지배자에 의해 물러나게 되는 법이다. 그것이 세상의 법칙이다.

그는 손에 항상 칼을 빼들고 마치 언제 어느 때 적의 습격을 받을지 모른다는 듯이 줄곧 방심하지 않고 주변을 경계했다. 그는 사제이며 동시에 살인자였다. 그가 경계하는 상대방은 조만간에 그를 죽이고, 그를 대신하여 사제직을 맡게 될 것이다. 그것이 성소의 규칙이었다. (……) 이 불안정한 수권방식에 따라 획득한 사제의 직책은 왕의 칭호를 동반하는 것이었다.[12]

12 James G. Frazer, 이용대 역, 『황금가지(*The Golden Bough*)』, 한겨레신문사, 2003, 66쪽.

뽀로로와 친구들은 세상을 지배하고 있으나, 언젠가 그들을 대신할 이들이 나타날 것이다. 그들이 지배자가 되기 위해 그러했던 것처럼, 앞선 세대의 유산을 발전적으로 수용하면서. 그러면 사람들은 또 호들갑을 떨며 새로운 지배자를 찬양할 것이다.

교체 시기는 아무도 장담할 수 없다. 그동안 구축했던 영토의 광활함이나, 유연한 친화력을 발휘했던 그들의 처세술을 고려하면, 아직도 상당 기간 지속될 수도 있다. 그러나 예기치 못한 종말은 도둑같이 찾아오는 법이다. 추격자들은 꾸준히 늘어나고 있고, 소비자들의 기대치는 이미 높아질 만큼 높아졌으며, 장기집권에 대한 반발도 만만치 않다. 무엇보다 이 바닥의 생리가 그러하지 않던가. 언제, 어디서, 어떤 이유로 파멸이 시작될 지는 아무도 모른다. 딱 한 가지 분명한 것은, 교체는 이루어진다는 사실뿐이다.

그러니 어쩌겠는가? 즐기라. 내일을 걱정하지 말고. 염려할 것은 없다. 교체는 자연스러운 현상이며 문화발전의 원동력이다. 지금까지 일궈놓은 것만으로도 그들은 충분히 제 몫을 감당했다. 이 순간을 즐기라. 다시 천진난만한 웃음으로 불안을 감추고서. 물러난다고 아쉬울 것도 없고, 집권했다고 안심할 수도 없다. 다만 즐기라. 지금껏 그러했던 것처럼. 오직 그것만이 지배당하지 않고 지배할 수 있는 유일한 방법이다.

tag 캐릭터산업, 뽀로로와 친구들, 뽀로로와 노래해요, 캐릭터디자인, 꼬꼬마 텔레토비, 하늘을 날고 싶어요, 빨간 모자 패티, 뽀로로 슈퍼썰매대모험, 명탐정 코난

04

Edutainment

두 마리 토끼를 쫓는 지난한 여행

두 마리 토끼를 쫓는 지난한 여행

1. 두 마리 토끼 쫓기의 당위와 가치

불과 몇 년 전만 해도, 이 말은 지나친 욕심을 경계하는 의미로 주로 활용되었다. 두 마리 토끼를 쫓다가는 한 마리도 잡지 못한다. 맞다. 대부분의 일은 선택하고 집중해서 노력한 뒤에야 간신히 성취할 수 있는 법이다. 여느 격언이 그러하듯 이 또한 보편타당하다. 분명한 사실이다. 원하는 것을 모두 얻을 수 있다면 세상살이가 이리 고단할 까닭이 없지 않은가.

하지만 의미는 보편적이고 타당한 것들만으로 형성되지 않는다. 세상이라는 텍스트는 매우 다양하고 가변적인 탓에, 때로는 특수한 사정이 보편을 압도하기도 하고, 타당했던 가치가 상황에 따라서 변해버리기도 한다. '두 마리 토끼 쫓기' 역시 마찬가지이다. 더 이상 지엄한 경계의 의미로만 사용하기는 어렵게 되었다.

변화의 속도가 빨라졌기 때문이다. 세상은 점점 복잡해지고, 그에 따라 삶을 유지하기 위해 필요한 정보의 양도 함께 증가했다. 물론 변화가 요즘의 문제만은 아니다. 어느 시대나 변화는 중요한 화두였다. 다만 최근 들어 그 속도가 더욱 빨라지고 양상도 전면적으로 확산되고 있을 뿐이다. 이전에는 일정 기간 동안의 교육을 통해 필요한 정보의 대부분을 습득할 수 있었다. 농경사회에서는 유년기까지 가족 혹은 마을공동체를 통해서, 산업사회에서는 청소년기까지 학교 교육을 통해서. 이 시기까지 배우고 익힌 정보만으로도 세상을 살기 충분했다. 그러나 정보사회 이후부터는 그럴 수 없게 되었다. 새로운 정보가 끊임없이 생산, 유통, 소비되기 때문이다.[1] 그러므로 이제 교육은 특정 시기에만 한정되는 활동이 아니라, 평생에 걸쳐 지속적으로 수행해야만 하는 생활의 일부가 되었다.

이처럼 평생학습의 중요성이 강조되면서, 교육방법도 바뀌었다. 산업사회에서의 교육이 짧은 기간에 많은 양의 정보를 습득하는데 목적을 두었다면, 현대의 교육은 정보 습득 자체를 즐기고 학습을 지속가능한 활동으로 전환하는데 비중이 놓인다.

놀이를 통해서 배우고, 배우는 과정에서 노는 '에듀테인먼트(edutainment)'가 주목받는 까닭은 이러한 맥락 속에서 이해된다. 일부 연구자들은 에듀테인먼트 방법을 동원하여 학습 효율을 높일 수 있다고 주장하지만, 이는 사실과 다르다. 효율만을 고려하자면 기존의 암기 위주 학습법이 단연 뛰어나다. 노력에 따른 결과가 확실히 보장되고, 투자하는 시간에 비해 많은 양의 정보를 한꺼번에 수용할 수 있기

1 물론 새로운 정보를 전부 배울 필요는 없다. 애당초 모든 정보를 습득한다는 것 자체가 불가능하다. 극단적이지만, 새로운 정보를 거부하고 전통적 가치와 정보만을 활용해서 사는 일도 불가능한 것은 아니며, 몇몇 공동체에서는 그러한 생활방식을 고수하고 있다. 그러나 정보가 사회의 근간을 형성한다는 점, 그로 인해 정보의 변화는 사회의 변화로 이어진다는 점에서 정보의 단절은 곧 사회적인 고립으로 이어질 가능성이 높다.

때문이다. 그러나 여기에는 치명적인 약점이 있다. 고도의 집중력이 요구되는 탓에 그 효과가 오래 지속되는 경우는 매우 드물다는 사실이다.[2]

이에 비하면 에듀테인먼트는 효율성이 떨어진다. 전달할 수 있는 정보의 양도 많지 않고, 학습의 성과도 분명하게 드러나지 않는다. 하지만 흥미와 동기를 제공한다. 에듀테인먼트의 목적은 콘텐츠 자체가 아니라, 그를 통해 보다 심도 있는 학습으로 진입할 수 있는 계기를 제공하는 것에 있다. 바로 이것이 재미와 학습이라는 두 마리 토끼를 쫓는 에듀테인먼트가 가진 결정적인 장점이자, 우리 시대의 교육방법에 부합되는 가치이다.

2. 에듀테인먼트 스토리텔링 분석 : 『마법천자문』을 중심으로

에듀테인먼트는 활용 매체에 따라서 다양한 분야의 문화콘텐츠로 만들어질 수 있다. 소설·동화·만화 등의 출판물부터, 연극·퍼포먼스 등의 공연예술, 영화·드라마 등의 영상예술, 보드·콘솔·컴퓨터·온라인 게임, 그리고 테마파크에 이르기까지. 에듀테인먼트는 문화콘텐츠의 거의 모든 영역과 결합될 수 있는 주제이다.

최근의 관련 연구들은 게임 및 디지털콘텐츠와의 결합양상을 주로 다루고 있으나, 에듀테인먼트를 주도하는 매체는 여전히 출판물이다.

2 반복적인 암기를 통해 학습 효과를 지속시킬 수도 있다. 학교를 졸업한 뒤에도 계속 기억하고 있는 구구단, 외국어의 기본 문법, 역사·지리 관련 지식 등이 그러한 예이다. 그러나 이 경우에는 학습의 양이 극단적으로 줄어들고 시간도 오래 걸린다. 생각해보라. 앞의 예처럼 평생 기억하는 것들도 있지만, 그보다 훨씬 많은 정보들을 졸업하자마자 잊어버리지 않았던가.

이는 무엇보다 '책'이 가진 전통적 가치 때문이다. 출판물은 오랜 세월 정보 전달의 도구로 기능했고, 그 과정에서 막대한 양의 작품들이 누적되어 있으며, 여타 매체에 비해서 제작비용도 저렴하다. 무엇보다 콘텐츠의 실질적인 구매자인 학부모에게 친숙하다. 앞으로 여러 영역에서 다양한 실험들이 계속되겠지만, 출판물의 장점을 뛰어넘는 매체가 등장하기는 당분간 어려울 것으로 전망된다.

에듀테인먼트 출판물 중에서도 특히 주목되는 분야는 만화인데, 이미 '학습만화'라는 명칭으로 다수의 작품이 발표되어 시장을 형성하고 있다. 만화는 '도상성(圖象性)'과 '문자를 통한 정보전달의 용이성'이라는 특성을 가지고 있어,[3] 교육적 내용을 반영하기에 수월하기 때문이다. 또한 장편만화의 경우는 자연스럽게 스토리텔링을 내포하게 되는데, 이야기는 그 자체로 "오락적 기능을 지니고 있기 때문에 학습이 강요가 아니라 유혹으로 다가오게 만들며, 학습자들은 흥미와 재미를 느끼면서 자연스럽게 정보를 습득하게 되는 효과"[4]를 거둘 수 있고, 특히 에듀테인먼트에서 스토리텔링은 "강요에 의한 지식 정보의 습득이 아닌 자발적 자기 주도의 학습이 지속될 수 있게 만드는 원동력"[5]으로 작용하는 중요한 창작방법론으로 활용되고 있다.

이제부터 『마법천자문』을 대상으로 에듀테인먼트 스토리텔링의 특징을 살펴보도록 하겠다. 이 작품은 2003년 11월 발표된 이후 에듀테

3 '도상성'은 만화가 사진·영화·드라마처럼 영상을 매체로 하지만 현실의 형상을 그대로 전달하기 보다는 단순하고 추상적인 표현 방식을 사용한다는 뜻이고, '문자를 통한 정보전달의 용이성'은 글과 그림이 결합된 양식이기 때문에 문자보다 가독성(可讀性)이 높고 영상보다는 정보전달력이 높다는 뜻이다.: 최수웅, 「요리만화의 스토리텔링 양상 연구」, 《인문콘텐츠》 제18호, 인문콘텐츠학회, 2010, 149쪽.

4 김영순 · 백승국, 『문화산업과 에듀테인먼트콘텐츠』, 한국문화사, 2008, 131쪽.

5 이상민, 「에듀테인먼트와 스토리텔링, 그리고 만화」, 디지털문화콘텐츠연구소 편, 『만화콘텐츠와 스토리텔링』, 북코리아, 2008, 16쪽.

인먼트 만화의 대표적인 베스트셀러로 인정받았으며, 스핀오프[6] 전략을 도입하여 『마법천자문 과학원정대』, 『마법천자문 수학원정대』, 『마법천자문 사회원정대』, 『마법천자문 경제원정대』 등이 출간되었다. 이외에도 카드 및 닌텐도DS 게임, 애니메이션, 뮤지컬 등의 다채로운 파생상품이 만들어지기도 했다.

1) 한자, 이미지의 글자

『마법천자문』의 스토리텔링에서 먼저 주목되는 부분은 '한자(漢字)'를 학습대상으로 선정했다는 사실이다. 무엇을 가르칠지 결정하는 일은 곧 에듀테인먼트 스토리텔링의 방향을 설정하는 것이다.

학습방법은 교과목에 따라 다르다. 과학과 역사와 언어를 동일한 방식으로 공부하는 것은 비효율적이고, 언어라고 해도 각각의 특징에 따라 학습효과가 달라진다. 표의문자(表意文字)와 표음문자(表音文字)가 다르고, 고립어(孤立語) · 굴절어(屈折語) · 교착어(膠着語) · 포합어(抱合語)가 각각 다르다.

그러므로 에듀테인먼트 스토리텔링의 출발은 학습대상의 특성을 명확히 인식하고, 그것을 효과적으로 표현할 수 있는 매체를 찾는 일이다. 『마법천자문』이 다루는 한자는 만화 매체에 부합되는 언어이다.

6 최근 문화예술의 여러 분야에서 광범위하게 활용되는 '스핀오프(spin off)'라는 창작기법은 "원작의 등장인물이나 상황에 기초를 둔 작품"을 의미하는 용어이다. 이와 관련된 사례는 다음과 같다. 미국의 드라마 〈CSI〉가 인기를 끌자, 이 시리즈의 한 에피소드에 등장했던 마이애미 지역의 수사반장이 등장하는 〈CSI: Miami〉가 만들어졌고, 이를 토대로 다른 도시 수사대원들의 이야기를 다룬 〈CSI: New York〉가 제작되었다. 또한 일본 드라마 〈춤추는 대수사선(踊る大捜査線)〉 시리즈가 장기화되면서, 본편에서 조연으로 등장했던 인물을 주연으로 활용한 영화 〈교섭인 마시타 마사요시(交渉人 眞下正義)〉와 〈용의자 무로이 신지(容疑者 室井愼次)〉 등이 제작되었다. 스핀오프를 활용한 창작방법론 및 창작사례는 다음 자료를 참고할 수 있다.: 최수웅, 「소설 창작방법론의 스핀오프」, 《작가사랑》, 2007년 여름호, 129~132쪽.

▲ 『마법천자문』 제1권, 135쪽.

널리 알려진 것처럼, 한자는 상형(象形), 지사(指事), 회의(會意), 형성(形聲), 전주(轉注), 가차(假借) 등의 6가지 원리를 바탕으로 만들어졌다. 이 중에서도 기본이 되는 것은 모양을 본뜬 '상형', 추상적인 의미를 기호화한 '지사', 뜻을 합하여 새로운 의미를 형성하는 '회의'인데, 이런 방법으로 만들어진 글자는 일종의 도상기호(icon)로 작용한다. 즉, 글자 자체가 하나의 변형된 이미지로 인식되는 것인데, 한자문화권에서 서예(書藝)·문자도(文字圖)·혁필화(革筆畵) 등의 예술양식이 발달했던 까닭도 같은 맥락에서 설명된다. 이러한 특성을 가진 탓에 한자는 왜곡과 변형이 자유로운 만화의 표현기법을 활용할 때 효과적인 전달이 가능하다.

『마법천자문』은 이러한 한자의 특성을 충분히 드러내기 위해 다음과 같은 다섯 가지 표현방법을 활용하였다. ① 한자를 글자가 아니라 이미지처럼 처리한다. 지문이나 말풍선의 글자보다 훨씬 크고 두드러지는 색체로 표현되며 프레임을 벗어나는 경우도 자주 발견되는데, 이는 글자의 형상을 부각시켜서 집중도를 높이기 위한 효과이다. ② 한자와 그 뜻에 해당하는 사물을 함께 배치한다. '木'자와 나무를, '月'자와 달을 같은 프레임 안에 그리는 경우가 그것이다. 이 방법은 명칭과 관련된 한자일 때 특히 학습효과가 높다. ③ 과장과 강조를 통해 의미를 분명하게 드러낸다. 앞의 그림에서처럼 인물의 크기를 과장하여 '大'자의 의미를 파악할 수 있도록 하는 경우이다. ④ 상황을 통해 의미를 이해하도록 만든다. 이 방법은 특히 관념어를 설명하는데 유리하다. 3권에서 염라대왕과 손오공이 싸우는 과정에서 제시된 '前後左右上下'가 대표적인 예이다. 이 단어들의 개념은 다소 막연하지만, 몸을 이리저리 움직여야 하는 싸움의 상황이라면 의미가 명확해진다. ⑤ 비교와 분석을 통해 의미를 구분한다. 이는 동음어, 유의어, 연관어 학습에 유리하다. 5권에서 같은 발음을 가진 '問'과 '聞'을 비교하여 설명한 것, 7권의 '大'와 '多'의 차이에 대한 설명, 12권에서 '雨'를 포함하고 있는 '雲'·'電'·'雪'을 비·구름·번개·눈의 자연법칙으로 설명한 것 등이 여기에 해당한다.

2) 고전의 활용과 변용

『마법천자문』의 설정은 손오공(孫悟空) 이야기에 기반을 두고 있다. 일부 연구에서는 이를 중국의 고전 소설 『서유기(西遊記)』를 차용했다고 설명하지만, 이는 명백한 오류이다. 손오공·삼장·저팔계 등의 캐릭터가 등장하지만 그들의 성격과 설정은 『서유기』와 판이하며, 무엇보다 소설의 근간을 이루는 "경전을 구하기 위해 서역으로 여행한다"는 스토리텔링도 활용되지 않았다. 그러므로 이 작품은 『서유기』가 아니라, 그 등장인물 중 하나인 '손오공'을 활용하여 새로운 스토리텔링을 창작했다고 보는 것이 옳다. 이 사실은 작품의 부제목을 통해서도 확인되는데, 아래의 그림에서 확인되는 것처럼 『마법천자문』은 "손오공의 한자 대탐험"이라는 부제를 달고 있다.

▲ 『마법천자문』 제1권 표지 일부

물론 다음과 같은 몇몇 부분에서 『서유기』와의 유사성이 발견되기도 한다. 그러나 그 역시 일정한 변용 과정을 거친 뒤에 제시되었다. 우선 캐릭터 디자인의 측면에서 손오공이 머리띠를 착용한 모습은 『서유기』에 나오는 '긴고아(緊箍兒)'를 연상시킨다. 하지만 활용방법은 완전히 다르다. 인물 성격에 차이가 있기 때문이다. 『서유기』에서 손오공은 불법(佛法)을 구하는 수행자이자 요마들로부터 스승을 보호하는 호위무사의 역할을 수행하지만, 때때로 폭력을 휘두르고 공명을 뽐내며 스승의 말을 거역하는 인물로 그려진다. '긴고아'는 이런 성정을 단속하는 도구로 작품 스토리텔링에서 분명한 역할을 수행한다. 하지만 에듀테인먼트 콘텐츠로 창작된 『마법천자문』의 손오공은 활달하지만 난폭하지 않고, 말썽보다는 장난을 즐기는 인물로 바뀌었다. 그러니 통제할 필요가 없다. 그럼에도 구태여 머리띠를 디자인에 포함시킨 까닭은, 고전과의 연관성을 상기시켜 독자들에게 친근감을 만들어내기 위한 전략이라고 판단된다.

이러한 스토리텔링 전략은 '근두운'의 활용이나 '여의봉'을 변형시킨 '여의필(如意筆)'에도 그대로 적용된다. 특히 '여의필'은 에듀테인먼트에 부합되는 적절한 변용 사례이다. 『마법천자문』에서 사용되는 한자마법은 "주문, 뜻, 소리, 쓰기가 하나로 더해져 한자의 뜻과 음과 모양을 완전히 제대로 익혀"[7]야 힘을 발휘할 수 있다고 설정되어 있는

데, 이러한 활동에 부합되는 도구가 '붓'이기 때문이다.

『서유기』와의 유사성이 가장 두드러지는 부분은 손오공의 출생을 설명하는 내용이다. 『마법천자문』 1권 첫머리에서 손오공의 탄생이 '천지인(天地人)'에 근간을 두고 이루어졌다고 제시되었다. 이는 『서유기』의 구절을 압축하고 쉽게 풀어 만화적으로 표현한 것이고, 작품 제목으로 사용된 『천자문』의 첫 구절 "천지현황(天地玄黃)"을 형상한 것이며, 자연 조화와 인간 존중을 강조하는 동양사상을 드러낸 것이다. 특히 이는 작품 후반부에서 대마왕의 입을 통해 역설적으로 제시되는 주제의식, 즉 인간이 자연의 "풍요로움 속에 기댄 채 살아가는 하찮은 존재"이고 그럼에도 "감사할 줄은 모른 채 자연을 갉아 먹고 있지 않은가!"라는 비판과 상통하는 것이다.[8]

ⓐ 바윗돌은 천지가 개벽한 이래 하늘과 땅의 정수(精髓)와 일월의 정화(精華)를 끊임없이 받으며 오랜 세월을 지내오는 동안 차츰 영기(靈氣)가 서리더니, 마침내 그 속에 태기(胎氣)가 생겼다. 그리고 어느 날 바윗돌이 쪼개지고 갈라지면서 둥근 공처럼 생긴 돌알을 한 개 낳았다. 바위에서 튀어나온 돌알은 바람을 쐬더니 그 즉시 돌 원숭이로 변했는데, 두 눈, 두 귀와 입, 코의 오관(五官)을 다 갖추었을 뿐만 아니라 팔다리까지 멀쩡하게 생겨 그 자리에서 기어다니고 걸어다닐 줄 알고, 사방을 두루 돌아보며 절을 하는데 두 눈망울에서 금빛 광채가 쏘아져 나와 하늘나라에까지 뻗쳐 올라갔다. 그 놀라운 금빛 광채는 마침내 하늘 높이 계신 옥황대천존현궁고상제(玉皇大天尊玄穹高上帝), 즉 옥황상제 하느님을 놀라게 만들었다.[9]

7 안성혜·송수미, 『에듀테인먼트 콘텐츠 기획』, 커뮤니케이션북스, 2009, 24쪽.
8 스튜디오 시리얼, 『마법천자문』 제17권, 아울북, 2008, 108쪽.
9 吳承恩, 임홍빈 역, 『서유기』 1권, 문학과지성사, 2003, 36~37쪽.

ⓑ 세상이 온통 어둠에 휩싸이고 괴괴한 적막이 감도는 밤… 문득 공기를 가르는 한 줄기 바람이 일더니 손 하나가 나타났다. 그리고 유연한 손놀림으로 허공에 하늘 천(天) 자를, 흙이 덮인 곳에 땅 지(地) 자를, 우뚝 솟아 오른 커다란 바위에는 사람 인(人) 자를 쓰고 사라졌다. 콰광~! 갑자기 사람 인(人) 자가 쓰인 바위가 갈라지더니 두 줄기 광선이 하늘로 솟구쳐 오르며 바위를 산산조각 내고 말았다. 광선은 하늘로 계속 뻗어 올라 옥황상제의 엉덩이에 똥침을 찔렀다. 눈빛 하나로 땅에서부터 하늘까지 거창한 신고식을 마친 이 당돌한 녀석이 누군고 하니… 돌에서 태어나 엄청난 힘으로 순식간에 화과산 원숭이족의 우두머리가 된 손오공이다.[10]

이상의 논의를 통해서 『마법천자문』은 동양의 고전 『서유기』에서 등장인물과 아이템을 차용하고 변용시키는 과정을 거쳐 만들어졌다는 사실이 확인되었다. 이는 익숙함과 새로움을 조화시켜 독자들의 관심을 촉발하는 방법이라고 하겠는데, 에듀테인먼트 스토리텔링의 주요한 창작 전략으로 활용할 수 있겠다. 학습은 전혀 낯선 정보를 단숨에 받아들이는 활동이 아니다. 그보다는 기존에 알고 있던 지식을 토대로 새로운 내용을 추가해 가는 과정이라고 할 수 있다.

다만 경계할 부분은 익숙함과 새로움 사이의 조화이다. 지나치게 익숙한 이야기는 지루해지기 쉽고, 지나치게 새로운 이야기는 수용되기 어렵다. 그 사이에서 균형을 잡아야만 한다. 바로 그것이 스토리텔링 창작자의 역할이자 역량이다.

10 스튜디오 시리얼, 『마법천자문』 제1권, 아울북, 2003, 8~13쪽.

3) 대결, 수집, 성장

앞의 설명들이 스토리텔링의 구성요소 중에서 '인물'과 '배경'에 해당한다면, 이제부터는 '사건'을 살펴보도록 하겠다. 이야말로 이야기의 진행(telling)에 해당하는 내용이고, 구성된 이야기를 흥미진진하게 만드는 요소가 된다.

『마법천자문』의 스토리텔링을 진행시키는 첫 번째 힘은 '대결'이다. 사악한 무리들이 도전해 오고 선량한 주인공들은 응전한다. 이러한 두 세력 간의 충돌과 그 속에서 벌어지는 대결을 통해 사건이 발생한다. 이를 폭력 행위로 인식하여 비교육적이라고 비판하는 견해도 있다.[11] 그러나 충돌과 대립을 모두 폭력이라고 규정해버리면, 인류의 서사예술 작품 중 상당 부분을 부정해버리는 결과를 초래한다. 선악의 대립이 극명하게 드러나는 대부분의 영화와 애니메이션, 장군·투사들의 위인전, 영웅 전설, 마침내는 신화에 이르기까지. 충돌과 대립이 사람들의 흥미를 자극하는 스토리텔링 요소로 널리 사용되었다는 사실은 부인할 수 없다.

문제는 싸움 그 자체가 아니라, 충돌의 타당성과 대립에 대한 표현 수위의 적절성이다. 타당하지 않은 충돌은 폭력적인 묘사가 없더라도 비난받아 마땅하고, 타당하더라도 표현이 지나치게 잔인할 때 교육용으로 부적합하다. 이러한 측면에서 볼 때 『마법천자문』이 폭력적이라는 평가는 부당하다. 우선 주인공들의 행동은 대마왕을 부활시켜 세상을 지배하려는 사악한 무리들에 대한 응전이므로 타당성이 있고, 표현에서도 직접적인 폭력 묘사보다는 한자 대결을 부각시켜 잔인함을 최

11 김경철 · 장연주, 「에듀테인먼트로서의 마법천자문의 교육성과 오락성」, 『2009년 한국열린유아교육학회 춘계학술대회 자료집』, 한국열린유아교육학회, 2009, 551~552쪽.

소화했기 때문이다. 더구나 사악한 무리 중의 대부분은 "마귀 마(魔) 마법에 걸려 아픈 것"[12]이라고 설정함으로써, 그들을 격퇴가 아니라 구원해야 할 대상으로 인식하기까지 한다.

충돌과 대결이 사건을 발생시키는 역할을 담당한다면, 사건을 지속시키는 힘은 '수집' 활동을 통해 발휘된다. 물론 대결도 반복되면 스토리텔링 수단으로 활용될 수 있다. 일본 소년만화에서 주로 활용되는 토너먼트 방식의 '에스컬레이트시스템', 즉 "주인공이 반동인물과 대결하고, 고전을 거듭하다 결국 승리하고, 이를 통해 성장하며, 이어 보다 강한 라이벌이 등장하면서 일련의 과정을 반복되는"[13] 서사구조가 여기에 해당하는 예이다. 그렇지만 이 경우에는 점증적으로 강력한 상대를 등장시켜야만 흥미를 유지시킬 수 있기 때문에, 결국에는 설정과 대결 묘사가 황당무계하게 변질되기 쉽다는 약점이 있다. 토리야마 아키라(鳥山明)의 『드래곤볼(ドラゴンボール)』이나 데라사와 다이스케(寺沢大介)의 『미스터 초밥왕(将太の寿司)』 등의 후반부가 황당무계한 전개로 흘러가버린 것도 그 때문이다.

이러한 변질을 막고 스토리텔링을 안정적으로 유지할 수 있는 방법이 '수집'이다. 대결이 승리에 목적을 두고 이야기를 확장해 나가는 구조라면, 수집은 목표 달성을 추구하기 때문에 이야기를 결집하는 구조이다. 그러므로 순간적인 집중력과 흥미는 대결의 구조가 월등하지만, 작품의 전체 구성에 있어서는 수집의 구조가 밀도를 갖추는데 유리하다. 목표가 있다는 것은 결말이 명확하다는 뜻이고, 그에 따라 창작자가 이야기의 규모와 진행과정을 짜임새 있게 조정할 수 있는 여지가 발생하기 때문이다. 전통적인 서사이론에 기대어 설명하자면, 대립은

12 스튜디오 시리얼, 『마법천자문』 제15권, 아울북, 2007, 111쪽.
13 최수웅, 「요리만화의 스토리텔링 양상 연구」, 앞의 글, 152쪽.

에피소드 중심의 구조이고, 수집은 크고 작은 위기들이 모여 하나의 절정을 이루는 선형구조를 형성하게 되는 것이다. 이러한 선형구조야말로 이는 가장 오래되고도 익숙한 스토리텔링 방식이다. 그만큼 독자들에게 수용되기 쉽게 흥미를 증폭시키는데 적합하다는 뜻이다.

손오공 일행의 목표는 도전에 맞서 싸우는 것이 아니라, 사악한 세력보다 먼저 천자문 조각을 모아서 대마왕의 부활을 막아내는 것이다. 더구나 그 수집이 선과 악, 양쪽 진영의 공통된 활동으로 설정되었다는 점이 스토리텔링의 긴박성을 더욱 강화한다. 상대편도 대마왕을 부활시키려면 천자문을 모아야 한다. 막으려는 편과 감행하려는 편, 이들의 목표는 상이하다. 하지만 그를 위해서는 마법천자문 수집이라는 같은 행동을 해야만 한다. 그러므로 그들의 충돌과 대결은 더욱 첨예해질 수밖에 없다. 이처럼 수집의 구조는 그 자체로 힘을 발휘하면서도 기존의 요소들을 보강하는 역할을 함께 수행하고 있다.

그러나 이들의 행동이 무한정으로 반복되지는 않는다. 어느 쪽이라도 먼저 목표를 완수하는 순간, 수집은 끝나고 이야기는 클라이맥스로 치닫는다. 『마법천자문』의 스토리텔링이 과장되지 않고 안정감을 유지하는 까닭도 여기에 있다. 2003년 1권이 발표된 이후 현재에 이르기까지 『마법천자문』은 10년 이상 인기를 유지해왔다. 초등학교 1학년 때 처음 작품을 접한 독자가 고등학생이 되었을 시간이다. 이는 향유기간이 짧은 어린이 문화콘텐츠에서 매우 이례적인 경우에 해당한다. 그만큼 이 작품의 스토리텔링은 대결의 반복이나 새로운 한자의 추가 등을 통해 단순하게 확장되기만 했던 것이 아니라, 이야기의 완결성을 바탕으로 진행되었다는 증거이다.[14]

이처럼 『마법천자문』은 '대결'을 통해 흥미를 유발하고, '수집'을 통해 흥미를 지속시키는 스토리텔링 전략을 구사하였다. 여기에 '성장'

이 추가되면서 가치가 형성된다. '성장'은 앞선 두 요소들과는 달리 스토리텔링 전체에서 꾸준하여 적용되어 왔다. 천방지축 장난꾸러기였던 손오공이 한자마법을 알게 되고, 대결과 수집 과정에서 새로운 한자를 학습하는 활동이 전부 '성장'에 해당한다.

그러나 이를 단순한 인지발달로 보기는 어렵다. 비록 차츰 한자의 난이도가 높아지고, 후반부터 각 글자들을 조합하여 단어를 익히는 단계로 발전하지만, 주인공의 성장은 이런 지식의 확장에 국한되는 것이 아니기 때문이다.

이는 『마법천자문』의 궁극의 아이템인 '마법천자패'의 활용법을 통해 확인된다. 마법천자패는 한자마법을 증강시키고 사악하게 변해버린 이들을 치유하는 등 강력한 힘을 발휘하는데, 그 힘은 대마왕에 의해 세상에서 사라져버린 글자들을 되찾을 때마다 증폭된다. 여기에 해당하는 글자들은 다음과 같다. 용기〔勇〕, 믿음〔信〕, 우정〔友〕, 희망〔希〕, 배움〔學〕, 인내〔忍〕, 효도〔孝〕, 공경〔敬〕, 정〔情〕, 하나 되는 마음〔心〕, 그리고 사랑〔愛〕. 문제는 사라진 글자가 가진 의미이다. 마법천자패는 기초적인 한자들로 구성되었다. 즉, 어려운 한자를 익히는 것만이 목표가 아니라는 의미이다. 이 글자들은 인간이 갖추어야 할 도리에 해당하며, 이는 인지가 아니라 인성을 강조하는 동양의 교육관을 발현한 것

14 아쉬운 부분은 2012년 3월 발간된 21권에서 대마왕을 격퇴하면서 이야기가 일단락되었음에도 불구하고, 같은 해 6월에 발간된 22권부터 새로운 이야기를 다시 시작했다는 점이다. 새로운 이야기는 대마왕과의 결전으로 파괴된 마을을 재건하던 중, 다른 세상에서 검은마왕이 찾아와 삼장을 납치해 도망치고, 손오공과 친구들이 시공을 뛰어넘어 추격전을 벌인다는 내용이다.
인기 콘텐츠를 보다 오래 활용하려는 제작사의 입장은 이해할 수 있으나, 이러한 이야기의 연장은 매우 무모하다. 무엇보다 그동안 구축했던 스토리텔링에 대한 신뢰를 훼손하기 때문이다. 앞서 설명했던 것처럼 『마법천자문』이 에스컬레이트시스템으로 인한 변질을 피할 수 있었던 이유는 완결된 스토리텔링을 갖추고 있었기 때문이었다. 그런데 새로운 내용이 전개되면서 완결성이 무너지게 되었다. 더구나 그 과정에서 스토리텔링 담당자가 교체되면서 『마법천자문』의 정체성까지 위협받게 되었다. 정확한 평가는 앞으로의 스토리텔링 전개를 지켜봐야 가능하겠지만, 일단 이 글의 논의는 기존 이야기가 완결된 21권까지로 한정하도록 하겠다.

이다.

『마법천자문』에서 중시하는 공부는 배움이 아니라 깨달음이다. 새로운 정보를 습득하는 것이 아니고 그것을 다루는 마음가짐을 강조한다. 선한 편이든 악한 편이든 모두 한자를 익혀 사용할 수 있다. 하지만 그 정보를 어떤 마음으로 무엇을 위해 사용하느냐에 따라서 가치가 결정된다.

이처럼 『마법천자문』은 성장을 통해 스토리텔링의 가치를 구현하고 있다. 그러나 여기에서의 성장은 개발(開發)이 아니라 계발(啓發)이다. 이는 『서유기』의 주제와도 상통한다. 손오공은 인간보다 우월한 능력을 가지고 있다. 그럼에도 그는 인간이 되고 싶어 한다. 그가 바라는 인간이란 성숙한 마음가짐을 가진 존재를 의미한다. 그것이 자신보다 신체적 능력이 떨어지는 삼장법사를 스승으로 모시는 까닭이며, 함께 고행하며 수행하는 이유이다.[15] 그런 의미에서 그의 행적은 "수신제가치국평천하(修身齊家治國平天下)"라는 동양의 오랜 가르침에 대한 실천이자 교육 사례가 된다. 여기에 『마법천자문』이 가진 에듀테인먼트 스토리텔링으로의 또 다른 가치가 있다.

3. 에듀테인먼트의 확장을 위하여

여타의 문화콘텐츠가 그러한 것처럼, 에듀테인먼트콘텐츠 역시 다양한 매체로 확장되는 양상을 보이고 있다. 이는 OSMU(One Source Multi Use) 전략을 강조하는 문화정책의 영향 때문이기도 하지만, 무엇

15 최수웅, 「손오공의 이야기가치와 문화콘텐츠적 활용양상 연구」, 《인문콘텐츠》 제23호, 인문콘텐츠학회, 2011, 96쪽. 참고.

▲ 『마법천자문』 단행본 구입 시 부록으로 제공되는 한자카드의 예시

보다 에듀테인먼트가 가진 복합적인 성격에 기인하는 것이다.

서두에서 지적한 것처럼, 에듀테인먼트는 교육적인 내용을 놀이의 형식으로 표현한 것이다. 일반적으로 내용은 변하지 않는 가치로, 형식은 상황에 따라 바뀔 수 있는 수단으로 인식된다. 이러한 인식은 보편적으로는 타당하다. 그러나 절대적인 진리는 결코 아니다. 매체를 바꾸는 과정에서 가장 고민해야 할 부분은 내용보다 형식이다. 적어도 변화에 따른 상황과 표현방식의 차이를 고려하지 않는다면 좋은 결과를 도출하기는 어렵다.

현재 진행되고 있는 OSMU 사례는 대부분 이를 간과하고 있는데, 이것이 부가가치 창출을 저해하는 요소이다. 『마법천자문』을 원천 소스로 활용하여 창작된 콘텐츠들 역시 같은 문제를 가지고 있다. 특히 원작의 스토리텔링에 대한 충분한 이해 없이 무분별한 변용을 시도하여, 오히려 브랜드 가치를 저하시키는 경우도 발견된다. 이제부터 『마법천자문』의 활용 사례를 통해서, 그 확장 가능성을 다음과 같은 세 가지로 살펴보도록 하겠다.

첫째, 내용을 유지한 채 스토리텔링을 바꾼 경우. 『마법천자문』 단행본에 부록으로 포함된 한자카드를 활용한 게임, 닌텐도용 게임으로 개발된 〈마법천자문DS〉 시리즈 등이 여기에 해당한다.

그중에서도 한자카드는 만화를 읽은 뒤에 카드게임을 즐기면서 학습내용을 반복하도록 유도하는 장치이다. 각 카드는 해당 단행본에 나온 한자들 중에서 하나를 선정하여 뜻과 모양을 설명하고, 그 글자가 등장하는 장면이 함께 제시하여 원작의 내용을 떠올릴 수 있도록 되어 있다. 그리고 게임 진행에 필요한 매직넘버, 공격력과 방어력, 에너지 등의 정보가 표시되어 있다. 이러한 구성은 〈유희왕(遊☆戱☆王)〉이나 〈포켓몬스터(ポケットモンスター)〉 등의 트레이딩카드게임(Trading Card Game)과 동일하며, 진행방법 역시 큰 차이가 없다. 참가자들이 동시에 카드를 꺼낸 뒤 거기에 적힌 정보를 바탕으로 승부를 가리는 것이다. 다만 여타의 카드게임들은 승패를 통한 재미를 목적으로 하지만, 마법천자문 카드게임은 승부의 과정에서 원작을 통해 배운 한자를 반복하여 습득하는 효과를 추구한다.

〈마법천자문DS〉 '스토리모드'는 원작의 내용을 보다 분명하게 드러낸다. 플레이어가 손오공이 되어 한자마법을 배우고 대마왕의 부활을 돕는 적을 물리치며 마법천자문 조각을 찾아가는 모험을 진행한다. 하지만 스토리텔링 방식은 사뭇 다르다. 적을 물리치는 과정에서 플레이어의 능동적인 참여가 요구된다. 제시된 뜻과 소리를 보고 그에 맞는 한자를 닌텐도DS의 하단부 터치스크린에 직접 써넣어야 적을 물리칠 수 있기 때문이다. 이런 방식은 매우 효과적인 한자 학습방법이 된다.

사실 게임에서 이야기는 핵심적인 역할을 수행하지 못한다. 물론 역할게임(Role Playing Game)과 육성시뮬레이션 등의 일부 장르에서는 내용이 중요하게 다루어지기도 하지만, 이 경우에도 이야기는 세계관이나 캐릭터에 관련된 배경지식 정도로 한정되어 제시될 뿐이다. 그러므로 에듀테인먼트 콘텐츠를 게임으로 확장할 경우에는 새로운 이야기를 만드는 것보다 기존에 널리 알려진 내용 중에서 일부를 활용하면서 게임의 매체적 특성이 분명하게 구현되는 상호작용 스토리텔링(interactive storytelling)을 결합시켜 학습효과만을 증진시키는 방향이 적합할 것이다.

둘째, 내용을 바꾸고 스토리텔링을 유지한 경우. 『마법천자문』의 스핀오프 시리즈들이 여기에 해당하는데, 『마법천자문 과학원정대』가 대표적인 사례이다. 이는 기존의 세계관과 캐릭터는 그대로 활용하면서, 한자가 아니라 과학을 교육대상으로 삼은 것이다. 1권 '개미'를 시작으로 공룡, 달, 원소, 힘, 로봇, 에너지, 물, 지구온난화, 아마존 등등의 과학학습에 도움이 되는 주제를 묶어 단행본으로 출판되었다.

그러나 내용 구성에 있어서는 기존 학습만화의 전통을 그대로 따르기 때문에 독창성을 찾기 어렵고, 『마법천자문』만의 스토리텔링 특성도 반영되지 않았다. 과학을 다루는데 구태여 손오공이 스토리텔링을 주도할 이유도 필요도 없으며, 그에 따라 한자마법이 활용될 여지도 마련되지 않았다. 이미 인기를 얻은 시리즈를 활용했기 때문에 독자 및 학부모에게 친숙함을 줄 수는 있겠지만, 이는 브랜드를 소모한 것에 불과할 뿐 새로운 문화적 가치를 창출하지는 못했다.

셋째, 내용과 스토리텔링을 모두 바꾼 경우. 2010년 8월 개봉한 극장용 애니메이션 〈마법천자문—대마왕의 부활을 막아라〉를 비롯해서, TV애니메이션, 뮤지컬 등이 여기에 해당한다. 사실 출판 매체를 영상예술이나 공연예술로 전환하는 경우는 필연적으로는 내용과 스토리텔링의 변용이 요구된다. 매체의 차이도 분명하지만, 무엇보다 시간 및 제작비용 등의 제약이 따르기 때문이다. 그러나 문제는 그와 같은 변용이 원작의 스토리텔링이 가진 장점을 강화하는 방향으로 작용하지 못했다는 사실이다. 특히 애니메이션의 경우, 만화의 특성을 가장 잘 반영할 수 있는 매체임에도 불구하고 그에 대한 고민이 부족했다.

『마법천자문』이 주목받았던 이유는 학습만화이기 때문이다. 스토리텔링만으로 평가받은 것이 아니다. 이는 이 작품을 애니메이션으로 제작할 때 수용자들이 기대했던 부분도 에듀테인먼트이지 순수한 엔터테인먼트가 아니라는 뜻이다.

▲ 극장용 애니메이션 〈마법천자문—대마왕의 부활을 막아라〉의 포스터

그럼에도 〈대마왕의 부활을 막아라〉는 학습요소를 축소하는 대신, 모험활극의 측면을 부각시켰고 그에 맞춰 내용을 축약했다. 이래서는 여타 애니메이션 작품들과의 변별되지 않는다. 오히려 〈쿵푸팬더(Kung Fu Panda)〉처럼 세련된 유머를 구사하지도 못하고, 트림과 방귀 같은 참신할 것 없는 재미요소를 반복했을 뿐이다. 그보다는 교육적인 측면을 강화하는 창작방법이 유효했을 것으로 판단된다. 마법을 사용하는 장면에서 지나치게 화려한 그래픽을 동원한 탓에 정작 한자의 글자꼴은 분명하게 드러나지 않은 점, 화과산 원숭이마을의 일상이나 손오공의 수련과정 등 한자가 삽입되기 어려운 장면들이 지나치게 많은 분량을 차지한 점, 무엇보다 한자들의 의미 차이를 정확하게 전달하지 못한 점[16] 등이 아

16 이에 해당하는 예는 다음과 같다. 〈대마왕의 부활을 막아라〉에서 보리도사와 쌀도사가 '빛 광(光)' 마법으로 어두운 방 안을 밝히는 장면이 제시된다. 하지만 『마법천자문』 4권에서 지하미궁을 통과하는 상황에서 "빛 광 마법은 잠깐 동안만 번적 하고 빛날 뿐"이라고 지적하고, 그와 대비하여 '밝을 명(明)!' 마법을 사용한다. 이를 통해 두 글자가 가진 차이를 분명하게 드러내었다.

쉬운 부분이다.

이후에 제작된 TV애니메이션은 이런 문제들이 극복되었다. 우선 마법을 사용하는 장면에서 캐릭터를 화면의 중심에 위치시켰고, 그래픽 효과도 축소시켜 시청자들이 한자의 형태를 분명하게 인지하도록 조치되었다. 또한 한자들 사이의 관계도 제법 충실하게 설명되었다. 제5화에서 안내된 음양오행(陰陽五行)에 맞춰 마법을 사용해야 한다는 가르침이 여기에 해당하는 예이다.

뮤지컬에서는 내용 축약이 보다 강화되고, 관객의 참여를 유노하는 스토리텔링이 동원되었다. 시작부터 관객들에게 "열려라 문(門)"이라고 외치도록 요구하고, 마법천자패의 글자 중 하나인 '배울 학(學)'을 찾는 장면에서는 관객들에게 획순을 물어보며, 한자를 배우는 장면에서는 관객들이 아래와 같은 노래를 따라 부르도록 유도한다.

> 장작을 패고 물을 길며 몸도 튼튼 마음도 튼튼
>
> 우리 함께 배울 마법천자문 모두 함께 배워보자
>
> 해와 달을 만나면 밝아지고, 날 일(日)! 달 월(月)! 밝을 명(明)!
>
> 불을 막을 땐 역시 물이 최고야, 불 화(火)! 막을 방(防)! 물 수(水)!
>
> 힘이 필요하다면 크게 외쳐, 힘 력(力)! 살 활(活)! 기운 기(氣)!

지금까지 살펴본 것처럼, 콘텐츠의 확장을 도모하는 과정에서는 필연적으로 원작의 내용과 스토리텔링에 대한 변형이 이루어지기 마련이다. 이를 이해하고 매체에 부합되는 이야기와 목적에 부합되는 표현방법을 찾아내야만 한다. 그에 대한 고민이 충분하지 못하면, 아무리 화려한 기술을 동원하더라도 효과를 거둘 수 없다. 하물며 학습과 재미라는 두 마리 토끼를 잡아야 하는 에듀테인먼트의 경우라면 더욱 그러하다.

tag 에듀테인먼트(edutainment), 마법천자문, 한자(漢字), 서유기(西遊記), 손오공, 학습만화, 스토리텔링, 스핀오프(spin off), 과학원정대, 트레이딩카드게임(TCG), 닌텐도DS, 대마왕의 부활을 막아라, 뮤지컬

05

Board Game

게임을 하는 아이들,
아이들이 하는 게임

게임을 하는 아이들, 아이들이 하는 게임

1. 게임의 시대

> 옛날 인도에 한 임금이 있어, 세 명의 현자(賢者)에게 삶에서 운과 이성 중 어느 것이 더 중요한지를 물었다. 한 현자는 운이 가장 중요하다고 말했다. 다른 현자는 이성이 가장 중요하다고 했다. 세 번째 현자는 운과 이성이 똑같이 중요하다고 했다. 왕은 이들에게 각자 제 주장을 뒷받침할 만한 증거를 찾아오라고 명했다.[1]

게임은 삶을 반영한다. 다른 모든 문화콘텐츠가 그러하듯. 이는 그것이 내포하고 있는 속성이나 규칙만을 뜻하는 것은 아니다. 그를 둘러싼 논의와 평가, 전개양상과 흥망성쇠까지 모두 아우른다. 그런 점에서 진정으로 게임은 우리의 삶과 닮아 있다.

우선 게임을 둘러싼 이야기들을 살펴보자. 지금이야 문화콘텐츠산

1 진중권, 『놀이와 예술 그리고 상상력』, 휴머니스트, 2005, 21쪽.

업의 핵심 영역으로 각광받고 있지만, 20세기만 해도 게임은 대표적인 '유해매체'로 간주되었다. 게임이란 용어에 흔히 따라붙었던 '사행성'이나 '중독' 등의 표현이 그러한 인식을 대변한다. 아니, 게임에 대한 불신은 보다 뿌리 깊다. 콘솔박스와 PC가 보급되기 이전 게임을 접할 수 있는 거의 유일한 장소는 '오락실'이었는데, 이 표현에 따라붙는 음습한 어감을 통해 그것을 확인할 수 있다.

오락실은 실로 모순적인 공간이다. 어른들은 성실하고 모범적인 학생들은 들어가서는 안 되는 탈선의 현장이라 강조했지만, 정작 그곳에는 온갖 종류의 즐거움[娛樂]이 도사리고 있었다. 아이들에게 있어 오락실이란 싼 가격으로 강렬한 몰입을 체험할 수 있는 장소였다. 비록 몰입이 끝나는 순간, 밀려드는 죄책감을 감당해야 했지만. 아이는 오락실에서 모순을 경험한다. 부모와 선생들이 권하는 삶은 지극히 타당하지만 재미있지는 않다는 것, 오히려 금지된 일이 더욱 신나고 재미있다는 것을 알아차린다. 나아가 자신은 더 이상 성실한 모범생은 될 수 없다고 예감한다. 돌이키기에는 이미 알아차린 몰입의 즐거움이 너무 크고, 자신은 그 유혹 앞에 무력하다는 것을 직감한 탓이다.

그러나 20세기가 지나면서 이런 인식도 차츰 바뀌기 시작했다. 그런 점에서 게임이야말로 21세기의 산물이다. 특히 디지털 네트워크의 발전은 한국 게임 산업의 발전을 이끌어내는 계기가 되었다. 이미 관련 인프라가 충분히 구축되어 있던 까닭에 다른 나라들보다 앞서 온라인 게임에 열중할 수 있었고, 하청작업을 거치면서 제작기술을 축적한 탓에 품질도 뒤지지 않으며, 몇 가지 성공사례가 발표되자 산업의 규모도 비약적으로 확대되었다. 그 결과 한국은 세계 온라인게임 시장을 선도하게 된다.[2]

그리고 마침내 게임에 대한 인식도 변하기 시작했다. 유해매체에서 차세대 성장산업으로, 문제아의 전유물에서 전도유망한 직업군으로, 기피의 대상에서 진지한 논의가 필요한 문화 텍스트로. 그러나 아직 모든 금기가 풀린 것은 아니다. 어느 정도 용납되기는 하지만, 여전히 권장할만한 대상으로 받아들여지고 있지는 못하다. 적어도 기성세대들에게는 그러하다. 아이들에게 게임은 이미 일상이 되어버렸음에도 불구하고.[3]

이제 게임은 마지막으로 남은 저지선까지 돌파하려고 노력하고 있다. 아이들을 규제하는 집단, 그러면서도 실질적인 구매 결정권을 가진 세력, 바로 부모에게 인정받을 수 있는 게임이 만들어지기 시작한 것이다. 이들에게 접근하기 위해서 고안된 것이 기능성게임(serious game)과 에듀테인먼트게임(edutainment game) 등이다.

기능성게임은 특별한 목적을 부가하여 제작된 게임이다. 초기에는 군대와 소방서 등에서 특수상황에 대한 훈련의 목적으로 개발되었으나, 최근에는 직무능력 향상과 치료 등의 분야에서 주로 활용되고 있다. 에듀테인먼트게임 역시 기능성게임의 한 종류로, 특히 교육적인 목적에 집중하는 것이다. 에듀테인먼트의 기본 개념이 "재미 요소를 학습에 적용"하는 것이니만큼 게임과의 결합이 용이하게 이루어질 수

2 PC를 이용한 온라인게임에 비해 콘솔박스를 활용한 비디오게임이 성공을 거둘 수 없었던 이유는 한국의 독특한 주거문화 때문이다. PC는 아이들의 방에 설치하는 경우가 많은데 비해, 콘솔박스와 연결해야 하는 TV는 거실에 위치하는 경우가 많다. 온가족이 함께 사용하는 공간에서 게임을 하는 것은 아무래도 눈치가 보일 수밖에 없는 일이다.

3 어른에 비해서 아이들이 게임에 더 친숙한 것은 비단 요즘의 경향만은 아니다. 오락실 시절에도 게임의 주된 소비자는 아이들이었다. 어른들이 게임을 접하기 시작했던 것은 I.M.F 경제위기 직후부터인데, 1998년 발표된 한스밴드의 노래 〈오락실〉에는 이런 상황이 잘 반영되어 있다. 이 노래에 제시된 상황처럼, 이 시기의 직장인들에게 게임은 힘겨운 현실에서 벗어나기 위한 수단으로 활용되었고 그에 대한 비판도 적지 않았다. 그러나 현실 회피와 위무는 게임뿐만 아니라 모든 문화예술콘텐츠의 주요한 기능 중 하나라는 사실을 간과해서는 안 된다.
다만 최근에는 PC, 인터넷, 모바일 등의 매체가 보급되면서 게임을 보다 손쉽게 접할 수 있는 환경이 마련되었고, 그에 따라 게임을 즐기는 시간이 급격하게 증가한 것은 분명한 사실이다. "기성세대가 텔레비전을 통해서 여가를 즐겼다면, 청소년들은 엄연한 게임 세대"(김양은, 『새로운 세대의 등장, 게임 제너레이션』, 커뮤니케이션북스, 2009, 20~21쪽.)라는 주장은 이런 점에서 타당하다.

있었다.[4]

하지만 이런 노력에도 불구하고 혐의는 여전히 가시지 않는다. 아무리 기능을 더하고 교육을 목적으로 내세우더라도 게임은 어디까지나 게임에 불과하다. 게임을 활용한 학습은 아직까지 가능성에 지나지 않는다. 부모들은 이 사실을 누구보다 분명하게 알고 있다. 아이가 더 열심히 공부하기를 원하는 부모들은 게임의 학습 효과가 높지 않다는 사실에 불만을 느낄 것이고,[5] 인격 형성에 더 관심이 있는 부모들은 아이가 컴퓨터나 게임기 앞에 앉아있다는 사실 자체가 부담스러울 수밖에 없다. 이는 언론을 통해 익히 들어왔던 게임의 폭력성과 선정성, 은둔형 외톨이, 게임 중독 따위의 부정적인 증언 때문만은 아니다. 기본적으로 지금 유행하고 있는 게임들은 대부분 혼자서 하는 활동이기 때문이다.[6]

그렇다면 매체를 바꾸어보는 것은 어떨까? 부모들도 아이가 공부만 할 수 없으며, 그에 상응하는 휴식과 놀이가 필요하다는 사실은 인지하고 있다. 그러므로 게임이 가진 속성, 즉 우리 "삶의 반려자이자 보완자"가 되고, 그를 통해서 "삶을 가꾸어 주고 또 삶을 확대"시키는 '휴식 행위로서의 놀이'라는 기능은 유지하면서도,[7] 부모들이 직접적으로 아

4 백영균, 『에듀테인먼트의 이해와 활용』, 정일, 2005, 202쪽.

5 학습 효과를 향상시키기 위한 노력이 계속되고 있으며, 머지않아 개선이 이루어질 것이라는 답변은 부모들에게 아무런 의미를 가지지 못한다. 부모는 교육 전문가도, 행정가도, 게임 개발자도 아니다. 그들은 오직 자기 아이의 교육에 관심이 있을 뿐이고, 그를 위해서 콘텐츠를 구매한다. 앞으로 좋은 프로그램이 개발되더라도 그것이 지금 당장 자기 아이의 공부에 도움이 되지 않는다면 무슨 의미가 있겠는가?

6 물론 '다중접속온라인역할게임(MMORPG: Massive Multiplayer Online Role Playing Game)'과 같은 경우에는 게임 플레이어들 간에 다양한 소통과 교환이 이루어지는데, 일부 연구자들은 이를 한국형 온라인게임의 특징으로 파악하기도 한다(이인화, 『한국형 디지털 스토리텔링』, 살림, 2005, 56쪽. 참고.). 하지만 이런 소통이 교육과 관련된 활동이라고 보기는 어려우며, 무엇보다 MMORPG 자체를 경험해 보지 않은 부모들이 이런 식의 의사소통 방식을 받아들이기는 매우 어렵다는 사실도 고려되어야 할 문제이다.

7 Johan Huizinga, 김윤수 역, 『호모 루덴스(*Homo Ludens, A Study of the play Element in Culture*)』, 까치, 1981, 21쪽.

이의 행동을 확인할 수 있는 게임, 그러면서 다소간의 교육적 효과까지 얻을 수 있는 게임을 찾아볼 수는 없을까? 이러한 조건을 만족시킬 수 있는 문화콘텐츠의 영역이 바로 '보드게임(board game)'이다.

2. 보드게임의 효과와 한계

보드게임은 "주사위나 카드, 말 등을 이용해 테이블(종이, 탁자, 판) 위에서 즐기는 게임"[8]을 의미한다. 이 용어는 1998년 하이텔 동호회에서 사용되면서 보편화되었지만, 게임 자체는 이미 오래 전부터 존재했었다. 세계적으로 널리 향유되고 있는 카드, 주사위, 바둑, 장기, 체스 등 등이 모두 보드게임에 속한다.

여러 연구자들에 의해 보드게임이 교육 혹은 치료 과정에 효과를 발휘한다는 사실이 검증되었지만,[9] 부모가 가장 손쉽게 확인할 수 있는 대안적 기능은 여럿이 얼굴을 마주하고 함께 즐기는 놀이라는 점이다. 이는 게임의 폐해로 자주 지적되었던 고립된 아이가 되기 쉽다는 우려를 피해갈 수 있다. 또한 보드게임은 여타의 게임들에 비해서 폭력성과 선정성이 상대적으로 약화되어 표현된다.[10] 이 역시 아이들을 위한

8 임영모, 『보드게임 한 판 어때?』, 혜지원, 2004. 24쪽.

9 Jill Belinson, 유미숙·이영애·진미경 역, 『보드게임을 활용한 아동심리치료(*Children's Use of Board Games in Psychotherapy*)』, 시그마프레스, 2008. 참고.

10 한국의 심의 시스템은 폭력성보다 선정성에 더 엄격한 기준을 적용하고 있다. 부모들도 선정적 장면에 대해서는 민감하게 반응하지만 폭력적 설정은 용인하는 경향이 있다. 그러나 게임의 구조와 재현논리를 고려할 때, 오히려 폭력의 위험도가 더 크다.
게임은 현실을 가상으로 재현하고(virtual reality), 그것을 사용자가 직접 참여하여 체험하면서 이야기를 전개시키는 구조(interactive storytelling)를 가지고 있기 때문이다. 물론 영화, 애니메이션, 드라마 등도 현실을 재현한다는 점은 동일하지만, 관람객이 작품의 세계에 직접 뛰어들지 않는다는 점에서 체험의 강도는 훨씬 약하다. 장면을 관람하는 것보다는, 저격수가 되어 적군을 향해 방아쇠를 당기는 편이 몰입도가 높을 수밖에 없다.

문화콘텐츠가 갖추어야 할 조건이다. 그렇다고 보드게임에 전혀 결점이 없는 것은 아니다. 이제부터 몇 가지 게임들을 통해, 보드게임의 효과와 한계를 확인해보도록 하겠다.

1) 세상살이 예행연습: 〈인생게임〉

〈인생게임(The Game of Life)〉의 원형은 미국 게임제작업체 밀턴 브래들리(Milton Bradley)가 1860년 발표한 〈The Checkered Game of Life〉이다. 체크무늬 말판을 이동하면서 인생을 경험하는 이 게임은 발매 첫 해에 45,000벌이 판매될 정도로 큰 인기를 얻어, 19세기 보드게임의 대표작으로 평가받았다. 또한 이를 바탕으로 해서 여러 종류의 유사한 게임들이 만들어지기도 했다. 발매 100주년을 맞은 1960년 기존 게임의 기본 형식은 유지하면서 현대적인 요소를 대거 반영한 게임이 발표되었는데, 이것이 현재 유통되고 있는 〈인생게임〉의 기본형이 된다. 이후 몇 차례의 업그레이드를 거쳐 시대 상황 변화를 반영하면서 현재에 이르고 있다.[11]

▲ 〈The Checkered Game of Life〉의 말판 구성.
자료출처 : 위키피디아(영문판)

이 게임의 묘미는 세상살이의 여러 면모를 다양하게 체험할 수 있다는 점에 있다. 〈인생게임〉은 플레이어가 대학 진학과 직장 생활 중 하나를 선택하면서 시작된다. 이는 직업

11 위키피디아(영문판) http://en.wikipedia.org/wiki/The_Game_of_Life

의 결정에 영향을 주는데, 게임에서 제공되는 직업은 총 아홉 가지로 이중에서 의사와 회계사는 대학 학위를 가진 사람만 선택할 수 있다. 〈인생게임〉에서 플레이어가 경험하게 되는 인생의 성패는 직업에 부여된 월급과 능력에 따라 좌우되기 때문에, 직업 선택은 이후 진행에서 매우 중요한 요소로 작용한다.

▲ 〈인생게임〉의 게임 구성

이후 플레이어는 회전판을 돌려 말을 이동하며, 말판에 명시된 지시사항을 수행하게 된다. 그 과정에는 결혼과 주택 구입 등의 필수 활동이 포함되고, 기회와 위기가 있으며, 앞서 결정한 직업과 월급이 바뀌기도 한다.

이처럼 〈인생게임〉에는 우리 삶의 면모가 반영되어 있다. 직업 선택에 따른 차이, 실직과 이직, 가족 만들기, 자녀 성장에 필요한 비용, 주택의 구입과 관리, 예기치 않게 찾아오는 기회와 위기, 그에 대한 대처방법 등등은 실제 인생에서 일어날 수 있는 변수들과 유사하다. 그러므로 플레이어들은 게임 진행 과정을 통해서 간접적으로나마 세상살이를 경험하게 된다. 또한 게임을 반복하면서 여러 직업을 번갈아 선택하면서 경험의 폭을 넓힐 수도 있다. 이처럼 〈인생게임〉은 비록 단순하고 추상적인 형태이지만 사회 체험의 기회를 제공하는데, 이를 이 게임의 교육적 효과로 언급하는 경우가 많다.

하지만 그보다 주목되는 부분은 게임의 진행방식이다. 〈인생게임〉에는 경쟁 요소가 도드라지지 않는다. 물론 게임이 마지막에 이르면 그동안 모은 자산의 규모를 비교하여 승자를 결정하지만, 그것은 경쟁을 통해 쟁취하는 것이 아니다. 각자가 선택한 직업과 월급, 그리고 재산 관리와 위기 대처방법 등 독자적이고 장기적인 활동에 의해 많은 부분이 결정된다. 이처럼 〈인생게임〉에서 강조되는 것은 결과가 아니라 과정이다. 바로 이것이야말로 이 게임의 교육적 가치가 될 수 있다.

〈인생게임〉은 온전히 교육을 목적으로 제작된 것이 아니다. 그렇기 때문에 흥미가 강조된 부분을 더 많이 포함하고 있다. 이 게임에 도입된 흥미 추구 요소는 '우연'이다. 게임의 기본적인 진행은 개인의 선택과 판단에 의해 이루어지지만, 그 외의 모든 활동은 운에 의해 결정된다. 아무리 높은 월급을 받는 직업을 선택하더라도 운이 따르지 않는다면 좋은 성과를 거둘 수 없다. 인생은 우연의 지배를 받는다. 이것이 게임을 흥미진진하게 만들어주는 요소이고, 어떤 관점에서는 우리 인생에서 일어나는 불편하지만 명백한 진실이기도 하다.

〈인생게임〉의 한계는 매우 분명하다. 가장 손쉽게 확인되는 부분은 게임에 제시된 삶의 양상이 미국의 중산층을 기준으로 하고 있다는 사실이다. 자동차 모양의 말, 직업 및 월급 선택에 있어 대학의 역할이 그리 크지 않다는 점, 주택의 구입과 관리 방법 등등. 사소한 부분이기도 하고, 애초에 이 게임이 미국에서 만들어졌다는 점을 고려하면 어쩔 수 없는 부분이기도 하다. 그러나 다른 지역에서 살아가는 플레이어의 입장에서는 현실과 동떨어진 설정이고, 그로 인해 몰입을 방해받을 수도 있다. 이러한 한계를 극복할 수 있는 대안으로 게임의 현지화 방안을 고려할 수 있겠다. 게임의 진행 방식과 기본 구성은 그대로 유지하면서, 세부 사항만 각 지역의 현실에 맞도록 변형하는 방법이다. 이런 방식으로 세계 여러 나라 버전의 〈인생게임〉이 만들어질 수 있을 것이다.

게임 전반에 보수적인 인생관이 반영되어 있다는 것도 한계로 작용한다. 반드시 결혼을 하고, 주택을 구입해야 하는 등의 필수 활동이 그러한 예이다. 이는 미혼가정, 동성가정, 무주택가정과 같은 가치관 변화를 반영하지 못한 것이다. 물론 어린이 대상 문화콘텐츠에서 지나치게 급진적인 인식까지 수용하기는 어려운 일이다. 그러나 게임을 즐기는 아이들이 그 속에 내재된 가치관을 무의식적으로 흡수하게 된다는 사실을 고려하면, 보다 유연하고 다양한 가치를 수용할 수 있는 방안을 고민해야 할 것이다.

보다 큰 한계는 인생의 성패를 경제적 측면에서만 평가한다는 점이다. 세상살이에서 경제력이 중요한 역할을 수행하는 것은 분명하지만 명예, 도덕, 예술적 성취 등등을 목표로 추구하는 삶도 분명히 존재한다. 이처럼 다양한 가치가 존재하는데, 그중에서 유독 한 가지만을 강조하는 설정은 매우 위험하다. 〈인생게임〉의 주요 요소인 직업 선택과 연관하면 한계는 더욱 분명해진다. 예술가, 운동선수, 경찰관, 교사로서의 삶을 평가하는 기준이 경제력만은 아닐 것이다. 이들에게 합당한 목표와 기준이 마련되어야 할 것인데, '도덕적 의무의 강화'가 하나의 대안이 될 수 있다. 이는 게임에서 승리하기 위해서는 "의무적으로 가난한 사람들에게 구제활동을 한다거나, 어려운 사람들을 후원해야 하는 조건"을 삽입하는 것으로, 이를 통해서 "부의 축적 못지않게 중요한 일들도 있음을 플레이어들에게 각인"시키고 "돈을 얼마를 모으느냐가 중요한 게 아니라, 어떻게 쓰느냐가 중요한지"를 인식시키기 위한 방법이다.[12]

12 '도덕적 의무의 강화'라는 아이디어는 단국대학교 대학원 문예창작학과에서 2011년 1학기에 개설된 〈에듀테인먼트 스토리텔링 연구〉 과목에서 석사과정 한기훈 학생이 발표한 아이디어이다.

2) 지역 정보와 문화유산 익히기: 〈부루마불〉과 〈투어코리아〉

게임을 구성하는 기본 원리는 공간이다. 물론 캐릭터와 사건의 역할도 중요하지만, 먼저 공간이 만들어져야 캐릭터가 움직일 수 있고 그에 따라 사건도 발생하게 된다. 게임의 창작에서 세계관의 설정, 즉 공간을 마련하는 일이 우선시되는 까닭도 그 때문이다.

게임의 공간은 여타 문화콘텐츠의 비해 밀도가 매우 높다. 이는 한정된 범위 안에서 캐릭터의 이동이 빈번하게 이루어지고, 다수의 사건이 발생한다는 의미이다. 특히 여타의 종류에 비해서 적은 규모로 운영될 수밖에 없는 보드게임의 공간 구성에서는 밀도가 더욱 높아질 수밖에 없다.[13]

이것은 명백한 한계이다. 규모가 커질수록 다양한 이야기를 수용할 수 있는 가능성이 높아지기 때문이다. 그러나 다른 모든 문화예술 작품의 창작활동이 그러하듯, 한계가 곧 새로운 기회로 작용하기도 한다. 보드게임은 공간에 부가된 높은 밀도를 해결하기 위해서 기능성을 강화시키는 방향으로 발전해왔다. 이번에 살펴볼 게임들은 공간 배경에 정보를 추가함으로써 교육적인 효과까지 유도했다는 점에서 공통점을 가진다.

우선 〈부루마불〉을 살펴보겠다. 이 게임은 1982년 씨앗사에서 발표한 이후 큰 인기를 끌었으며 지금까지 계속 판매되고 있다. 순환이 가능한 말판을 지역별로 구분하고, 각 지역에 건물을 지어 방문자에게 통행료를 징수하여 재산을 축적하는 진행 방식은 유명한 보드게임 〈모노

13 게임 중에서 가장 넓은 공간을 활용하는 종류는 온라인게임이다. 일부 연구자들은 이를 '무한한 공간'이라고 표현하지만, 이는 명백한 오류이다. 온라인게임은 "기존의 게임들과는 비교되지 않을 정도로 거대하며, 인터넷 환경을 통해서 지속적으로 업그레이드"할 수 있을 뿐이지, 한계 자체가 없는 것은 아니다(최수웅, 『소설과 디지털콘텐츠의 창작방법』, 청동거울, 2005, 267쪽.).

폴리(Monopoly)〉와 동일하다.[14] 그러나 세부 구성에서 차이를 보인다.

▲ 이향원의 만화로 소개된 〈부루마불〉 게임 소개. 게임 구입 시 제공되는 전략집에 수록되어 있다.

〈부루마불〉에서 가장 독창적인 부분은 '씨앗증서'로, 이는 말판을 구성하는 각 지역들에 대한 정보가 기록된 안내문이다. 여기에는 토지 매매 가격, 건물 종류별 건축비, 통행요금표 등의 게임 진행에 필요한 내용들뿐만 아니라, 해당 도시에 대한 안내와 그곳이 속한 국가의 국기와 같은 정보가 함께 기재되어 있다. 그러므로 게임을 반복하는 과정에서 플레이어들은 자연스럽게 해당 지역에 대한 지식을 습득할 수 있다. 실제로 〈부루마불〉이 유행했던 1980년대 초반 초등학생들 사이에서는 게임에 나오는 도시와 국가를 외우는 놀이가 유행하기도 했다.

그러나 이 역시 온전한 교육 효과라고 보기는 어렵다. 실제 게임을

14 〈부루마불〉이 〈모노폴리〉를 모방했다는 주장이 제기되기도 했다. 그러나 게임, 특히 오랜 역사를 가진 보드게임에서 표절을 엄격하게 적용하기는 매우 어려운 일이다. 흔히 '부동산게임'이라고 표현되는 게임 방식은 이미 오래 전부터 있었고, 〈모노폴리〉 역시 앞서 발표된 몇몇 게임을 모방했다는 의혹에서 자유롭지 못하다.
〈부루마불〉과 〈모노폴리〉의 공통점과 차이점에 대한 고찰은 이 글의 범위를 넘어서는 것이므로 자세하게 언급하지 않겠다. 다만 게임의 목적이 근본적으로 다르다는 사실을 지적하고 싶다. 〈부루마불〉의 목적은 "가장 많은 재산을 모은 사람이 승리하는 것"인데 비해서, 〈모노폴리〉는 제목처럼 "자신을 제외한 나머지 모두를 파산시키는 것" 즉 독점 상태를 만드는 것이다.

진행하는 과정에서는 씨앗증서의 내용을 유심히 살필 기회가 거의 없고, 정보의 양도 얼마 되지 않기 때문에 익숙해지기 쉽다. 또한 정보의 수준이 극히 일반적이기 때문에 외국여행이 자유롭지 못했던 1980년대라면 몰라도, 직접 체험 및 여러 매체를 통해 소개된 해외 정보에 능통한 요즘 아이들의 관심을 끌기는 어려울 것으로 판단된다.

이 게임 역시 우연을 흥미 추구 요소로 활용하고 있다. 2개의 주사위에서 같은 수가 나오면 한 번 더 기회를 주는 '더블(double)' 찬스, 한 번 들어가면 3회 동안 갇혀 있어야 하는 무인도 등이 그와 관련된 부분이다. 그러나 앞서 살펴본 〈인생게임〉과 달리 〈부루마불〉은 플레이어 간의 경쟁과 견제가 활발하게 이루어지고, 그에 따라 전략의 중요성이 강조된다. 실제로 게임 설명서 후반부에는 이향원의 만화와 함께 다섯 가지 '비밀작전'이 소개되고 있다. 그중에서 '삼십육계작전'은 무인도 코너로 피신하여 다른 플레이어들이 제공하는 통행요금만 벌어들이는 것으로, 우연의 요소까지 전략적으로 활용하는 방법이다.

전략의 적극적인 도입은 그 자체로 교육 효과가 되기도 한다. 전략이란 상황을 판단하여, 기회를 포착하고 위기에 대처하는 능력을 발휘하는 활동이기 때문이다. 그러므로 그 과정에서 자연스럽게 타인의 감정을 파악하고 자신을 표현하는 능력을 기를 수 있다.[15]

그러나 이것은 그대로 한계로 작용할 수 있다. 과도한 전략은 상대방을 불편하게 만들거나 플레이어들 사이의 관계를 악화시킬 여지를 가진다. 또한 부동산게임은 사행성의 위험에서 자유롭지 못하며, 투기를 정당한 이익 추구 수단으로 인식하게 만들 위험도 간과할 수 없다.

이와 함께 게임의 구성과 매뉴얼이 전반적으로 시대에 뒤떨어졌다

15 Jill Belinson, 앞의 책, 116~167쪽. 이 책에서는 〈모노폴리〉를 활용한 사례를 언급하고 있지만, 〈부루마불〉 역시 유사한 효과를 얻을 수 있을 것으로 기대된다.

는 점도 문제가 된다. 핵심 아이템인 88서울올림픽은 이미 오래 전의 일이고, 콩코드여객기, 호화여객선 퀸엘리자베스호, 우주왕복선 콜럼비아호 등 운행이 중단된 이동수단이 제시되어 있다. 또한 매뉴얼의 잘못된 외국어 표기도 간과할 수 없다. 1980년대야 이런 표기가 통용되었을지 몰라도, 초등학생까지 영어를 공부하는 요즘에는 적합하지 않다. 결국 〈부루마불〉은 발표 이후 업그레이드가 이루어지지 않은 것인데, 이는 게임의 경쟁력을 약화시키는 요인이다. 〈인생게임〉이나 〈모노폴리〉가 세계적인 게임이 될 수 있었던 이유 중 하나가 지속적인 업그레이드를 통해 시대 변화를 반영한 점이라는 사실에 주목해야 할 것이다.[16]

2011년 코리아보드게임즈에서 출시된 〈투어코리아〉는 이러한 위험에서 상대적으로 자유로운 편이다. 이 게임 역시 말판을 기능적으로 구성하여 지역 정보를 전달한다는 점은 동일하지만, 경쟁이 아니라 아이템 습득을 통해 승패를 결정하는 방식을 도입했기 때문이다.

이 게임의 말판은 〈부루마불〉과 같이 순환하는 방식이 아니라, 〈인생게임〉처럼 시작과 끝을 가진 형식으로 구성되었다. 하지만 목적지에 먼저 도착한다고 게임에서 승리할 수 있는 것은 아니다. 물론 가장 먼저 도착한 플레이어에게는 보너스가 지급되지만, 그보다 각 지역의 문화유산 답사증서나 보물카드를 많이 획득하는 편이 도움이 된다. 그런 까닭에 이 게임의 진행은 도착이 아니라 오히려 그를 지연시키는 방향으로 작용한다.

16 물론 이런 문제는 씨앗사가 상표권 분쟁에 휘말리면서 재정 악화가 심화되었기 때문이다. 오랜 법정시비 끝에 2003년 4월에 문제가 해결되었다고 하니, 머지않아 업그레이드 버전이 만들어지기를 기대한다.

▲ 〈투어코리아〉의 구성
사진출처 : 코리아보드게임즈 홈페이지(http://www.koreaboardgames.com)

이를 가능하도록 만드는 것이 말의 이동을 결정하는 '회전판'이다. 〈투어코리아〉의 회전판에는 '바로 앞의 말과 자리 바꾸기'와 '바로 뒤의 말과 자리 바꾸기' 코너가 마련되어 있다. 이를 통해 플레이어들의 위치 변경이 이루어지고, 그때마다 게임의 진행은 새로운 국면으로 변한다. 〈인생게임〉이 오직 결말을 향해 진행될 수밖에 없는데 비해, 〈투어코리아〉는 이런 장치가 활용되기 때문에 진행 방향이 다양해지고 그 결과 공간에 대한 집중도가 높아지게 되었다. 이는 '인생'이라는 시간성에 바탕을 둔 게임과 '문화유산 답사'라는 공간성을 기반으로 한 게임의 차이이다.

공간 집중도가 향상되면 말판에 표현된 정보를 습득할 수 있는 여지도 높아진다. 여기에서 〈투어코리아〉가 교육적인 효과를 거둘 수 있는 근거가 마련된다. 이 게임은 문화유산과 한국 지리에 대한 교육을 시도한다. 문화유산에 대한 정보는 플레이어가 각 지역에서 획득하는 답사증서를 통해 제공되는데, 이는 〈부루마불〉의 씨앗증서 방식과 유사하다. 다만 말판의 형태가 남한의 지도를 따르고 있고, 이동 경로 또한 각 문화유적의 실제 위치를 지나도록 구성되었기 때문에 지리 정보를 함께 익힐 수 있다는 점에서 차별된다.

이에 비해 보물카드의 교육적 활용도는 그리 높지 않다. 보물들은 게임을 시작하게 되는 동기로 설정되어 있으나,[17] 각 공간과의 연계성이 부족하기 때문이다. 강원 지역을 답사하면서 '가야인의 귀고리'처럼 경상 지역의 보물을 획득하는 경우도 발생할 수 있다. 또한 '연개소문의 보검', '낙랑의 자명고', '주몽의 활'처럼 북한 혹은 간도 지역에 적합한 보물도 있다. 이처럼 게임의 구조와 교육적 목적의 측면에서 보자면 보물들이 보조 아이템 이상의 역할을 수행하기는 어렵다. 그러나 실제 게임의 승패에는 큰 변수로 작용한다는 점에서 다소간의 조정이 필요하다고 판단된다.

이는 다음의 두 가지 방향에서 이루어질 수 있겠다. 첫째, 보조 아이템의 역할을 보다 충실하게 만드는 방법. 현재 보물카드는 20냥에서 40냥의 가치를 가지는데, 문화유산 답사증서가 10냥인 것에 비하면 과도하게 높은 가격이다. 이를 답사증서의 수준이나 그 이하로 조정하면, 플레이어들이 문화유산 답사라는 본래 목적에 보다 집중하게 될 것이다. 둘째, 보물카드의 지역성을 강화하는 방법. 보물의 종류를 다양화하고 지역별로 정리하여, 답사증서처럼 해당 지역의 보물만 수집할 수 있도록 만드는 방법이다. 이를 통해 지역의 문화유산에 대한 교육 효과를 강화할 수 있을 것으로 기대한다.

지금까지 살펴본 것처럼 〈투어코리아〉의 구조는 기본적으로 우연이 바탕이 된다. 회전판을 통한 위치 바꾸기, 보물카드의 요행수 등이 여기에 해당하는데, 이들의 영향력이 게임의 마지막까지 이어지기 때문에 흥미가 계속 유지될 수 있다. 그러나 전략의 요소도 포함되어 있는데, 이는 답사증서의 등록과 추가와 관련된 부분에서 주로 작용한다.

17 〈투어코리아〉의 세계관 설정은 게임과 함께 제공되는 학습만화를 통해 제시된다. 만화는 초등학생 기찬과 자연이 방학을 맞이하여 한국을 찾은 교환학생 에드워드와 마이티와 함께 문화유산 답사를 다니다가, 도깨비에게 보물을 빼앗긴 선녀를 도와주게 되고, 힘을 합쳐 보물을 되찾기 위해 도깨비를 추적한다는 내용이다. 이 게임의 부제인 "도깨비 추격대"는 이런 설정에서 비롯된 것이다.

이처럼 이 게임은 우연과 전략을 함께 활용하면서도 균형을 유지하고 있다고 판단된다.

3) 경제의 기본 개념 익히기: 〈노빈손, 경제대륙 아낄란티스를 가다〉

지금까지 살펴본 게임들에서 승패를 확인하는 기준은 모두 재화의 획득이었다. 일부에서는 이를 빌미로 삼아 게임이 사행성 혹은 물신주의를 부추긴다고 비판하기도 한다. 그러나 자본주의 체계를 유지하는 한, 현실 생활에서 경제 활동의 중요성을 부정할 수는 없을 것이다. 그동안의 어린이 문화콘텐츠들은 이러한 부분을 간과해왔지만, 최근 들어 관심이 높아지고 있다. 관련 도서가 출간되고, TV프로그램과 공연이 만들어지기도 했다. 이러한 사회적인 관심에 힘입어 보드게임에서도 '경제 교육'을 표방한 제품이 발표되었다. 행복한바오밥에서 2005년 출시한 〈노빈손, 경제대륙 아낄란티스를 가다〉가 그것이다.

이 게임은 어린이 출판물의 대표작인 '노빈손' 시리즈의 설정과 캐릭터를 바탕으로 제작된 것으로, 제목에서부터 경제와의 연관성을 분명하게 밝히고 있다. 물론 경제의 전반을 다루는 것은 아니다. 매뉴얼에는 "가격결정의 원리, 기회비용, 정보의 중요함, 판매, 수익률 등 경제의 기초 개념을 체득"하는 것이 목표라고 제시되어 있다.

이처럼 범위를 한정시킨 것은 매우 합리적인 판단이었다. 에듀테인먼트 콘텐츠의 제작에 있어 무엇보다 경계해야 하는 것은 욕심이다. 하나의 콘텐츠를 통해 지나치게 많은 내용을 전달하려 해서는 안 된다. 그래서야 구태여 놀이를 접목시킬 이유가 없다. 에듀테인먼트 콘텐츠는 전통적인 학습법보다 전달하는 정보의 양이 적을 수밖에 없다.

게다가 게임은 여타의 매체보다 놀이의 속성이 월등히 강하다. 여기에 많은 정보를 부여하는 것은 현실적으로 불가능하다.

▲ 〈노빈손, 경제대륙 아낄란티스를 가다〉의 구성

〈노빈손, 경제대륙 아낄란티스를 가다〉는 카드를 활용한 게임이다. 이와 같은 종류의 게임에서는 스토리텔링이 적용될 여지가 상대적으로 적다. 물론 아낄란티스에 표류한 노빈손이 보석 무역을 하게 된다는 설정이 마련되어 있고, 판매카드를 통해서는 기존에 발매되었던 노빈손 시리즈에 등장했던 캐릭터들이 언급되었으며, 매뉴얼 및 화폐 디자인에도 주요 캐릭터를 적절하게 활용하여 소비자들이 익숙함을 느낄 수 있도록 배려해두었다.[18] 하지만 이 요소들의 기능은 극히 미비할 뿐이다.

공간의 역할 역시 두드러지지 않는다. 게임 판이 있기는 하지만, 이는 카드를 배열하는 위치를 결정할 뿐이다. 처음 발매되었던 버전에는 게임판에 아낄란티스 지도가 표현되어 있었으나 특별한 기능은 부여되지 않았다. 두 번째 버전에서는 지도가 사라지고, 판의 구성은 보다 단순해졌다. 불필요한 기능을 삭제하는 것은 정당한 개선이다. 다만 그로 인한 효과가 두드러지지 않는다는 점은 문제가 된다. 판이 간소해진만큼 휴대성을 강화하는 방향으로 패키지 디자인을 개선할 수도

18 이러한 장치들은 노빈손 시리즈의 내용을 상기시키는 작용을 하여 게임에 대한 친밀감을 도모하기도 한다. 그러나 게임 속에서는 어떤 역할을 수행하지 못한다. 이를 알지 못해도 게임을 진행하는데 아무런 문제가 없다.
오히려 이 게임의 디자인에서 독창성이 발휘된 부분은 아이템, 특히 판매의 대상을 보석으로 설정했다는 점이다. 보석은 다시 빨강, 노랑, 파랑, 검정의 4가지 색으로 구분되어, 시각적인 집중 효과를 높였다. 또한 총 4차례에 걸쳐 진행되는 판매과정마다 각 보석들의 시세가 다르게 설정되므로, 자칫 단조로워질 수 있는 게임 구성에 다양성을 부여하는 역할도 담당한다.

있었을 것이다. 휴대성 또한 보드게임 판매에 영향을 주는 중요한 요인이 아닌가.

이처럼 스토리텔링이 약하기 때문에, 플레이어들 간의 상호작용이 강조될 수밖에 없다. 이런 구조에 적합한 것은 전략이다. 이 게임은 생산카드 경매, 액션카드와 보너스카드 받기, 보석판매 등의 3단계로 구성되는데, 이중에서 1단계와 3단계에서 전략이 활용된다. 물론 우연의 요소가 전혀 배제되는 것은 아니다. 이는 주로 2단계에서 발휘된다. 어떤 카드를 뽑을 것인지 알 수 없기 때문이다. 그러나 여기에서도 전략이 개입될 여지가 있다. 카드 내용은 알 수 있지만, 얼마나 많은 카드를 선택할 수 있는지는 1단계 경매에서 결정되기 때문이다.[19] 이처럼 〈노빈손, 경제대륙 아낄란티스를 가다〉는 거의 전적으로 전략에 의해 진행되기 때문에, 전략 게임의 성과와 한계가 그대로 포함되어 있다.

그럼에도 불구하고 이 게임이 교육적 효과를 가질 수 있는 것은, 발생하는 사건들이 모두 플레이어 스스로 선택한 것이기 때문이다. 〈부루마불〉의 전략이 상대를 함정에 빠뜨리거나 그것을 피해가기 위해 동원된다면, 〈노빈손, 경제대륙 아낄란티스를 가다〉의 전략은 오직 자신의 이익을 위해서만 발휘된다. 즉, 대결이 이루어지지 않는 것이다. 경매와 판매 과정에서 승자와 패자는 분명히 발생한다. 그러나 그것은 각자의 생존을 위한 활동이지, 공격과 방어가 아니다. 그러니 관계가 어색해질 이유도 필요도 없다.[20] 이런 태도야말로 경제논리의 기본이면서, 우리 삶의 면모이기도 하다.

19 보너스카드는 우연의 요소가 강하지만, 액션카드는 상대적으로 전략적인 부분도 많다. 액션카드의 내용 자체가 3단계에 주로 활용되는 것이고, 얼마나 적절한 타이밍에 이를 사용하는지 여부가 승패를 결정할 정도로 영향력이 크기 때문이다. 이러한 중요도를 고려해서 제작사에서는 홈페이지를 통해 '액션카드 활용법'이라는 추가 매뉴얼을 공개하고 있다.

3. 완전한 게임은 없다

약속한 시간이 되어 세 현자가 왕궁으로 돌아왔다. 삶에서 운이 가장 중요하다고 했던 현자는 주사위를 증거물로 내놓았다. 이성이 가장 중요하다고 했던 현자는 체스 판을 내놓았다. 운과 이성이 똑같이 중요하다고 했던 현자는 주사위를 던져 말을 움직이는 백개먼을 내놓았다.[21]

지금까지 살펴본 보드게임들은 모두 일정한 가능성과 함께 한계를 가지고 있었다. 이 역시 삶이 반영된 것이다. 우리의 삶이 그러하듯, 어떤 게임도 완전할 수는 없다. 애당초 완전이란 인간의 영역을 벗어난 개념이다.

누구에게나 부족한 부분이 있고, 그를 채우기 위해 노력하며, 그 과정에서 실수를 저지른다. 게임 역시 마찬가지이다. 교육에 활용될 수 있는 게임을 만들기 위해 여러 제작사들이 노력을 거듭했지만 아직까지 만족스러운 성과를 만들지는 못했다. 하지만 포기하기는 이르다. 인간이 가진 가장 강력한 무기는 실수를 통해 배운다는 점이 아니겠는가. 그러므로 실수를 거듭할수록 완전을 향해 다가갈 수 있다. 비록 그 발걸음은 더디기 짝이 없고, 방향을 잘못 잡는 경우가 대부분이긴 하지만. 게임 역시 그러하다. 최근에 발매되는 게임일수록 교육과의 융합이 자연스러워지고 있다.

20 이 문제에 대해서는 게임 진행속도와 관련된 고찰도 가능하다. 즉, 〈노빈손, 경제대륙 아낄란티스를 가다〉는 여타 게임들에 비해서 매우 짧은 시간에 승부가 결정된다. 그러므로 플레이어들은 한 번의 승부로 승패를 겨루기 보다는, 몇 차례 게임을 반복하면서 즐기게 된다. 이러한 구조는 각각의 승부에 대한 부담감은 낮추는데 기여한다. 즉, 이번 판에서 승리하지 못하더라도 다음 판에서는 승리할 기회가 주어지고, 그 과정이 반복되면서 플레이어들은 승패를 주고받을 수 있기 때문에 경쟁의식보다 대결 자체의 즐거움에 더 몰입하는 양상을 보인다.

21 진중권, 앞의 책, 21쪽.

인간은 이성을 통해 자신의 삶을 계획하고 통제하려 하지만, 삶은 결코 그것만으로 이루어지지 않는다. 가혹하리만큼 무차별적으로 찾아오는 우연 앞에 이성은 무력할 뿐이다. 그렇다고 우연에만 의지하는 것은 너무 위험하다. 어찌할 것인가. 플레이어는 지혜를 짜내 전략을 수립하고, 그것으로 게임을 장악하고자 한다. 그러나 제아무리 탁월한 전략도 운이 따르지 않으면 효과를 발휘할 수 없다. 이것은 또 어찌하겠는가.

이성과 운, 혹은 전략과 우연. 애당초 우리의 삶은 이 두 가지 힘의 상호작용을 통해 구성된다. 게임 또한 그렇다. 전략에 대한 우연의 개입, 또는 우연에 대항하는 전략을 통해서 진행된다. 카스티야의 왕 알폰소 10세가 1283년에 펴낸 책 『다양한 놀이들』에 수록된 인도 현자들의 이야기가 그를 증명한다. 그런 점에서 이야기에서 마지막 현자가 내놓은 증거가 '백개먼(Backgammon)', 즉 동양의 '쌍륙(雙六)'과 유사한 보드게임이라는 설정은 매우 의미심장하다. 이미 오래 전부터 인간은 게임을 통해 삶을 배우고 있었던 것인지도 모른다.

그렇다면 길은 분명하다. 실패하라. 그리고 그를 통해 배우라. 바로 이것이 게임이 교육을 끌어안을 수 있는 유일한 길이고, 우리가 아이들에게 좋은 게임을 권장해야 하는 이유이다.

tag 보드게임, 에듀테인먼트, 놀이, 에듀테인먼트게임, 인생게임, 부루마블, 투어코리아-도깨비추격대, 노빈손 경제대륙 아낄란티스를 가다, 게임의 시간과 공간 구성, 게임스토리텔링

06

Pop-up Book

아날로그 멀티미디어의 아방가르드

아날로그 멀티미디어의 아방가르드

1. 책, 멀티미디어를 꿈꾸다

> 새로운 기술이 일단 한 사회 환경에 들어오면, 모든 사회 기구들이 새로운 기술에 의한 포화 상태에 빠지기 전에는 그것의 침투를 멈출 수 없다. 인쇄는 지난 500년 동안 예술과 학문의 모든 국면에 스며들었다. (……) 이런 확장적인 성질들과 직접 관련을 갖는 것은 다름 아닌 표현에서의 혁명이었다.[1]

인간의 감각은 미디어를 통해서 확장된다. 문화콘텐츠 연구에 중요한 시사점을 제공했던 맥루한(Marchall McLuhan)의 이 명제는 여전히 유효하다. 아니 디지털 기술이 발달하면서 쓰임새는 더욱 넓어지고 있다. 무엇보다 디지털은 문자, 영상, 소리 등을 한꺼번에 활용하는 '멀티미디어(multi media)'를 기본적으로 활용하는 분야이기 때문이다. 많

1 Marchall McLuhan, 김상호 역, 『미디어의 이해: 인간의 확장(*Understanding Media: The Extensions of Man*)』, 커뮤니케이션북스, 2011, 317쪽.

은 연구자들이 디지털 기술을 '표현력의 혁명'이라 칭송하는 까닭, "국가나 문명 중심의 언어 단위를 넘어서"[2]는 공용어의 가능성을 발견한 이유도 여기에 있다.

이러한 논의들은 다소 경망스러운 유행 추구처럼 보이기는 하지만, 결코 허무맹랑하다고는 할 수 없다. 무엇보다 지속적으로 이루어지고 있는 기술의 진보가 예측을 현실로 전환시키고 있기 때문이다. 초창기 사이버스페이스에 대한 논의가 새로운 관념을 수립하고 소개하는 일에 집중했다면, 최근 주목받고 있는 가상현실(Virtual Reality)이나 증강현실(Augmented Reality) 등의 대한 논의는 구체적인 증거를 바탕으로 하고 있으며, 그에 따라 실현 가능성도 높아지고 있다. 이제 디지털 기술이 멀티미디어의 명실상부한 대표 사례라는 사실은 누구도 부인할 수 없게 되었다.

그럼에도 불구하고 의심은 여전히 남는다. 멀티미디어는 오직 디지털 기술을 통해서 구현될 수밖에 없는가? 아니다. 여러 미디어를 동시다발적으로 감상하려는 태도는 기술 발전의 부산물이 아니라, 오히려 본능적인 추구에 가깝기 때문이다. 인간의 감각 자체가 복합적이다. 그러므로 감각의 확장된 형태인 모든 미디어들은 본질적으로 멀티미디어를 지향한다.

그러한 지향의 증거는 전통적인 미디어에서도 확인된다. 시(詩) 문학에서 즐겨 활용되는 공감각적 이미지, 음악과 무용의 결합, 오브제를 활용한 설치미술 등등. 하지만 무엇보다 분명한 사례를 가진 미디어는 인쇄이다. 일반적으로 "웅변, 음악, 문학, 그림은 서로 밀접하게 연결되어" 있었지만, 문자가 발명되면서 "시각적 요소를 단어에서 가장 두

2 한혜원, 『디지털 시대의 신인류, 호모 나랜스』, 살림, 2010, 112쪽.

드러진 것으로 남겨 두고 음성 언어의 다른 모든 감각적 사실들은 시각적 형태에 환원"되었으며,[3] 인쇄의 발달이 그러한 경향을 고착시켰다고 설명된다. 그러나 엄밀하게 따지자면, 인쇄 미디어는 초창기부터 문자와 그림이 함께 제시되는 경우가 많았고, 문자만 사용하더라도 각종 타이포그래피를 동원하여 시각적인 효과를 부여하기도 했다.

물론 이런 사례들은 부분적 표현 기법에 불과하다고 지적할 수도 있겠다. 하지만 논의의 범위를 인쇄물 중에서도 '팝업북(Pop-up Book)'에 한정한다면 멀티미디어적 속성을 부인하기 어렵다. 팝업북은 그 명칭에서 확인할 수 있는 것처럼, 튀어 오르는 오브제를 포함한 책, 즉 2차원적인 매체를 활용하여 3차원인 공간을 구현하는 미디어를 의미한다. 또한 '무버블북(Movable Book)'이라는 명칭도 많이 사용되는데, 이는 오브제가 움직임을 가진다는 뜻이니, 이 역시 멀티미디어의 속성을 드러내는 것이다.[4]

이로써 디지털이 아니더라도 멀티미디어가 구현될 수 있다는 사실이 확인되었다. 아니, 팝업북을 통해서 이루어지는 표현이 오히려 감각의 복합적인 작용을 더욱 분명하게 반영한다. 무엇보다 여타 미디어에서는 구현되기 어려운 감각인 '촉감'을 포함하고 있기 때문이다. 이와 같은 사실은 그동안의 논의에서 디지털 기술의 전유물처럼 설명되었던 부분 중에서 상당수는 팝업북에서도 활용될 수 있다는 가능성을

3 Marchall McLuhan, 앞의 책, 288~289쪽.: 또한 맥루한은 인쇄 기술의 가치와 성과를 다음과 같이 설명하기도 했다. "인쇄는 학습 과정과 마케팅 과정을 함께 바꾸어 놓았다. 책은 최초의 교육기계였고 또한 최초로 대량 생산된 상품이었다. 인쇄는 쓰인 말을 증폭시켰고 확장함으로써 쓰기의 구조를 드러내고 또한 크게 확장시켰다."(312쪽)

4 팝업북은 다양한 명칭으로 불리는데, 그 대부분은 오브제의 3차원적 속성 혹은 움직임과 관련된 것이다. '애니메이티드북(Animated Book)', '액션북(Action Book)', '매직 픽처북(Magic Picture Book)', '시닉북(Scenic Book)' 등이 여기에 해당한다. 그 외에도 장난감으로써의 쓰임을 강조한 '토이북(Toy Book)' 등의 명칭도 사용된다. 이 글에서는 이와 같은 명칭들 중에서도 가장 대표적으로 통용되고 있는 '팝업북'으로 통일하여 설명하고자 한다.

드러낸 것이다.

적어도 어린이문화콘텐츠와 관련된 부분에서만큼은 팝업북의 활용 가능성은 매우 높다. 이를 증명하기 위해서는 미디어로써의 특성을 면밀하게 살필 필요가 있는데, 팝업북의 제작기법에 대해서는 이미 여러 저술들이 발간되어 있으므로 이 글에서는 보다 근본적인 부분에 해당하는 구성 원리와 스토리텔링에 대한 검토만을 실시하고자 한다.

2. 세 개의 꼭짓점: 기술, 정보, 그리고 놀이

1) 기술: 발전의 원동력

기술은 미디어를 진보시키는 힘이다. 기술이 발달할수록 표현할 수 있는 영역 또한 확장된다. 특히 멀티미디어를 구현하기 위해서는 기술을 활용하는 능력이 매우 중요한 역할을 수행한다. 여러 매체를 활용하여 결합하고 조율하는 작업이 이루어져야 하기 때문이다. 제아무리 흥미로운 이야기라도 기술의 도움을 받지 않고서는 멀티미디어 콘텐츠가 될 수 없다.

그러한 까닭에 팝업북의 제작은 전통적으로 이야기를 창작하는 스토리텔러(storyteller), 각종 디자인 요소들을 담당하는 일러스트레이터(illustrator), 그리고 설계와 기술적인 문제를 해결하는 페이퍼 엔지니어(paper engineer) 등의 공동 작업으로 진행되는 경우가 많았다. 물론 팝업북 초기에는 한 사람이 모든 역할을 수행했지만, 1960년대 미국에서 팝업북의 르네상스가 이루어지면서 페이퍼 엔지니어의 역할이 강조되고 분업도 촉진되었다.[5] 현재 유통되고 있는 팝업북에서 활용되는 표현기법들은 대부분 이 시기에 마련된 것이다. 이 역시 기술의 중요성을 확인할 수 있는 증거가 되겠다.

물론 기술의 발전이 일순간에 이루어진 것은 아니다. 13세기에 이미 회전식 원판인 '볼벨(volvelle)'이 활용되었고, 16세기에는 그림을 들어 올리거나 열 수 있는 '덮개(flap)' 기법이 등장했다. 19세기에 독일의 니스터(Ernest Nister)가 그림을 회전시키는 '리볼빙(revolving)'과 블라인드를 내려 그림의 모양을 바꾸는 '베네치안 블라인드(venetian blind)' 등의 기법을 선보이기도 했다. 또한 체코의 팝업북 제작자 쿠바스타(Vojtěch Kubašta)는 셀로판지나 은박지 등의 다양한 오브제를 도입하기도 했다.[6] 이와 같은 기술들이 축적된 결과가 1960년대의 팝업북 르네상스로 표출된 것이다.

팝업북의 역사는 기술 발전의 역사이다. 진보된 기술이 놀라움을 만들어내고, 그를 통해 팝업북에 정체성이 부여되었다. 그러므로 어떠한 방식이든 새로운 종류의 놀라움이 만들어지는 한 팝업북의 역사 또한 지속될 것이다. 여기에서 간과하지 말아야 할 사실은 그동안 이루어진 표현기법의 변화가 종이에 국한되지 않았다는 점이다. "질감이 특이한 소재를 사용"하여 아이들이 "손으로 책을 직접 만져 보고 인지하게 해 두뇌 발달"을 유도하는 '오브제 세우기' 기법처럼,[7] 팝업북은 페이퍼 엔지니어링의 영역을 뛰어넘어 다양한 매체와의 결합을 시도해왔다. 오디오북(audio book) 기능을 팝업북에 적용한 제품은 이미 개발되어 시판되고 있으며, 최근에는 증강현실 등의 디지털 기술을 도입하는

5 앨리스설탕, 『나는 팝업북에 탐닉한다』, 갤리온, 2008, 116~117쪽.

6 팝업북 표현기법의 발달에 대해서는 다음 자료들에 자세히 언급되어 있다.: 박정아, 『아이들과 함께하는 팝업북 만들기』, 예경, 2009, 11~12쪽.; 김나래, 『북아트—아름다운 책 만들기』, 북프레스, 2009, 134~139쪽.; 앨리스설탕, 앞의 책, 69~73쪽.

7 박정아, 앞의 책, 14쪽.

방안을 모색하고 있다.[8] 이러한 기술의 확장이야말로 팝업북의 미래를 구축하는 기반이 될 것이다.

2) 정보 : 목적과 활용

애초에 팝업북이 제작되기 시작한 이유는 분명하지 않다. 다만 본격적인 상용화가 이루어지기 이전의 작품들을 통해서 본래 목적을 짐작할 수 있을 뿐이다. 초창기 팝업북들은 주로 천문과학, 해부학, 원예학 분야에서 제작되었다. 요컨대 팝업기법을 활용할 때 정보 전달이 용이한 분야에서 사용된 것이다. 볼벨을 이용하여 천체의 움직임을 표현하고, 덮개를 통해서 인체의 구성을 입체적으로 재현하며, '세우기(stand up)' 기법으로 잘 가꾸어진 정원의 모습을 가시적으로 제시했다. 이를 통해서 다양한 체험을 한꺼번에 할 수 있도록 유도하는 것이야말로 멀티미디어의 힘이자 팝업북의 목적이다.

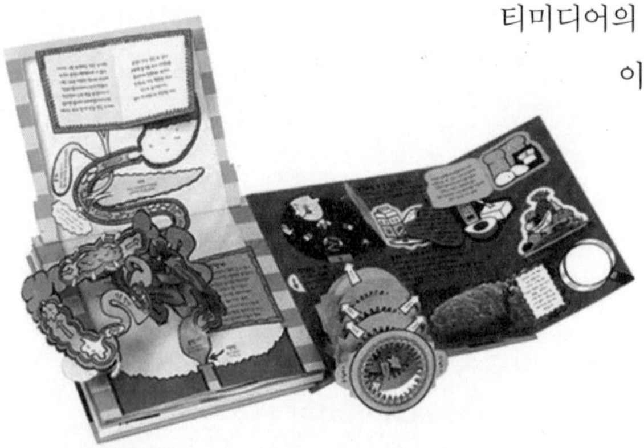

▲ 『냠냠쩝쩝 꾸륵꾸륵 속 보이는 뱃속 탐험』의 팝업기법 구성. 자료출처: 인터넷서점 알라딘 홈페이지(http://www.aladin.co.kr). 이하 다른 작품에 대한 정보도 모두 같은 곳에서 인용함.

이러한 목적은 지금까지 그대로 유지되고 있는데, 특히 어린이 교육 분야에서 팝업북은 매우 유용하게 활용된다. 지식의 입체적인 전달이라는 점도 가치를 가지지만,

8 김영욱, 「증강현실(AR) 기술이 접목된 그림책으로 보는 상상력의 진화」, 《인문콘텐츠》 제19호, 인문콘텐츠학회, 2010, 467~472쪽. 참고.

팝업기법을 직접 "손으로 조작하여 이미지가 움직이도록" 하는 과정은 "감각적, 사고적인 반응을 불러일으켜 상호작용이 이루어지도록" 유도하여 교육에 대한 참여도를 높일 수 있다.[9] 무엇보다 중요한 부분은 이러한 활동 자체가 흥미를 유발한다는 사실이다. 이는 그대로 에듀테인먼트(edutainment) 효과, 즉 학습과 재미를 동시에 추구하는 작업이 이루어지기 때문이다.

여기에 해당하는 사례는 알톤(Steve Alton)이 글을 쓰고, 샤랫(Nick Sharatt)이 그림을 그린 『냠냠쩝쩝 꾸륵꾸륵 속 보이는 뱃속 탐험(Chewy, Gooey, Rumble, Plop!)』(2007)과 『끈적끈적 울렁울렁 속 보이는 코+피 탐험(Blood and Goo and Boogers Too)』(2009)이 있다. 이 작품들에는 별다른 이야기가 포함되어 있지 않다. 다만 인체의 소화기관과 순환기관의 기능과 역할에 대한 설명에 집중하고 있다. 이는 해부학적 지식을 전달하기 위해서 만들어진 초창기 팝업북의 목적과 정확히 일치한다. 세우기 기법을 통해 장기의 모양을 입체적으로 보여주고, 슬라이드와 볼벨을 활용해서 순환을 재현하고, 액체를 삽입하여 점액질을 포현하며, 덮개 기법을 동원해서 본문의 내용을 보충한다. 이외에도 다양한 팝업기법을 사용하여 정보를 시각화하였다.

정보에 이야기를 결합시킨 사례도 있다. 루이스(John Patrick Lewis)가 글을 쓰고 커리(Tom Curry)가 그림을 그린 『갈릴레오의 우주(Galileo's Universe)』(2005)가 대표적인 작품이다. 과학자 갈릴레이(Galileo Galilei)의 생애를 다룬 이 책은, 각종 팝업기법을 활용하여 그가 시도했던 실험들을 재현하기 위해서 노력했다.

그 중에서도 180° 세우기 기법으로 피사의 사탑을 입체화하고 낙하

9 안성혜 · 송수미, 『에듀테인먼트 콘텐츠 기획』, 커뮤니케이션북스, 2009, 42쪽.

실험을 재현해낸 장면은 정보를 가시적으로 전달한다는 작품의 목적을 분명하게 드러내는 부분이다. 이러한 목적에 부합되도록 스토리텔링도 구분되었다. 갈릴레이의 생애에 대한 설명이 본문을 구성하고, 실험의 의미에 대한 설명은 각종 팝업기법들을 활용해서 제시되었다. 특히 탭(tab) 기법을 활용하여 감춰진 텍스트로 보충하는 방법이 주로 활용되었다. 이런 구성은 본문에 대한 집중도를 유지하면서도 정보 전달의 효과를 함께 거둘 수 있다는 점에서 효율적인 스토리텔링 방법이라 하겠다.

3) 놀이: 대중성과 예술성

지금까지 살펴본 기술과 정보가 주요한 구성요소인 것은 분명한 사실이지만, 그것만으로는 팝업북의 가치가 완성되지 않는다. 사람들이 팝업북에 집중하는 까닭은 무엇보다 재미있기 때문이다. 재미가 없다면 아무리 신기하고 교육적인 미디어라도 관심을 받지 못한다. 그런 점에서 팝업북이야말로 멀티미디어에 필요한 요구조건을 두루 충족시킬 수 있는 복합적인 성격을 가진 문화콘텐츠라고 할 수 있다.

팝업북의 재미를 만드는 요소로는 우선 아름다움을 들 수 있다. 물론 팝업북 이전에도 여러 가지 디자인 요소들을 책에 결합하려는 시도가 있어왔고, 그 중에서 일부는 '북아트(book art)' 혹은 '아트북'이라는 명칭으로 분류되기도 한다. 그러나 이러한 종류의 책들이 평면적인 아름다움을 만든다면, 팝업북은 조형미(造形美)를 추구한다는 점에서 변별된다. 비유하건데 팝업북은 회화가 아니라 건축에 가까운 미디어인 것이다.

여기에 해당하는 사례로는 사부다(Robert Sabuda)의 작품들을 들 수 있다. 일반적으로 그는 "종이로 보여줄 수 있는 최대한의 모든 방법을 동원"[10]하는 팝업북 디자이너라고 평가되지만, 실제로 그의 작품들을 꼼꼼하게 살펴보면 여러 기법을 활용한 경우는 드물고, 오히려 두세 가지 기법을 조합하는 경우가 대부분이다. 특히 사부다가 많이 사용하는 기법은 '180° 세우기'인데, 이는 책장을 펼치면 오브제가 솟아오르는 방식으로 팝업북 엔지니어링의 기본에 해당한다. 그럼에도 그의 작품이 단조롭게 느껴지지 않는 까닭은 기술적인 면은 기본에 충실하지만, 세부적인 표현에서는 다채로운 변형을 시도했기 때문이다.

▲ 『이상한 나라의 엘리스』의 팝업 구성

사부다의 대표작 중 하나인 『이상한 나라의 엘리스(Alice's Adventures in Wonderland)』(2003)에 포함된 위의 그림과 같은 부분에서 그 사실을 확인할 수 있다. 이 장면에서 활용된 것도 역시 180° 세우기 기법인데, 여기에 여러 장의 트럼프를 부착시켜 풍성한 표현을 만들어냈다. 오브제를 입체화시켜 독자들에게 놀라움을 선사한다는 팝업북 기술의 정체성을 유지하면서도 세련된 표현 방식을 통해서 즐거움을 만들어낸 것이다. 이를 공연예술에 비유하자면, 특수효과보다는 연출력을 발휘하여 장면의 밀도를 향상시켰다고 하겠다. 그런 점에서 사부다는 기술

10 김나래, 앞의 책, 158쪽.

▲ 『미녀와 야수』. 마지막 장면의 팝업 구성

자체보다는 그를 통해 형성되는 예술성에 집중한 작가라고 평가하는 편이 타당하다.

재미를 만드는 또 다른 요소는 스토리텔링과의 조화이다. 그동안의 논의들은 대부분 팝업북 기술이나 디자인, 그리고 교육적 가치에 집중되어 왔다. 하지만 팝업북이 엄연히 책의 범주에 포함되는 만큼, 스토리텔링의 역할을 간과할 수는 없다. 요컨대 내용과 표현이 조화를 이룰 때 보다 가치 있는 콘텐츠가 만들어질 수 있는 것이다.

여기에 해당하는 사례도 사부다의 작품 중에서 찾을 수 있다. 『미녀와 야수(Beauty and the Beast)』(2010)의 마지막 장면 구성이 그것이다. 이는 정원에서 죽어가는 야수를 발견한 미녀가 그에 대한 사랑을 깨닫고 "진심으로 사랑해요. 당신의 아내가 되어 평생 함께하고 싶어요."라고 고백하는 부분으로, 이 내용을 표현하는 팝업기법이 장면 전체에 걸쳐서 제시되어 있다. 그리고 오른쪽 페이지 하단부에 별도의 글상자 뭉치가 마련되어 있는데, 그 첫 번째 장에는 "하늘에서 별들이 그대로 땅에 떨어진 것처럼 갑자기 성이 반작거리기 시작했어요. 눈이 부셔서 고개를 숙이며 벨은 손으로 얼굴을 가렸지요. 벨이 고개를 들었을 때 야수는 이미 어디론가 사라지고 없었답니다."라고 적혀 있다.[11] 이 페

11 Robert Sabuda, U&J 역, 『미녀와 야수(*Beauty and the Beast*)』, 넥서스주니어, 2011. 9~10쪽.

이지를 넘겨야 다음 이야기가 전개되는데, 그 과정에서 야수가 왕자로 변화하는 팝업기법이 전개된다. 즉 접혀 있을 때에는 야수처럼 보이던 그림 뭉치가 펼쳐지고 각 조각들이 늘어나면서 뒷면에 표시된 왕자의 형상이 드러나는 것이다. 이러한 표현이야말로 이야기에 움직임을 부여하는 장치라고 할 수 있다.

3. 팝업북의 스토리텔링

팝업북은 멀티미디어와 책의 속성을 동시에 가진다. 그러므로 그를 통해 구현되는 스토리텔링의 방식도 여타의 멀티미디어나 일반적인 책과는 차이가 있을 수밖에 없다. 그럼에도 팝업북의 독창적인 스토리텔링 방식에 대한 논의는 아직 충분히 이루어지지 못했다.

그 이유는 여러 측면에서 제시될 수 있겠으나, 가장 근본적인 문제는 팝업북만을 위해 창작된 스토리텔링이 부족했기 때문이다. 그동안의 팝업북들은 대부분 익히 알려진 이야기를 활용하여 만들어졌다. 전설이나 민담, 이미 명작의 반열에 오른 동화와 소설, 대중적 성공을 거둔 영화와 애니메이션 등이 주로 사용된 이야기들이다. 그도 아니라면 이야기가 포함되지 않은 정보를 전달하는데 집중했다. 물론 이런 것들은 독자층을 확보하고, 다른 미디어와의 결합방안을 마련했다는 점에서 분명한 의미를 가진다. 하지만 팝업북이 독자적인 미디어로 가치를 가지려면 그에 부합되는 스토리텔링을 마련할 필요가 있다.

1) 장면으로 구성하기

팝업북 스토리텔링의 핵심적 특징은 장면이 주요한 구성 원리로 작용한다는 사실이다. 이는 공간과 공간의 배열을 통해서 이야기를 진행한다는 의미이고, 그러한 점에서 팝업북은 소설이나 동화보다는 영화나 연극을 닮았다고 할 수 있다.[12]

물론 이러한 스토리텔링은 이야기보다는 기술을 구현하기 위한 목적으로 만들어진 것이다. 공간을 기반으로 사용할 때 팝업북이 지향하는 조형적 아름다움을 효과적으로 표현할 수 있기 때문이다. 그동안은 이러한 특징에 대해 무관심했으나, 이제부터라도 이를 보다 적극적으로 활용하려는 전략이 필요하다. 마치 영화의 제작과정처럼 이야기를 시퀀스(sequence) 단위로 구분하고, 각 시퀀스의 내용을 집약하여 장면으로 표현해야 한다. 또한 팝업북은 하나의 장면 속에 여러 층위의 이야기를 담아낼 수 있다는 특징을 활용하여, 해당 장면의 대표적 사건을 팝업으로 구현하여 가시화하고, 관련된 이야기들을 분산시켜 배치하는 방식이 활용될 수 있다.

앞서 다루었던 『미녀와 야수』를 통해서 이러한 스토리텔링의 실현 가능성 여부를 확인해 보도록 하겠다. 이에 부합되는 예로는 작품의 첫 번째 장면을 들 수 있다. 여기에서는 미녀의 아버지가 야수의 성을 발견하고 그곳을 둘러본다는 이야기가 다루어진다. 이 내용을 표현하기 위해 활용된 팝업기법은 역시 180° 세우기로 이는 웅장한 성의 모

12 블루스톤(George Bluestone)은 이러한 구성 원리의 차이에 대해서 다음과 같이 설명했다. "소설과 영화는 모두 시간예술이다. 그러나 소설에 있어서의 형성원리가 시간인데 비해, 영화의 형성원리는 공간이다. 소설이 공간을 당연하게 여기고 시간 가치의 복합 속에서 그 서사를 형성하는데 반해, 영화는 시간을 당연하게 여기고 공간의 배열 속에서 그 서사를 형성한다."(George Bluestone, *Novels into Film* : 김중철, 『소설과 영화』, 푸른사상, 2000, 58쪽. 재인용.)

습을 제시하여 독자들의 이목을 집중시키는 효과를 발휘한다. 또한 왼쪽 페이지의 글상자 뭉치에서는 미녀의 아버지가 길을 떠나게 된 사연이, 오른쪽 페이지 중앙에 부착된 글상자에는 그가 성을 발견했다는 진술이, 그리고 그 오른쪽에 마련된 세 가지 글띠와 아코디언 방식의 팝업장치를 통해서는 각 방의 전경을 보여준다. 이처럼 팝업북의 장면 구성은 대표적인 오브제 하나와 보조적인 오브제 몇 가지, 그리고 분산 배치된 글상자 뭉치를 통해서 제시되는 여러 이야기들로 구성되어 있다. 이는 팝업기법에 대한 집중도를 높이면서도 이야기의 흐름을 만들어낼 수 있는 효과적인 방법이다. 특히 이야기가 배치된 각각의 글상자 뭉치에도 소규모의 팝업기법을 장치함으로써 소소한 재미를 만들어냈다는 점이 주목된다. 이는 이야기와 기술을 유기적으로 연동시키는 작가의 섬세한 연출력이 발휘된 사례이다.

▲ 『미녀와 야수』, 첫 번째 장면의 구성

이처럼 장면 구성을 통해 이루어지는 스토리텔링 방식은 그 자체로도 가치가 있지만, 같은 원리를 가진 문화콘텐츠 미디어로의 전환이 원활하게 이루어지도록 유도할 수 있다. 영상예술 작품이 팝업북으로 자주 만들어질 수 있었던 이유도 이런 특징 때문이다. 물론 그동안에는 다른 미디어에서 먼저 성공을 거둔 작품을 팝업북으로 만드는 경우가 대부분이었다. 하지만 앞으로 창작 팝업북이 늘어난다면, 반대 방향으로의 매체 전환도 충분히 가능해질 것으로 기대한다.

2) 숨은 텍스트 만들기

장면 중심의 스토리텔링에서는 이야기의 분량이 필연적으로 제한될 수밖에 없다. 장면 구성에 들어가는 수고와 노력이 적지 않은 탓에 많은 분량을 만들어내기 어렵다는 현실적인 문제도 무시할 수 없고, 한 장면의 대부분을 팝업 오브제가 차지하기 때문에 상대적으로 텍스트를 배치할 수 있는 공간이 부족하다는 사실도 간과할 수 없다.

이러한 제약을 극복하기 위해서 선택된 스토리텔링이 숨은 텍스트를 만드는 방식이다. 즉, 팝업기법을 활용한 여러 장치를 동원하여 텍스트 중에서 일부를 감추거나 겹쳐지도록 만들어, 결과적으로는 표현되는 이야기의 총량을 늘리는 방법이다. 이와 같은 방식이 활용되는 이유는 다음과 같은 두 가지로 정리된다.

첫째, 장면의 공간 활용도를 높이기 위해서. 한정된 지면에 조금이라도 많은 이야기를 수용하기 위한 방법으로 팝업기법을 활용한 경우이다. 위에 제시되었던 『미녀와 야수』의 첫 장면처럼, 여러 페이지로 이루어진 글상자 뭉치를 활용하여 그 장면을 대표하는 팝업 오브제의 전후 사정을 부연 설명하는 방식이 여기에 해당한다. 특히 이는 이미 상당한 분량을 가지고 있는 기존의 소설과 동화를 각색해서 만든 팝업북의 경우에 주로 사용된다.

둘째, 여러 종류의 이야기를 표현하기 위해서. 팝업북의 이야기가 한 가지 흐름이 아닌 경우에 주로 사용된다. 앞에서 제시했던 『갈릴레오의 우주』의 스토리텔링 방식이 여기에 해당하는 예이다. 이 작품의 이야기는 갈릴레오의 생애와 그가 시도했던 실험들의 가치에 대한 진술로 나누어진다. 같은 대상을 다루고 있지만 표현 방식은 사뭇 다르다. 생애는 연대기적 흐름을 강조하고, 실험에 대한 진술은 가치 평가를 추구한다. 그런 까닭에 팝업북 작가는 생애에 대한 이야기를 중심축으로 삼고, 가치 평가를 보조 자료로 활용했다. 이러한 창작방법은 팝업기술에도 그대로 반영되었는데, 생애는 본문에서 직접적으로 제시되고, 평가는 감춰진 텍스트로 만들어졌다. 즉, 독자 입장에서 보면 갈릴레오의 생애를 따라가다가 실험과 관련된 장면에서는 감춰진 텍스트를 드러내는 팝업장치를 찾아내고 그의 업적과 성과에 대한 텍스트를 확인하는 스토리텔링 독법(讀法)이 이루어지는 것이다.

숨은 텍스트를 만들고 독자에게 그것을 찾아내도록 유도하는 방식은 그 자체로 능동적인 활동이며, 팝업북의 재미를 형성하는 원인으로 작용한다. 그러나 여기에서 고려되어야 할 사항은 감춰진 텍스트의 분량이 아니라, 그것 또한 엄연한 스토리텔링의 한 가지 방식으로 작용해야만 한다는 사실이다. 무릇 모든 종류의 낯설음이 그러하듯 숨은 텍스트를 찾아내는 작업도 반복될수록 재미는 반감될 수밖에 없다. 그 다음에도 역할을 수행하기 위해서는 무엇보다 이야기 자체의 재미가 확보되어야 한다.

4. 다시, 팝업북을 꿈꾸다

미디어 연구에서 무엇보다 경계해야 할 부분은, 낯선 기술에 현혹당해서 본질을 호도하는 것이다. 이는 내용의 상대적 우위를 인정하려는 것이 아니다. 물론 표현 역시 내용만큼이나 중요한 가치를 가진다. 하지만 그것이 만들어내는 신기함에 압도되어, 작품을 종합적으로 이해하지 못하는 태도는 분명한 오류이다.

지금까지 이루어졌던 팝업북에 대한 연구들은 이러한 혐의에서 자유롭지 못하다. 팝업북은 엄연히 책의 한 종류이고 이야기를 내포한 매체이다. 그럼에도 불구하고, 그것이 가진 멀티미디어로써의 표현 기술과 정보 전달을 통한 교육적 가능성에 지나치게 집중한 나머지, 스토리텔링의 특성에 대해서는 충분한 논의가 이루어지지 않았다.

이러한 오류는 최근 이루어지고 있는 팝업북의 미래에 대한 논의, 즉 디지털 기술과의 결합 가능성에 대한 검토에서도 그대로 반복되고 있다. 물론 이러한 시도는 팝업북의 가치를 재확인하고 활용 가능성을 높인다는 점에서 의미를 가진다. 이에 대해서는 이론의 여지가 없다. 기술의 발달이 미디어의 영역을 확장하고 도모하는 것 또한 분명한 사실이다. 그러나 미디어의 형식과 함께 그것이 내포하는 의미 역시 간과되어서는 안 된다. 의미를 만드는 것이 바로 이야기이다. 그러므로 하나의 미디어가 단순한 유행을 뛰어넘어 문화예술적인 가치를 확보하기 위해서는, 그를 통해서만 전달할 수 있는 스토리텔링이 확보되어야 한다. 그런 점에서 "미디어는 메시지"라는 맥루한의 또 다른 명제는 여전히 주목받아야 마땅하다.

tag 팝업북, 무버블북, 멀티미디어, 냠냠쩝쩝 꾸륵꾸륵 속 보이는 뱃속 탐험, 끈적끈적 울렁울렁 속 보이는 코+피 탐험, 갈릴레오의 우주, 로버트 사부다, 이상한 나라의 엘리스, 미녀와 야수, 장면으로 구성하기, 숨은 텍스트 만들기

07

Children's Song

아이들의 노래는 즐겁다,
숲 속을 걸어도

아이들의 노래는 즐겁다, 숲 속을 걸어도

1. 말씀과 노래

태초에 말씀과 노래는 하나였다. 말씀은 노래를 통해 생명력을 얻고, 노래는 말씀을 통해 의미를 부여받았다. 하나였던 이들은 인간의 감정표현 방법이었고, 의사소통 수단이었으며, 무엇보다 흥겨운 놀이였다.[1]

문자와 악보 등의 기록매체가 만들어진 이후에도 말씀과 노래의 행복한 동행은 계속되었다. 향가(鄕歌), 고려가요(高麗歌謠), 시조(時調), 가사(歌辭), 그리고 개화기의 창가(唱歌)에 이르는 문화유산들을 문학의 범주로만 한정하려는 태도는 명백한 오류이다. 이를 노래로 한정하려

1 문화인류학자 호이징하(Johan Huizinga)는 말씀과 노래의 상관관계를 다음과 같이 설명했다. "음악은 절대로 놀이의 영역을 벗어나지 못한다. 시가 고대 문화에서 중요한 예배적, 사회적 기능을 했던 이유는 바로 시가 음악적 낭송과 밀접하게 결합되어 있었기 때문이었다."(Johan Huizinga, 김윤수 역, 『호모 루덴스(*Homo Ludens, A Study of the play Element in Culture*)』, 까치, 1981, 240쪽.)

는 태도 역시 마찬가지.

어린이 문화콘텐츠에도 같은 내용이 적용된다. 전통적으로 어린이들은 말씀과 노래를 함께 향유했다. 그를 통해 자기 생각과 느낌을 표출했고, 가르침을 얻었으며, 재미있게 놀았다. '동요(童謠)'야말로 말씀과 노래가 결합된 문화콘텐츠의 대표적인 예라고 할 것이다.

이처럼 상보적 관계를 유지했던 말씀과 노래는 근대 이후 분리되기 시작했다. 근대의 이성 중심 사고는 사회 전반에 걸쳐 분석과 계통화 작업을 진행시켰고, 이에 따라 말씀은 문자로 기록되어 문학으로, 노래는 악보에 기록되어 음악으로 나뉘었다. 한국의 어린이문학 역시 이런 흐름에서 자유롭지 못했다. 근대문학 형성기까지는 노래와 시가 결합된 형태인 동요가 어린이문학을 주도하여 왔으나, 차츰 노래의 특성이 사라진 동시 쪽으로 중심이 이동했다.[2] 그 결과 최근 발표되는 동시의 대부분은 음악과 직접적인 연관을 찾기 어려워졌다.

이런 흐름과 변화가 잘못된 것일까? 아니다. 근대의 정신과 문화가 이룩한 찬란한 업적 자체는 부정할 수 없다. 다만, 그 이면에는 간과되었던 부분이 있었다는 사실은 분명히 인정하고, 이를 발굴하고 재평가하여 발전시키기 위한 노력을 전개해야 할 것이다. 바로 이것이 우리가 동요에 관심을 기울여야 하는 이유이다.

2 이재철의 『한국근대아동문학사』(일지사, 1978)에 따르면 한국 동요는 "민요(民謠)와 혼류되어 그 구분이 명백하지 않은 상태로 구전 또는 정착되어 내려오다가"(27쪽), 근대 이후 문학에 수용되어 "일제치하 아동문학의 대표적 장르"(79쪽)가 된다. 1930년대 들어 윤석중 · 윤복진 · 박영종 등의 '시적동요(詩的童謠)', 김영일 · 박영종 등의 '자유동시'가 등장하면서 차츰 노래와 구분되기 시작했고(305쪽), 1960년대 "시로서의 동시"를 주장하는 '본격동시운동(本格童詩運動)'이 발현하면서 노래의 속성을 버리고 다양한 형식적인 실험이 이루어지면서 본격적으로 시의 특성을 갖추게 되었다(539~543쪽).

2. 동요 아닌 어린이노래

현실은 언제나 가설보다 복잡하다. 어린이노래 역시 마찬가지. 설명은 동요에 한정시켜 진행하였으나, 현실 상황은 그리 단순하지 않다. 무엇보다 '동요'의 위상과 규모가 현저하게 축소된 탓이다.

보다 분명하게 말하자면, 요즘 아이들은 동요를 부르지 않는다. 문제는 바로 그것이다. 인터넷을 검색하면 걸그룹의 노래와 춤을 따라하고 성인 취향의 트로트를 흥얼거리는 초등학생들을 찍은 동영상은 쉽게 찾아볼 수 있다. 하지만 동요를 부르는 모습은 찾기 어렵다. 이는 단순한 비교 이상의 의미를 가진다. 요컨대 대결상대가 달라진 것이다. 이제 동요는 무관심이나 무지(無知)가 아니라 엔터테인먼트 산업의 총공세에 맞서 싸워야 한다. 안타깝게도 이 대결에서 동요가 이길 가능성은 그리 높지 않아 보인다.

그나마 유치원 이하 영유아들을 대상으로 할 경우에는 승산이 다소 높아진다. 유아용 동요음반들의 판매실적은 그리 저조하지 않기 때문이다. 하지만 문제는 그 내용에 있다. 이를 확인하기 위해, 판매량 15위 내에 포함되는 동요음반들을 정리해 보았다.

①《달콤한 어린이 영어동요 베스트: 원어민 어린이가 부르는 최신 영어동요 베스트 100》(소니뮤직, 2013)
②《달콤한 유치원 동요 베스트: 유치원 선생님이 뽑은 최신 유아 동요 & 유치원 동요 120선》(소니뮤직, 2013)
③《참 좋은 명품 영어동요 베스트 100곡》(서울미디어, 2013)
④《참 좋은 명품 유아동요 베스트 100곡》(서울미디어, 2012)
⑤《우리아이를 위한 아주 특별한 선물 : 유아동요 + 영어동요 + 동화》(서울미

디어, 2012)

⑥《신세대 엄마들이 뽑은 최신 창작 동요 베스트》(서울미디어, 2012)

⑦《드림아이와 함께하는 율동동요 2탄》(대윤미디어, 2014)

⑧《세상에서 가장 달콤한 유아동요 베스트》(Tune, 2007)

⑨《엄마, 노래 부르고 싶어요!—아이들이 가장 좋아하는 유아동요 베스트》(유니버설, 2013)

⑩《세계 명품 스타들이 부른 명품 영어동요 특선 70》(포니캐년, 2013)

⑪《세상에서 가장 아름다운 아카펠라 동요 명곡 45선》(서울미디어, 2012)

⑫《우리 아이에게 가장 들려주고 싶은 예쁜동요 & 영어동요 Best 100》(소니뮤직, 2012)

⑬《아름답고 달콤한 동요랑 동화》(서울미디어, 2011)

⑭《차에서 듣는 유아동요 100》(내츄럴리뮤직, 2011)

⑮《전세계 엄마들이 인정한 월드 No.1 팻시 비스코(Patsy Biscoe) 영어동요150》(비타민엔터테인먼트, 2009)[3]

이를 통해 몇 가지 사항을 확인할 수 있다. 우선, 동요음반은 모음곡 형태로 소비되며, 많은 곡을 수록하고 있다는 점이 구매의 기준이 되기도 한다는 사실을 확인할 수 있다. 이는 동요를 예술작품이 아니라 소비품, 특히 박리다매(薄利多賣)가 가능한 저가상품으로 파악하는 인식이 작용한 결과이다. 일반적으로 가요음반에는 10~20곡 정도가 수록된다는 사실을 감안하면 차이는 분명하게 드러난다. 물론 가요와 동요는 길이의 차이가 분명하기 때문에 단순비교는 어렵지만, 어떤 종류의 음반도 동요처럼 100곡 이상을 수록하고 있지는 않고, 분량을 판매

3 알라딘음반(http://music.aladdin.co.kr) 2014년 2월 3일 현재 판매현황. 크리스마스 캐롤과 애니메이션 주제곡 모음 음반은 순위에서 제외함.

전략으로 내세우지는 않는다. 그만큼 동요와 여타의 음악콘텐츠 사이에는 분명한 인식의 차이가 있는 것이다.

이러한 박리다매 전략의 문제는 너무도 분명하다. 수록된 노래의 양이 늘어날수록 질은 저하될 수밖에 없는 시스템이기 때문이다. 실제로 위에 제시했던 음반 중에서 5군데 이상에 중복 수록된 노래들을 도표로 정리하면 그 사실을 분명하게 확인할 수 있다.

구분	노래제목	수량
10군데 수록	〈머리 어깨 무릎 발〉, 〈예쁜 아기 곰〉, 〈우리 모두 다 같이(If You're Happy And You Know It)〉	총 3곡
9군데 수록	〈밀과 보리가 자라네(Oats, Peas, Beans and Barley Grow)〉	총 1곡
8군데 수록	〈반짝 반짝 작은 별(Twinkle, Twinkle, Little Star)〉, 〈생일축하노래〉, 〈아기 다람쥐 또미〉, 〈아빠 힘내세요〉	총 4곡
7군데 수록	〈곰 세 마리〉, 〈귀여운 꼬마〉, 〈꼭꼭 약속해〉, 〈사과 같은 내 얼굴〉, 〈엄마 돼지 아기 돼지〉, 〈참 좋은 말〉, 〈호키포키(The Hokey Pokey)〉	총 7곡
6군데 수록	〈내 동생〉, 〈런던 다리(London Bridge is Falling Down)〉, 〈솜사탕〉, 〈숲 속 작은 집(Little Cabin In The Wood)〉, 〈악어떼〉, 〈올챙이와 개구리〉, 〈주먹 쥐고〉, 〈주전자(I'm a Little Teapot)〉, 〈피노키오〉, 〈ABC 노래(The Alphabet Song)〉	총 10곡
5군데 수록	〈괜찮아요〉, 〈꽃밭에서〉, 〈노을〉, 〈멋쟁이 토마토〉, 〈메리의 작은 양(Mary Had a Little Lamb)〉, 〈모두 다 뛰놀자〉, 〈빙빙 돌아라〉, 〈섬 집 아기〉, 〈아빠의 얼굴〉, 〈어린 송아지〉, 〈어린 음악대〉, 〈열 꼬마 인디언(Ten Little Indians)〉, 〈요기 여기〉, 〈코끼리와 거미줄〉, 〈하늘나라 동화〉	총15곡
합계		총 40곡

대부분의 동요음반에는 동요만 포함되지 않는다. 민요, TV프로그램 주제곡, 영화와 드라마 삽입곡, 애니메이션 주제가, 대중가요, CCM, 크리스마스캐럴, 가곡에 이르기까지 다양한 분야의 노래들이 별다른

구분 없이 수록되고 있다. 혹은 동요라 하더라도, 방송이나 애니메이션 등에서 소개되는 곡이 인기를 얻게 되기도 한다.

이런 상황이라면 시중에 유통되는 동요음반을 '동요'라고 부르기는 어려운 상황이다. 어린이가 부를 수 있을 만한 노래 모음, 혹은 어린이에게 들려줄 만하다고 부모가 납득할 수 있는 모든 분야의 노래 묶음 정도로 개념을 정리하는 편이 현실에 부합된다.

3. 대결 혹은 화해

이것으로 상대는 분명해졌다. 세대에 상관없이 동요는 각종 엔터테인먼트 산업에서 파생된 노래들과의 대결을 피할 수 없다. 그 이유를 세태 변화나 음반 제작자들의 장삿속으로만 치부하기는 어렵다. 보다 근본적인 원인은 음반을 구입하는 부모들에게 있다. 동요와 그림책 등의 콘텐츠는 의사표현이 명확하지 않은 영유아 시기부터 제공되므로, 그 선택에 있어 부모의 결정이 절대적으로 작용하기 때문이다. 하지만 우리의 부모 중에는 "어린이들에게 어떤 노래가 필요한가?"라는 문제를 지속적으로 고민하는 경우가 드물다.

해답을 찾기 위해서는 아동문학의 기능을 참고할 필요가 있다. 아동문학연구가 이원수는 "아동문학은 성인의 것을 쉬운 말로 풀이한 것이 아니라, 아동 사회의 문학으로서 아동 시절에 필요한 마음의 양식으로 제공되는 것"[4]이라고 설명한 바 있다. 이는 동요에도 그대로 적용될 수 있겠다.

4 이원수, 『아동문학 입문』, 한길사, 2001(개정판), 18쪽.

왜 엔터테인먼트를 지양하고, 동요를 고취시켜야 하는가? 동요가 아이들에게 '마음의 양식'을 제공하는 것을 추구하는 반면, 엔터테인먼트 산업에서 파생된 노래들의 대부분은 그렇지 않기 때문이다.

동요음반에 수록되어 있는 대중가요와 가곡은 "성인의 것을 쉬운 말로 풀이한 것"에 해당한다. 그러므로 전달하는 바가 아이들이 받아들이기에 적합하지 않거나, 적합하더라도 지나치게 추상적이거나 단순화된 탓에 아이들이 이해하기는 어려운 경우가 많다. 여기 해당하는 예로 유리상자가 부른 〈아름다운 세상〉을 들 수 있는데, 그 일부를 인용하면 다음과 같다.

> 문득 외롭다 느낄 땐 하늘을 봐요
> 같은 태양 아래 있어요, 우린 하나예요
> (……)
> 함께 있기에 아름다운 안개꽃처럼
> 서로를 곱게 감싸줘요 모두 여기 모여

이 노래의 멜로디는 어른과 아이 모두가 따라 부를 수 있을 정도로 쉽고, 함께 힘을 모아 세상을 아름답게 만들자는 가사 또한 건전하다. 하지만 이는 어디까지나 어른의 시각일 뿐이다. 인용된 부분에 제시된 '외로움'이나 '소통' 등의 개념은 아이가 이해하기에 지나치게 추상적이다. 물론 따라 부를 수야 있다. 하지만 이해를 수반하지 못한 노래가 '마음의 양식'이 되기는 어려운 일이다. 더구나 노래를 통해 세상을 배워나가는 아이들을 대상으로 할 경우에는 더욱 그러하다.

구체적인 이야기를 전달하는 TV프로그램 주제가, 애니메이션 주제가, 아동용 영화·드라마 삽입곡 등에도 문제가 있다. 1987년 KBS에서 처음 방송된 이후 꾸준하게 인기를 끌고 있는 〈아기 공룡 둘리〉의 주제가를 예로 들어보겠다.

> 요리보고 조리봐도 알 수 없는 둘리, 둘리
> 빙하타고 내려와 친구를 만났지만
> 1억 년 전 옛날이 너무나 그리워
> 보고픈 엄마 찾아 모두 함께 나가자

노래만 듣고 애니메이션을 접하지 않은 아이들이라면 둘리가 누구인지, 왜 빙하를 타고 왔고, 무엇 때문에 1억 년 전을 그리워하는지, 그리고 어떻게 엄마를 찾겠다는 것인지 알아차리기 힘들다. 그런데도 이 노래는 자주 불리고 있으며, 여러 음반에 수록되기도 했다. 음반을 구입하는 어른들에게는 이 노래가 전혀 낯설지 않기 때문이다. 어른들은 〈아기 공룡 둘리〉를 보고 자란 탓에 별다른 설명 없이도 내용을 알아들을 수 있다. 그러기에 자신의 아이들 역시 똑같이 이해했으리라고 착각하는 것이다.

이처럼 애니메이션 주제가처럼 이야기성이 강한 노래들은 작품 내용을 알면 노래에 대한 이해력도 높아지고, 그 반대의 경우에는 노래도 이해할 수 없게 된다. 아이들에게 외면 받던 〈아기 공룡 둘리〉가 2009년 SBS에서 새로운 시리즈를 방영하면서 다시 주목받게 된 이유도 그 때문이다.[5] 이러한 주제가의 특징은 장점도 한계도 될 수 있지만, 아이가 처음으로 접하는 문화콘텐츠인 동요에서는 한계로 작용하

5 〈2009 아기 공룡 둘리〉는 김수정 작사, 오윤석 작곡으로 새로운 주제가를 공개했지만 별다른 반향을 일으키지 못했다. 오히려 예전 주제가가 더욱 널리 불리게 된다. 이는 동요음반을 통해서 아이들이 이미 예전 주제가에 익숙한 상태이고, 만화영화를 시청함으로써 내용을 알게 되어 노래에 대한 이해도가 높아졌으며, 그를 토대로 부모와 함께 노래를 부를 수 있게 되었기 때문이라고 판단한다.

기 쉽다.

동요는 여타 분야의 약점을 효과적으로 극복할 수 있는 콘텐츠이다. 어린이를 대상으로 한다는 목표가 분명하기 때문에, 추상성과 관념성을 극복하고 구체적인 이야기가 제시될 수 있고, 그것이 노래 안에서 시작되고 끝나는 완결성을 가지고 있기 때문이다. 다만 애니메이션이나 방송프로그램의 주제가에 비해서 화제성이 부족하다는 약점이 있는데, 이는 아동문학을 원작으로 하는 문화콘텐츠를 지속적으로 개발한다면 충분히 극복할 수 있는 문제이다.

정리하자면, 동요는 이제 엔터테인먼트 산업에서 파생된 여러 노래들과 경쟁할 수밖에 없는 상황이 되었는데, 그를 위해서는 동요에 여러 가지 흥미요소를 도입하는 것이 대결 방법 중의 하나가 된다고 하겠다. 구체적인 도입 방안에 대해 살펴보기 전에 먼저 현재 유통되고 있는 동요의 문제점부터 살펴보도록 하자.

4. 동요, 변해야 산다

동요는 전래동요와 창작동요로 나뉜다. 우리가 관심을 기울여야 하는 것은 너무도 당연하게도 두 가지 모두이다. 이 둘이 서로를 보완해 주지 못하면 동요의 부흥을 꽤하기 어렵다.

동요가 가진 문화콘텐츠로의 가능성을 살피면서 전래동요 운운하는 것은 다소 시대착오적으로 보이기도 한다. 그러나 새로운 것일수록 근원에서 비롯된 경우가 많다는 사실을 간과해서는 안 된다. "옛아이들 노래 속에 우리 창작동요가 가야할 길이 다 숨어 있다"[6]는 온고지신(溫故知新)의 자세야말로, 엔터테인먼트 산업에 맞서 동요를 부흥하려는 우리에게 필요한 관점이다.

더욱이 영어 조기교육 열풍에 발맞춘 동요음반이 출시되고 있는 현실을 고려하면 전래동요의 중요성은 더욱 높아진다. 실제로 앞서 살펴본 판매율 15위권 내의 동요음반 중에서 여섯 가지가 영어 동요를 수록하고 있다.

물론 영어 교육 그 자체를 문제라고 할 수는 없다. 세계화시대에 외국어 구사 능력의 필요성이야 누구나 인정하는 것이고, 외국어 학습에서 조기 교육의 효율성 역시 이미 입증된 것이기 때문이다. 하지만 그것이 동요와 결합된다면, 이는 매우 심각한 위험요소가 된다.

동요는 아이가 태어나서 처음으로 접하는 문화콘텐츠이다. 이는 동요가 문화집단에 대한 인상을 결정하는 중요한 단서가 되고, 구성원들의 정체성을 확립하는 토대로 작용하게 된다는 뜻이다. 그럼에도 이를 모국어가 아닌 외국어로 대체하려는 것은, 매우 몰상식하면서도 비효율적이며 반교육적 태도이다.

이 문제는 비단 영어동요에 한정되는 것이 아니다. 한국 동요 중에서도 무분별하게 외국어를 남용한 작품이 적지않다. 〈인사〉, 〈인사노래〉, 〈아침에 일어나서 굿모닝〉 등등의 제목으로도 통용되고 있는 〈영어인사노래〉가 여기에 해당한다. 이를 작사·작곡한 것으로 알려진 이요섭은 여러 동요 제작에 참여하여 좋은 노래를 많이 남겼지만, 유독 이 노래의 가사만큼은 별다른 의미를 찾아보기 어렵다. 여기에는 어떠한 이야기도 의도도 없다. 지극히 초보적인 영어 정보가 포함되어 있을 뿐이다. 그러니 유아를 대상으로 한 영어교육 현장이 아니라면 이 노래의 쓰임새는 도무지 짐작할 수 없다. 앞에 인용한 이원수의 표현에 따

6 이재복, 『우리 동요 동시 이야기』, 우리교육, 2004, 237쪽.

르자면 "아동 시절에 필요한 마음의 양식"이 제공되지 않는 것이다.

아침에 일어나서 굿모닝
점심을 먹은 후에 굿에프터눈
친구와 헤어질 때 굿바이
잠자리 들기 전에 굿나잇

아이들에게 있어 외국어만큼이나 낯선 언어가 있다. 바로 옛날 말이다. 비록 모국어일지라도 지금 사용하지 않은 언어는, 아이들의 이해를 방해하는 장애물로 작용한다. 안타깝게도 현재 유통되는 동요들 중 많은 수에는 이런 장애물이 포함되어 있다.

최근 어린이노래에 대한 관심이 증가하면서, 새로운 노래들이 꾸준하게 발표되는 추세이지만 여전히 일제강점기와 1950년대부터 1970년대 사이에 발표된 곡들도 다수 유통되고 있다. 명작의 가치를 폄하하는 것은 아니다. 오랫동안 널리 불린 노래는 분명히 나름의 매력을 가지고 있다. 다만, 명작이라고 하더라도 시대에 맞게 표기가 바뀌어야 하며, 나아가 내용 중 일부를 수정하는 방안도 고려되어야 한다.

예를 들어보자. 아래 인용된 〈햇볕은 쨍쨍〉은 여러 세대에 걸쳐 아이들이 자주 불렀던, 그리고 지금도 부르고 있는 노래이다. 하지만 이 노래에는 다음과 같은 세 가지 문제점이 포함되어 있다.

햇볕은 쨍쨍 모래알은 반짝
모래알로 떡 해놓고 조약돌로 소반 지어
언니 누나 모셔다가 맛있게도 냠냠

햇볕은 쨍쨍 모래알은 반짝
호미 들고 괭이 메고 뻗어가는 메를 캐어
엄마 아빠 모셔다가 맛있게도 냠냠

첫째, "소반 지어"라는 구절이 문제이다. '작은 밥상'을 의미하는 '소반(小盤)'도 다소 생소하지만, '~을 만들다' 혹은 '거짓으로 꾸미다'라는 뜻을 가진 '짓다'가 활용된 '지어' 역시 아이들에게는 낯선 용법이다.

둘째, "언니 누나 모셔다가"에서 '언니'라는 표현이 문제이다. 이는 두 가지로 해석할 수 있다. 우선 부르는 아이의 성별을 고려한 것으로, 여자 아이가 부를 때는 '언니'를 모시고 남자 아이가 부를 때는 '누나'를 모신다고 파악하는 것이다. 유치원 등의 교육현장에서도 이렇게 가르치는 경우가 많다고 한다. 그러나 이 해석에는 다소 의문이 남는데, 2절의 마지막 구절 "엄마 아빠 모셔다가"와 연결하면 화자가 여러 명으로 설정되었다고 보기 어렵고, 또 수사법 상으로도 엄마(여성) – 아빠(남성)의 구성과 언니(여성) – 누나(여성)는 짝이 맞지 않는다.

이러한 의문은 '언니'를 "동성(同性)의 손위 형제를 이르는 말"이라는 본뜻으로 파악하면 해소할 수 있다. 요즘에는 '언니'라는 말이 자매 사이에서만 쓰이는 말로 한정되었지만, 이는 본래 성별의 구분이 없었다. 더구나 노래가 발표되었던 1920년대에는 남자 형제 사이에도 흔히 쓰였다. 이렇게 보면 이 노래는 남자아이가 화자가 되는 것이고, 이는 2절의 남녀 구성과도 짝을 이루게 된다. 이 견해에 힘을 더해주는 자료가 2007년 발견되었다. 노래의 원작이 되는 동시의 3연 "햇볕은 쨍쨍 모래알은 반짝/돌아가신 사촌누이/눈동자가 그리워서/종일토록 강변에서/섧게도 울었어라"라는 구절이 그것이다.[7] 여기 제시된

'사촌누이'라는 표현을 통해 화자가 남자아이라는 사실을 확인할 수 있다.

셋째, 2절의 "뻗어가는 메를 캐어"라는 구절이 문제이다. 여기에서 '메'는 메꽃(旋花)의 땅속줄기를 뜻하는데, 이를 봄에 캐어 나물로 먹는다. 그러므로 '메'는 노래의 시간 배경까지 알 수 있는 중요한 어휘이지만, 이를 알고 있는 아이들이 드물다. 도시에서는 이 꽃을 발견하기 쉽지 않고, 나물 캐는 일을 경험하는 경우도 많지 않기 때문이다.

이처럼 동요음반 속에는 아이들이 이해하기 어려운 옛날 말과 상황이 함정처럼 숨어있다. 하지만 어른들은 이를 알아차리지 못한다. 어느덧 자신의 발이 커다랗게 자랐고 눈높이까지 높아진 탓에, 아이들은 함정에 빠질 수도 있다는 사실을 잊어버린 것이다. 다시 아이들의 눈높이로 돌아가야 한다. 찬찬히 고치고 다듬어 요즘 노래로 만들어야 한다. 이는 전래동요를 채록하고 편곡하여 현대화하는 작업과 유사하다. 이것이 전래동요가 창작동요에게 주는 또 하나의 가르침이다.

5. 어린이노래를 위한 길찾기

마지막으로 어린이노래의 문화콘텐츠적 활용가능성에 대해서 살펴보겠다. 지금까지의 논의를 통해서 현재 유통되는 동요음반에는 여러 문제가 있다는 사실이 확인되었다. 그러나 문제는 결코 한계가 아니

7 그동안 〈햇볕은 쨍쨍〉은 1928년 발간된 『조선동요선집』에 수록된 내용에 따라 최옥란 작사로 알려졌는데, 사실은 1924년 발간된 휘문고등보통학교 교지에 수록된 교내 백일장 시 부문 가작수상작이라는 주장이 제기되었다. 원작이 되는 시의 저자는 궁창현으로, 여기에는 노래에는 없는 세 번째 연이 덧붙여져 있다. : 최재봉, 「'햇볕은 쨍쨍…' 진짜 작사가 따로 있다」, 《한겨레신문》, 2007.09.16. 참고.

다. 노력에 따라서 얼마든지 극복할 수 있기 때문이다.

우선, 어린이노래에 대한 인식을 바꿔야 한다. 그동안 동요는 싼 값에 많이 구입해서 한동안 사용하다 버리는 소모품으로 인식되었고, 저작권에 대한 의식도 매우 희박했다. 이를 바로 잡아 동요의 구매와 향유에 정당한 가치를 부여하는 분위기를 확산시켜야 한다. 이를 위해서는 동요의 예술적 완성도를 높여 하나의 작품으로 만들며, 그와 함께 엔터테인먼트 요소를 적극적으로 도입하여 소비자의 흥미를 유발하는 노력이 진행되어야 한다. 다각적인 방향에서의 홍보 또한 병행되어야 할 것이다.

예술적 완성도를 높이기 위해서는 의미 있는 가사의 발굴, 새로운 노래 형식의 개발, 내용과 형식의 조화를 통한 완성도 향상 등이 이루어져야 한다. 이 과정에서 그동안 문학 분야에서 성취를 이루었던 동시와 동화는 매우 활용도 높은 원재료가 될 수 있다.

여기 해당하는 예로 《백창우 아저씨네 노래창고》 시리즈가 있다. 어린이노래 모임 '굴렁쇠아이들'이 부른 이 음반은 지금까지 12장의 CD로 발매되었는데, 1~4번째는 우리의 전래동요들을 채보하고 편곡한 노래들이, 5~8번째는 이원수의 동시에 곡을 붙인 노래들이, 9~10번째는 이문구의 동시에 곡을 붙인 노래들이, 11~12번째 음반은 백창우의 창작 동요들이 수록되어 있다. 이런 노력들은 더욱 장려하고 확산시켜야 할 것이다.

사소해 보이지만, 중구난방으로 혼란스러운 표기를 통일하는 일 또한 중요하다. 현재 유통되는 동요음반들은 제목조차 정리되지 않았다. 앞서 살펴본 〈영어인사노래〉가 대표적인 예이고, 이외에도 상당수의 동요도 같은 사정이다. 여기에 옛 표현의 현대화 작업도 함께 진행되어야 한다. 이런 작업들은 여러 분야의 전문가들이 참여하여 다양한 관점에서 검토하고 수정 방안을 마련하여, 이를 동요 소비자들과 함께 논의하는 과정이 필요하다. 누구라도 앞장서야 하는 일이지만, 개인이 감당하기는 매우 어렵다. 학회나 전문 잡지가 중심이 되어 하나의 문화운동으로 발전시켜야 할 것이다.

엔터테인먼트 요소의 도입과 관련해서는, 동요 자체의 노력과 그를 활용한 새로운 콘텐츠의 개발로 나누어 살펴볼 수 있다. 사실 동요의 완성도가 높아지면 흥미는 자연스럽게 확보되기 마련이다. 블록버스터가 아니더라도 잘 만들어진(well-made) 영화에 관객이 몰리는 것과 같은 이치이다.

소재 발굴에 있어서는 약간의 기교가 필요한데, 요즘 아이들이 쉽게 접할 수 있는 사물을 다루는 편이 아이들의 주의를 집중시키기에 유리하다. 최근에 발표되어 호평 받은 노래 중에서는 〈올챙이와 개구리〉, 〈멋쟁이 토마토〉, 〈솜사탕〉 등이 여기에 해당하는 예이다.

새로운 콘텐츠의 개발은 다소 복잡하다. 먼저 주제가를 살펴보겠다. 앞서 TV프로그램이나 애니메이션의 주제가가 매우 높은 몰입도를 가진다는 사실이 확인되었다. 하지만 그 대부분이 방송 내용을 요약하는 수준에서 가사가 만들어진다는 것이 문제였다. 물론 주제가도 프로그램의 일부분이지만, 그러면서도 나름의 완성도를 갖춘 독립된 작품이 되어야 한다.

다음으로 동시와 동요를 원작으로 한 문화콘텐츠를 만드는 방법도 가능하다. 이미 「강아지 똥」이나 「오세암」 등이 애니메이션으로 만들어졌고, 그 과정에서 주제가들이 주목받기도 했다. 다만 전반적인 분위기가 지나치게 차분하다는 점이 아쉽다. 흔히 '정한'을 한국의 정서

▲ 〈날아라! 호빵맨〉 극장판 포스터

라고 하지만, 그것은 '신명'과 '흥' 등과 짝을 이룬다는 사실을 간과해서는 안 된다. 어린이문화콘텐츠에서 어떤 감정을 더 중요하게 다루어야 하는 지는 구태여 부연할 필요가 없을 것이다.

이러한 조건에 부합되는 노래로 야나세 다카시(やなせたかし)의 동화를 원작으로 제작된 애니메이션 〈날아라! 호빵맨(それいけ! アンパンマン)〉의 주제가를 들 수 있다. 우선 이 노래는 행진곡 느낌의 활기찬 멜로디를 사용하고, 유사한 음을 반복 사용하여 단순하면서도 경쾌한 리듬을 만들어냈다.[8] 가사에 있어서는 애니메이션의 내용을 직접적으로 제시하지 않으면서도, 작품의 주제를 드러내어 유사성을 획득하는 방법을 활용했다. 이를 통해서 이 노래는 애니메이션의 주제곡이면서도 독립적인 성격을 획득할 수 있었다. 이와 같은 사실은 일본 주제가와 한국 주제가를 비교하면 분명하게 확인할 수 있다. 일본 주제가[ⓐ]는 명료한 어휘를 사용하여 주제를 전달하고 있으나, 한국 주제가[ⓑ]는 호빵맨이라는 캐릭터를 설명하고 있을 뿐이다. 요컨

8 반복의 효과가 잘 드러난 부분은 "그래, 기쁜 걸. 살아가는 즐거움. 가슴에 상처가 있다고 해도. 아아, 앙팡맨[호빵맨], 상냥한 너는. 가라, 모두의 꿈을 지키기 위해(そうだうれしいんだ。生きるよろこび。たとえ胸の傷がいたんでも。ああ、あんぱんまんやさしい君は。いけ、みんなの夢まもるため。)"라는 후렴구이다. 이중에서도 'ああ、あんぱ'처럼 감탄사를 이용하여 같은 음을 연달아 제시하는 방식이 특히 주목된다.

대 일본 주제가 쪽이 작품을 본 사람과 보지 않은 사람 모두가 즐길 수 있도록 세심하게 배려된 것이다.

ⓐ 무엇이 너의 행복이고, 무엇을 하며 기뻐하나
알지도 못한 채 끝나는 건 싫어
잊지 말아줘 꿈, 흘리지 말아줘 눈물
그래서 너는 나는 거야 어디까지라도[9]

ⓑ 밀가루로 만든 호빵맨, 용감한 친구 호빵맨
단팥으로 만든 호빵맨, 다정한 친구 호빵맨
하늘을 나는 호빵맨, 나쁜 짓 하는 건 못 참아
그러나 언제나 인정 많은 우리의 친구

어린이노래를 문화콘텐츠로 활용할 경우, 가장 절실하게 요구되는 부분은 홍보이다. 요즘처럼 수많은 작품이 쏟아져 나오는 상황에서 홍보는 매우 중요한 역할을 담당하기 때문이다. 아무리 좋은 노래가 만들어졌다 해도 사람들에게 알려지지 않는다면 무슨 소용이 있겠는가.

가장 시급한 것은 새로운 동요를 발표하고 지속적으로 홍보할 수 있는 창구를 마련하는 일이다. 물론 MBC와 KBS에서 각각 주관하는 창작동요제를 통해 창작동요가 꾸준히 발표되고 있기는 하다. 하지만 이들은 단발적인 행사로 지속성이 크지 않으며, 행사가 거듭될수록 노래와 표현이 전형화되고 있다는 비판이 제기되고 있다. 이는 콘테스트 방식이 가진 시스템적 한계이다. 지속성을 높이기 위해서는 단기간의

9 이 부분의 일본어 가사는 다음과 같다. "なにが君の幸せなにをしてよろこぶ。わからないまま終わるそんなのはいやだ。忘れないで夢をこぼさないで涙。だからきみはとぶんだどこまでも。"

경쟁이 아니라, 인터넷 등을 통해 수시로 새 작품을 접수받고 주기적으로 콘테스트를 개최하는 방안이 가능할 것이다. 식상함을 피하기 위해서는 전문가뿐만 아니라 동요 소비자들이 직접 심사에 참여하도록 만드는 방법이 가능하다. 소비자들의 안목이야말로 유연하고도 정확한 심사기준이기 때문이다.

교육기관들과 연계하여 행사를 진행하는 방안도 고려할 수 있겠다. 이는 일종의 '타기팅(Targeting)' 홍보방법이라 하겠는데, 막연한 대상에게 무차별적인 홍보를 하는 것보다, 동요에 관심이 있거나 관련 업종에 종사하는 이들에게 집중적인 홍보를 실시하는 것이다. 유치원 및 초등학교 교사를 대상으로 하는 동요 교육연수, 동요합창반 또는 동요율동반 등의 특별활동 모임, 동요·동시창작 동인회, 동요를 비롯한 여러 어린이문화콘텐츠 체험 캠프 등이 가능할 것이다.

구체적인 홍보 방안은 진행상황에 따라 여러 가지로 도출될 수 있다. 하지만 어떤 방안을 활용하던지 조직적이고 체계적으로 진행될 때, 보다 큰 효과를 거둘 수 있을 것이다.

처음은 언제나 중요하다. 문화체험 역시 마찬가지. 가장 먼저 접한 작품이 그 사람의 감수성을 형성하는 데 중요한 영향을 행사하기 때문이다. 이 당연한 논리야말로 동요의 중요성에 대한 명백한 증거이며, 어린이문화콘텐츠 탐구의 출발점이다.

하지만 논리의 명백함에 비해 실천이 부족했다. 첫 번째 문화체험의 중요성에는 동감하면서도, 정작 "어떤 작품을 어느 방식으로 경험하게 할 것인가?"라는 질문에는 마땅한 답을 내놓지 못했다.

변명의 여지가 없다. 어른들의 무관심과 게으름 때문에 아이들이 문화콘텐츠의 깊은 숲 속에 방치된 것이다. 숲에는 신기하고 재미있는 것들이 잔뜩 있지만, 바로 그렇기 때문에 길을 잃기 쉽다. 어디로 가야 하는가? 일단 숲으로 들어온 이상, 아무도 모른다. 그저 자기 발밑을 확인할 수 있을 뿐, 그리고 뒤따라올 누군가를 위해 빵 조각을 떨어뜨릴 수 있을 뿐이다. 숲은 여전히 깊고, 길은 아직 보이지 않는다. 하지만 우리는 멈추지 않고 걸어야 한다. 부디 배고픈 동물들이 빵 조각을 먹어치우지 않기를 바라면서. 마녀가 기다리는 과자로 만든 집과 마주치지 않기를 기원하면서.

tag 어린이노래, 동요, 영어동요, 아름다운 세상, 아기 공룡 둘리, 영어인사노래, 햇볕은 쨍쨍, 백창우 아저씨네 노래창고, 날아라! 호빵맨

08

Myth

전승과 창조 사이에서 길을 묻다

전승과 창조 사이에서 길을 묻다

1. 신화의 가치와 운명

> 무슨 일이 일어날지 난 다 알고 있다. 그 어떤 고통도 예기치 않았던 것은 없어. 참고 견디는 수밖에. 운명이 내게 보내준 그것을 되도록 가볍게 견뎌 보아야지.[1]

신화는 시작에 대한 질문이다. 그것만으로도 우리가 신화를 배우고 익혀야 하는 이유는 충분하다. 우리는 어디에서 비롯되었는가, 세상은 언제 어떻게 만들어졌는가, 감당하기 힘든 고통과 위험 속에서도 어째서 삶이 유지되는가. 사춘기 무렵 뜬금없이 떠오르곤 했던 생각과도 같은 이런 물음이야말로 신화의 출발점이다.

그런 점에서 신화는 인류의 사춘기에 대한 기록이라고 할 수 있다. 먹고 자고 싸는 본능 충족을 위한 삶만으로 만족할 수 없게 되는 시기,

1 Aiskhúlos, 김세영 역, 「결박당한 프로메테우스(*Promētheus Desmōtēs*)」, 『희랍 비극』 1권, 현암사, 1994(개정판), 29쪽.

눈에 보이지는 않지만 어딘가에 있을 위대하고 절대적인 가치를 동경하게 되는 시기, 그리하여 현실에 반항하고 위험에 맞서 모험을 시작하는 시기, 바로 그런 시기에 만들어진 이야기이기 때문에 신화는 그대로 정체성에 대한 탐구로 이어진다.

물론 자신의 정체를 몰라도 살아갈 수야 있다. 하지만 그것은 사춘기 이전의 삶이다. 평온하지만 무지하고, 순진하지만 폐쇄적이며, 안전하지만 종속적인. 이러한 삶이 한없이 계속될 수는 없는 법이다. 나이 먹을수록 알아야 하는 것들은 늘어나고, 관계는 점차 복잡해지며, 독립적인 생활을 꾸려야만 한다. 선택의 문제가 아니다. 누구도 피할 수 없는 성장의 과정이다. 그런 까닭에 성장은 언제나 고민과 아픔을 동반한다.

사춘기 무렵의 아이들에게 예술교육이 필요한 이유도 여기에서 찾을 수 있다. 이 경우 예술은 일종의 예방주사와 같은 작용을 한다. 앞으로 겪어야만 하는 고민과 아픔을 간접적으로 경험하도록 만들어 면역력을 기르도록 도와준다.

예술의 여러 분야 중에서도 이런 역할을 주로 담당했던 것은 문학이다. 이는 문학에 포함되어 있는 이야기의 특성 때문이다. 우리 삶은 그 자체로 하나의 이야기이다. 세부적인 구성요소들이야 상이하겠지만 인간은 누구나 각자의 이야기를 만들어가는 스토리텔러(sotryteller)이다. 그러므로 우리는 이야기를 감상하면서 삶을 관찰할 수 있고, 그를 바탕으로 자신의 이야기를 보다 가치 있게 만드는 방법을 배우게 된다.

문학의 교육적인 기능은 오래도록 지속되었으며, 신화 역시 문학의 한 영역으로써 같은 역할을 수행해 왔다. 결코 짧지 않은 기간 동안 신화는 사춘기 무렵의 아이들에게 세상과, 인간과, 민족의 정체성을 가르치는 교재로 활용되었다. 하지만 문자가 발명되면서 신화의 지위는 서서히 약화되기 시작했다. 부모와 선생들은 보다 현실적인 가르침을 선호했고,[2] 출판기술이 발달한 이후로는 어린이를 대상으로 하는 문학 작품들이 보급되면서 신화의 역할을 대신했다.

이제 신화의 시대는 끝났다. 사춘기를 벗어난 인류의 관심은 다시 세속으로 향했다. 전설을 지나 민담으로, 엄숙한 절대자의 품을 벗어나 경망스럽지만 친근한 이웃에게로 내려간 것이다. 온갖 새로운 이야기들이 범람할수록 신화의 위상은 낮아졌다.

하지만 어쩔 수 없었다. 정의롭고 아름다우며 조화로운 시대가 막을 내리면 퇴락과 고통의 시기가 찾아오는 것이 이 세상의 운명이다.[3] 운명이 몰고 오는 그 가공할 힘 앞에서 우리가 할 수 있는 일은 아무 것도 없다. 인간들을 사랑했던 까닭에 신들에게 버림받은 프로메테우스의 독백처럼, 그저 참고 견디는 수밖에.

2. 신화 열풍, 마주하기

21세기 들어 운명을 역행하는 일이 일어났다. 신화에 대한 이야기들이 다시 활발하게 만들어지기 시작한 것이다. 그건 분명히 예사롭지 않은 일이었다. 물론 그 동안에도 신화를 변용한 예술작품이 여러 편

2 이러한 교육 경향은 현대에만 국한되는 것이 아니다. 공자의 말씀을 기록한 『논어(論語)』의 술이편(述而篇)에는 "괴력난신은 이야기하지 않는다(子不語怪力亂神)"라는 구절이 있는데, 후대의 학자들은 이를 근거로 신화를 허무맹랑한 이야기로 몰아 교육에서 배제시키고는 했다.

3 이는 일종의 '퇴행사관'이라고 설명되는데, 그리스신화를 비롯한 여러 나라의 신화에서 발견되는 인식방법이다. 우주의 생성과 신들의 탄생 및 계통을 정리한 『신들의 계보(*Θεογονία*)』와 신화의 교훈을 당대의 일상에 적용하려 했던 『일과 날(*Ἔργα καί Ἡμέραι*)』 등의 저술을 남긴 헤시오도스(Hēsíodos)는 황금시대, 은(銀)시대, 청동시대, 영웅시대, 철(鐵)시대라는 시대 구분을 제시했다. 즉, 시대는 차츰 퇴락하고 있으며, 그에 따라 인간의 삶이 괴로워져서 "필멸의 인간들에게 쓰라린 고통만 남게 될 것인즉 재앙을 물리칠 방도가 없을 것"(Hēsíodos, 천병희 역, 「일과 날」, 『신들의 계보』, 숲, 2009, 111쪽.)이라는 설명이다. 이와 같은 시대 인식은 이후 서구의 신화에 많은 영향을 주었다.

창작되기는 했다. 당연한 일이다. 신화는 인간이 만들어낸 이야기들의 원형이기 때문이다. 하지만 이처럼 다양한 장르에서 동시다발적인 창작이 이루어진 경우는 없었고, 각 장르의 작품들이 고르게 호응을 얻은 경우도 없었다. 신화는 하나의 사회현상이 되었으며, 호사가들은 이를 '신화 열풍'이라고 불렀다.

열풍의 기원은 분명하지 않다. 물론 파급력의 측면만을 살피면 할리우드를 중심으로 하는 영화산업의 역할을 간과할 수 없다.[4] 그러나 한국 문화콘텐츠 시장만을 대상으로 할 경우, 신화 열풍은 그보다 앞서 시작되었다고 단언할 수 있다. 그리고 그 중심에는 한 명의 위대한 스토리텔러가 위치한다. 소설가이자 번역가이고 신화 전문 강연자였던 이윤기가 바로 열풍을 일으켰던 장본인이다.

2000년 6월, 그는 『이윤기의 그리스 로마 신화』 제1권을 출간한다. "신화를 이해하는 12가지 열쇠"라는 부제목을 달고 있는 이 책은 기존의 신화 해설서와 분명하게 구분되었다. 이전의 책들이 원전에 대한 충실한 번역과 정리를 목표로 삼았다면, 이 책은 독창적인 해석의 필요성을 전면에 내세웠다. 즉 옛이야기의 재현이 아니라, 그것을 재료로 삼아 새로운 이야기를 창작하겠다는 의지를 분명하게 표명한 것이다.

> 미궁은 거기에 들어가지 않으려는 사람에게는 존재하지 않는다. 신화도 그 의미를 읽으려고 애쓰지 않는 사람에게는 존재하지 않는다. 그런 뜻에서 신화는 미궁과 같다. 신화라는 미궁 속에서 신화의 상징적인 의미를 알아내기란 여간 어려

4 아킬레스를 주인공으로 내세워 트로이전쟁을 다룬 〈트로이(*Troy*)〉(2004)를 시작으로, 페르세우스 이야기를 다룬 〈타이탄(*Clash Of The Titans*)〉(2010), 테세우스 이야기를 다룬 〈신들의 전쟁(*Immortals*)〉(2011) 등이 차례로 만들어졌으며, 신화에 제시된 내용은 아니지만 크로노스와 제우스의 가상대결을 다룬 〈타이탄의 분노(*Wrath Of The Titans*)〉(2012), 신화를 현대에 적용시킨 판타지물 〈퍼시 잭슨과 번개 도둑(*Percy Jackson & The Olympians: The Lightning Thief*)〉(2010) 등이 제작되기도 했다.

운 일이 아니다. 그러나 방법이 있다. 독자에게는 아리아드네의 실타래가 있다.

그것은 무엇인가? 바로 상상력이다. 열두 꼭지의 글을 신화 이해의 열쇠로 삼은 이 책은 필자가 신화의 상징적인 의미를 해석한 책이 아니다. 열두 꼭지의 글에는 신화 이해와 해석에 필요한 열두 개의 열쇠가 숨겨져 있다. (……) 독자들이 마음대로 열기를 바란다. 필자의 해석은 필자의 실타래지 독자를 위한 아리아드네의 실타래는 아니다.[5]

위의 인용을 통해 확인되는 것처럼, 『이윤기의 그리스 로마 신화』는 신화에 내포된 이야기들을 주제별로 정리한 책이다. 2002년 2월 "사랑의 테마로 읽는 신화의 12가지 열쇠"라는 부제목을 달고 2권이 발표되었고, 2004년 8월에 "신들의 마음을 여는 12가지 열쇠"라는 부제목으로 3권이, 2007년 10월에는 헤라클레스의 생애를 다룬 4권이 발표되었다. 2010년 8월 작가가 심장마비로 타계하면서 시리즈가 중단되는 듯 했으나, 유고가 발견되어 같은 해 10월에 황금양털을 찾아 떠난 '아르고 원정대'의 모험을 다룬 5권이 마저 발표되었다.

이윤기의 저작은 그 자체로도 인기를 끌었지만, 신화에 대한 관심을 환기시켜 후속 작업이 이루어질 수 있는 토대를 만들었다는 점에서 더욱 큰 가치를 가진다. 바로 이것이 신화와 관련된 어린이 문화콘텐츠 작품이 다수 등장할 수 있었던 배경으로 작용했다.

한국 문화콘텐츠 시장의 문제 중 하나는 다양성의 부족이다. 특히 어린이 문화콘텐츠는 학습과 오락으로 양분되어 중간지점을 형성하지 못하고 있다. 이는 시장의 확대를 방해하는 주요 원인으로 작용한다. 어린이 문화콘텐츠는 필연적으로 교육적 측면을 고려할 수밖에 없는

5 이윤기, 「들어가는 말」, 『이윤기의 그리스 로마 신화』, 웅진닷컴, 2000, 10쪽.

데, 현재 통용되고 있는 교과서 중심의 학습 개념으로는 아무래도 창작 범위가 한정될 수밖에 없기 때문이다. 이러한 한계를 극복하기 위해서는 교육의 개념과 범위를 확장시킬 필요가 있다.

교육은 학교 현장에서만 이루어지는 것이 아니다. 지식사회로의 진입에 따른 평생학습의 중요성은 차치하더라도, 어린이들을 대상으로 하는 교육의 범위는 보다 폭넓게 규정될 필요가 있다. 삶과 문화를 체험하는 모든 활동, 그를 통해 정체성을 파악하고 가치관 형성에 기여하는 모든 활동을 교육으로 인정해야 한다. 요컨대 제도화된 학교 교육의 틀에서 벗어나, 온전한 의미에서의 교양 교육이 요구되는 것이다. 그런 점에서 신화는 지금도 여전히 효과적인 교육 콘텐츠로 활용될 수 있는 가능성을 가진다.

3. 신화 열풍, 비껴 보기

신화의 교육적인 가치는 교양의 측면에서 충분히 발휘될 수 있다. 그렇지만 현재까지 발표되었던 신화 관련 어린이 문화콘텐츠들이 이러한 면모를 갖추었다고 평가하기는 어렵다. 이제부터 해당 분야의 대표작이라고 할 수 있는 『만화로 보는 그리스 로마 신화』와 이를 원작으로 제작된 애니메이션 〈올림포스 가디언〉을 중심으로, 기존 작품들의 성과와 한계를 살펴보도록 하겠다.

가나출판사에 펴낸 『만화로 보는 그리스 로마 신화』는 2002년 2월에 발표된 "올림포스의 신들"을 시작으로 2005년 5월 "아이네이아스와 로마"에 이르기까지 총 20권이 발표되었고, 5권으로 구성된 특별

판이 만들어졌다. 이 시리즈는 한국출판마케팅연구소에서 선정한 '21세기 밀리언셀러' 중 하나로 선정된 바 있는데, 한국 만화 100년 동안 가장 많이 팔린 작품으로 추정되고 있다.

이 작품이 인기를 얻을 수 있었던 이유는 우선 만화가 가진 '도상성(圖象性)'에서 찾을 수 있다. 만화는 이미지를 매체로 활용한다는 점에서는 사진·영화·드라마 등의 영상예술과 유사하지만, 현실의 형상을 그대로 전달하기 보다는 그를 단순하고 추상적인 방식으로 표현한다는 점에서 분명한 차이를 가진다.[6]

그런데 도상(icon)은 지표(index) 및 상징(symbol)과 함께 신화에 내재된 여러 요소들을 설명하는 방법으로 활용되었던 것이다.[7] 예를 들어 그리스신화에서 아폴론은 올림포스 12신들 중의 하나로, 제우스와 레토의 아들이자 아르테미스와 오누이 관계라는 지표를 가지고 있다.[8] 또한 그는 예언, 속죄, 목축, 광명, 그리고 음악을 상징하는 존재이다. 이런 속성을 드러내기 위해 아폴론은 한 손에 악기를 든 청년의 모습으로 그려지곤 했다.

이처럼 신화는 도상을 활용하여 추상적인 내용을 구체적으로 표현했는데, 이것이 오랜 세월 반복적으로 사용되면서 전형적인 패턴으로 고착되었다. 만화는 이를 그대로 받아들여 캐릭터의 설정 및 표현에 십분 활용했다. 이러한 창작방법은 독자들이 작품을 친숙하게 받아들

6 Scott McCloud, 김낙호 역, 『만화의 이해(*Understanding Comics*)』, 시공사, 2002, 35~65쪽. 참고.

7 이 개념들은 철학자 퍼스(Charles S. Peirce)가 기호의 세 가지 유형으로 제시했던 것이다. 그에 따르자면 '도상'은 그것이 표현하는 대상과 유사하며, '지표'는 대상과 실존적 연결을 이루고 있고, '상징'은 대상과 어떤 연관이나 유사성이 없이 약속에 의해서 만들어진 기호이다(김경용, 『기호학이란 무엇인가』, 민음사, 1994, 40~42쪽.). 이러한 이론을 신화 연구에서 받아들여 구성요소들의 의미를 분석하는 방법으로 활용한 것이다.

8 「신들의 계보」에서는 아폴론의 지표를 다음과 같이 설명했다. "레토는 아이기스를 가지신 제우스와 사랑으로 교합하여 우라노스의 모든 자손들 중에서도 사랑스런 자식들인 아폴론과 화살을 좋아하는 아르테미스를 낳았다."(Hēsíodos, 「신들의 계보」, 앞의 책, 87쪽.)

▲ 아폴론 조각상과 만화 캐릭터의 유사성

이도록 유도했다. 특히 작품의 실질적인 구매자인 학부모들에게 큰 효과를 발휘했는데, 그들이 만화에 대해 품고 있던 거부감을 완화시키는데 도움이 되었다.

만화의 이야기 구조에 액자 형식이 활용된 까닭도 같은 맥락에서 이해할 수 있다. 『만화로 보는 그리스 로마 신화』는 지우와 지연이 남매에게 아빠가 신화를 들려준다는 설정의 겉이야기와 신화의 내용이 전개되는 속이야기로 이루어져 있다. 스토리텔링의 측면만을 고려하자면 속이야기만으로도 충분하다. 신화 자체가 이미 완결성을 갖추고 있는 까닭이다. 그럼에도 구태여 겉이야기를 추가했던 것은, 교육적인 목적을 고려한 설정이라고 판단된다.

이는 작품 서두 그리스 신화의 가치를 설명하는 부분에서 분명하게 드러난다. 이 장면에서 작가는 "미술뿐 아니라, 여러 분야에서 그리스

신화를 알아야 이해할 수 있는 것들이 아주 많아. 그리스 신화를 알면 인류의 문화와 문명이 보인다고 할 수 있어"[9]라는 아빠의 대사를 통해서 신화 교육의 필요성을 직접적으로 제시했다.

곁이야기를 통해서 이 만화는 신화의 전승자뿐만 아니라 해설자의 지위까지 획득하게 된다. 그리고 이러한 역할 변화는 어린이 문화콘텐츠의 스토리텔링 전략으로 매우 효과적이다.

신화는 적층(積層) 텍스트이다. 여러 시대의 다양한 문화가 혼융되어 이야기를 구성했기 때문에, 현재의 패러다임으로는 선뜻 받아들기 어려운 내용까지도 포함되어 있다. 그리스신화에서는 신들의 탄생과 관련된 부분이 대표적인 예인데, 그 내용 중 일부는 근친상간 혹은 존속살해로 파악될 여지가 있다. 물론 이는 신화에 내재된 상징성을 드러내기 위한 이야기 장치에 불과하다. 하지만 그런 사실을 감안하더라도, 어린이 대상 문화콘텐츠에서 이러한 이야기를 그대로 노출하는 것은 부담스러울 수밖에 없다.

부담을 경감시킬 수 있는 장치가 바로 해설이다. 『만화로 보는 그리스 로마 신화』도 이런 내용이 나오는 부분에서는 어김없이 곁이야기를 함께 제시해서 신화의 상징성을 환기시키고 있다. "그렇게 끔찍하다고 생각할 것은 없어. (……) 대자연의 엄청난 힘을 상징했을 뿐이야."(1권 27쪽), "옛 그리스 사람들은, 홍수나 태풍, 지진 등의 자연의 힘 때문에 많은 사람이 희생되는 것을 보고 이런 이야기를 지어냈는지도 몰라. 엄청난 자연의 재해를, 힘 약한 인간으로선 어쩔 수 없었으니까."(2권 100쪽) 등등의 설명이 여기에 해당하는 예이다.[10]

곁이야기를 통한 해설의 역할은 여기에 한정되지 않는다. 그리스와

9 홍은영(그림), 『만화로 보는 그리스 로마 신화』 제1권, 가나출판사, 2002, 15쪽.: 이후 이 시리즈에 대한 인용은 권수와 쪽수만을 밝히도록 하겠다.

로마의 표기법 차이를 설명하기도 하고, 해당 에피소드의 교훈을 직접 드러내기도 하며, 그리스신화와 유사한 다른 지역의 이야기를 언급하여 사고를 확장시키는 효과를 주기도 한다. 이들은 결국 교육적 의미를 강조하는 장치들인데, 역시 학부모들의 구매를 촉진시키는 요소로 작용한다.

그러나 이러한 방법들의 부작용 또한 간과할 수 없다. 앞서 설명한 것처럼, 신화는 학습이 아닌 교양으로 다루어지는 것이 합당하다. 그런데 익숙한 도상을 제시하고, 교육 효과를 직접적으로 드러냄으로써 『만화로 보는 그리스 로마 신화』가 마치 학습만화인 것처럼 포장되었다. 물론 이를 현실적인 문제를 타개하기 위한 고육지책일 것이다. 하지만 마땅히 개척해야 할 영역을 도외시한 채 안일한 타협을 시도함으로써, 자신이 감당해야 할 짐을 후속 작품들에게 떠넘겼다는 비판에서 자유로울 수 없게 되었다.

SBS프로덕션과 동우애니메이션이 공동 제작하여 2003년 방영되었던 〈올림포스 가디언〉에는 원작 만화의 성과와 한계가 그대로 반복되고 있다. 한국 애니메이션으로는 드물게 옛이야기를 다룬 점은 분명한 성과이다. 이는 1990년 발표된 〈옛날옛적에〉와 그 후속편으로 1991년에 발표된 〈은비까비의 옛날옛적에〉의 계보를 잇는 것인데, 옛이야기의 현대화 작업은 문화유산에 새로운 생명력을 불어넣는다는 점에서

10 문제는 이러한 해설이 충분하지는 못했다는 점이다. 위의 인용처럼 비교적 명료하게 설명된 부분도 없지 않으나, 그보다 많은 부분에서는 "지금 우리의 생각과는 달랐어."(1권 25쪽), "어떻게 그런 짓을 할 수 있죠?"(1권 42쪽), "아무리 그래도, 자기가 신이라고 해서 사람을 그렇게 죽게 한 건 용서할 수 없어요."(2권 82쪽) 정도의 피상적인 성토가 이루어질 뿐이다.
이는 독자의 동감을 이끌어낼 수는 있을 뿐, 신화의 이해와 해석에는 도움이 되지 않는다. 즉, 이야기의 재미와 교육적 가치를 동시에 충족시킬 수 있는 장치는 마련되었으나, 그것을 활용하는 방법에 대한 고민이 부족하여 효과를 거두지 못한 것이다.

언제나 환영받아 마땅하다.

그러나 한계 또한 분명하다. 먼저 캐릭터 구성 및 표현의 문제를 들 수 있다. 익숙한 도상을 활용해서 올림포스 신들의 캐릭터를 창작한 방법은 원작과 같다. 다만 애니메이션에서는 새로 SD(super deformation) 캐릭터를 추가했는데, 이에 따라 하나의 신을 두 가지 캐릭터로 표현하는 효과를 만들어냈다. 이러한 캐릭터의 설정은 매체 변환에 따른 스토리텔링 변화에서 비롯된 것이다.

원작 만화의 스토리텔링은 속이야기에서 형성되는 긴장을 겉이야기를 통해서 이완시키는 구조를 가지고 있다. 신화를 다룬 속이야기는 시종일관 진지하게 진행되며, 그에 따라 캐릭터의 표현도 현실적인 등신대를 유지한다. 그에 비해 겉이야기는 별다른 갈등이 없이 평이하게 구성되었고, 캐릭터도 3등신 내외로 친근하게 표현되었다. 이러한 긴장과 이완의 반복은 스토리텔링에 리듬을 부여하면서 몰입을 촉진한다. 집중력이 낮은 어린이들을 대상으로 하는 문화콘텐츠에서 효과적으로 활용될 수 있는 진행 방법이다.

문제는 이런 구성이 애니메이션에서는 통용되기 어렵다는 점이다. 만화의 표현은 정지된 장면을 기반으로 하기 때문에 칸을 구분하기만 한다면 맥락과 성격이 전혀 다른 이야기라도 곧바로 연결하여 제시할 수 있다. 그렇지만 애니메이션은 움직임을 통해 표현이 이루어지므로 장면과 장면의 연결을 통한 흐름이 중요하게 다루어진다. 요컨대 만화처럼 비연속적인 장면 배치나 이야기의 빈번한 전환이 이루어질 수 없는 것이다.

이와 같은 매체 차이로 인해서 〈올림포스 가디언〉은 긴장을 완화하는 방법을 원작과 다르게 설정할 수밖에 없었다. 즉, 겉이야기를 통하지 않고 속이야기 속에서 자체적으로 긴장을 해소하는 방안이 모색된 것이다. 이를 위해서 웃음, 특히 몸짓과 대사를 활용하여 순간적으로 우스운 상황을 만들어내는 '개그(gag)' 기법이 도입된다.

바로 이것이 SD캐릭터를 추가하게 된 이유이다. 원작에서 올림포스의 신들은 진지한 이야기에 적합하도록 캐릭터 설정이 이루어졌다. 그러나 애니메이션으로 전환되는 과정에서 신들이 개그까지 담당하게 되면서 그에 부합되는 표현법이 요구되었다. 목소리 톤을 바꾸거나, 동작을 과장하거나, 신체의 일부를 변형시키는 방법도 활용되었지만, 웃음을 유발하는 상황을 극명하게 드러내기 위해서 캐릭터의 디자인을 변형시킬 필요가 있었던 것이다. 귀여운 SD캐릭터는 소비자와의 친밀감을 형성하기 용이하기 때문에 개그 표현에 적합하다.

SD캐릭터의 활용이 효과적으로 이루어진 대표적인 사례로 제우스를 들 수 있다. 이 신의 성격은 신화 원전에서도 다소 모순되게 그려지는데, 가부장의 역할을 담당하면서도 끊임없이 바람을 피우고, 절대적인 권력을 가지

▲ 역할에 따른 캐릭터 디자인의 차이 : 제우스의 경우

고 있으면서도 아내 헤라의 질투를 두려워하며, 인간과 동료 신들에게 무한한 애정을 표현하면서도 때로는 엄격한 심판자로 군림한다. 이러한 모순성은 캐릭터 분화가 용이하게 이루어지도록 만들었다. 애니메이션에서 그가 군주·심판자·전사의 역할을 수행할 때는 등신대 캐릭터로 표현되고, 연인·아버지·익살꾼의 역할을 수행할 때는 SD캐릭터로 표현된다.

이처럼 〈올림포스 가디언〉에 등장하는 신들은 진지한 역할을 담당하는 캐릭터와 재롱을 떠는 캐릭터로 구분되었고, 이는 엄숙한 이야기와 웃음을 유발하는 이야기를 가시적으로 변별할 수 있도록 만들었다. 이로써 속이야기 내부에서 긴장과 이완 작용을 함께 진행할 수 있는 토대가 마련된 것이다.

이상과 같은 과정을 거쳐 긴장과 이완의 반복이라는 이야기 구조는 유지될 수 있었지만, 문제는 사라지지 않았다. 무리하게 삽입된 개그로 인해 캐릭터의 정체성에 혼란을 가져오거나, 왜곡된 가치가 도입되거나, 이야기 진행이 매끄럽지 못한 경우가 발생했다.

정체성 혼란은 특히 헤라처럼 성격이 명료한 캐릭터의 경우 문제가 된다.[11] 작품 속에서 헤라는 몇 차례에 걸쳐 마사지 받으러 가야하니 일을 빨리 끝내라고 투정을 부린다. 이는 결혼을 보호하고 아이를 양육하는 역할을 담당했던 신화에서의 모습과 부합되지 않는다. 또한 이런 설정은 여성이 일보다 외모 가꾸기를 중시한다는 왜곡된 인식을 심어줄 우려도 있다.

성의 상품화가 드러나는 부분도 적지 않다. 제4화 "가장 아름다운

11 제우스, 아폴론, 헤르메스처럼 신화 원전에서도 복잡한 성격으로 제시된 캐릭터들은 오히려 혼동이 적었다. 앞서 살펴본 제우스의 경우처럼, 이들의 복잡한 성격이 캐릭터의 분화에 유리하게 작용했기 때문이다.

여신은?" 편에서 황금사과를 얻기 위해서 헤라, 아프로디테, 아테나가 다투는 과정을 마치 미인대회처럼 다루면서 수영복 심사 장면을 포함하기도 했다. 웃음을 유발하려는 목적이라 해도, 이런 설정은 어린이 대상 문화콘텐츠에 적합하지 않다. 이외에도 DVD 속지에 제시된 올림포스 신들에 대한 소개가 외모에 대한 설명이 주를 이룬다는 사실도 성의 상품화 경향이 반영된 것이다. 특히 여신들의 경우, 헤라는 "언제나 긴장감이 흐트러지지 않는 몸매와 자세로 제우스의 바람기를 꿰뚫는 날카로운 예감의 소유자"로, 아프로디테는 "완벽한 몸매에 조각같은 외모, 풍성한 금발머리가 매력 포인트이다. 우아함과 관능미를 겸비"했다고 설명된다. 이는 애니메이션 창작자들의 인식을 반영된 것이다.

불필요한 에피소드가 삽입된 경우도 있다. 제6화 "사랑과 영혼"(2부) 중에서 일부는 신데렐라 이야기와 결합된다. 아프로디테에게 시험 당하는 프시케가 도움을 요청하자 요정이 나타나서 무도회에 가지고 말하는 장면이다. 이 장면은 패러디 기법을 활용해 웃음을 유발했다. 하지만 그것이 전부다. 요정은 곧 사라졌고 아무 것도 남지 않았다. 이야기의 전체 흐름에도 영향을 주지 못했다. 오로지 웃음을 위해서 삽입되었을 뿐이다. 이런 장면은 작품의 가치를 형성하는데 별다른 역할을 수행하지 못한다.

불필요한 대사가 남발되는 경우도 많다. 영상 표현으로 충분히 전달될 수 있는 내용을 구태여 대사를 통해 직접 전달하려고 했다. 이는 어린이 문화콘텐츠뿐만 아니라, 한국 애니메이션이 가지고 있는 고질적인 병폐 중 하나다. 별다른 의미가 없는 말을 반복하기보다는 정제된 한 마디 표현이 보다 강력한 효과를 거두기 마련이다. 그럼에도 중언부언 설명을 추가하는 까닭은 어린이들의 이해 능력을 과소평가했기 때문이다. 이는 지겨운 잔소리와 다를 바 없다.

같은 맥락에서 액션의 구성 또한 비판받을 여지가 있다. 〈올림포스 가디언〉에서 액션은 주로 격투 장면을 통해서 드러난다. 전쟁과 전투는 신화의 내용에 근거를 두고 있지만, 그 표현은 현란한 액션으로 치장되어 있다. 신화를 이해하기 위해서 필요한 전쟁의 발발원인이나 전투 결과에 따른 변화양상 등은 액션 속에 묻혀버린다. 바로 그것이 문제다. 더구나 액션의 전개 양상 및 디자인이 일본의 로봇 애니메이션과 매우 흡사하다는 사실 또한 문제가 된다.[12] 물론 신들의 전투를 구체적으로 묘사한 자료는 존재하지 않기 때문에 어떤 표현이 타당하다고 단언할 수야 없는 일이다. 다만 이런 식의 표현은 올림포스의 신들을 스스로 생각하고 판단하고 행동하는 주체가 아니라, 명령에 따라 전투를 수행하기만 하는 기계처럼 인식하도록 만들 위험이 있다. 이는 지나친 희화로 인해 신들을 단순한 웃음거리로 전락시킨 것만큼이나 위험한 설정이다.

신화를 다룬 작품에서 신들이 사라지면 무엇이 남는가? 신들을 다루지 않고, 그 이야기나 아이템만을 활용한다면 왜 구태여 신화를 원작으로 해야 하는가? 우리가 해결해야 할 문제는 여전히 남아 있다.

12 과학 전문기자 배일한은 〈마징가Z(マジンガーZ)〉에 대한 글에서 일본 로봇 애니메이션의 특징을 다음과 같이 설명했다. "마징가의 가슴 양쪽에 붙은 'Z'자 장식은 일본 전국시대의 장수들이 쓰던 투구 장신구를 연상시킨다. 상대방을 공격할 때 반드시 기합(광자력 빔, 로켓 펀치)을 외치는 것도 일본식 검도 스타일에서 유래한 것이다. 게다가 강한 정신력만으로 힘센 적을 물리친다는 상투적 설정은 2차대전 당시 미국을 깔보던 일본 황군의 사고방식과 무관하지 않다. 데즈카 오사무의 아톰과 달리 마징가는 왜색이 매우 농후한 일본 문화 상품이었다."(배일한, 『인터넷 다음은 로봇이다』, 동아시아, 2003, 267쪽.)
이러한 마징가Z의 특징은 이후 로봇 애니메이션뿐만 아니라 여러 장르에 두루 영향을 미치는데, 〈올림푸스 가디언〉 역시 그러한 영향관계에서 자유롭지 않다고 판단된다.

4. 신화 열풍, 돌아보기

신화는 원형이다. 그 속에는 세상 만물이 만들어진 이유와 이치가 들어있고, 대부분 지리멸렬하지만 때때로 숭고해지는 감정과 욕망이 녹아있으며, 마땅히 배우고 익혀야 할 가르침이 포함되어 있다. 또한 신화는 이야기의 원형이다. 지금까지 인류가 만들어냈던 스토리텔링의 기본적인 법칙들이 내재되어 있다.

유사 이래 수많은 작가들이 자기 시대에 맞춰 신화를 재창작했던 까닭도 여기에서 찾을 수 있다. 그들은 이야기를 새로 만들어내지 않았다. 다만 발견했을 뿐이다. 이것이 신화의 변용에 있어서 간과하지 말아야 할 법칙이다. 중요한 것은 신화에 내포된 의미를 깊이 이해하고 해석해내는 것이지, 에피소드의 차용이나 아이템 활용 따위의 표면적인 유사 관계의 구축이 아니다. 단순한 전승이 아니라, 발견과 해석을 통해서 새로운 창작이 이루어져야 한다. 바로 이것이 지금까지 발표된 신화 관련 어린이 문화콘텐츠들의 공통된 한계이다.

다소 관점이 다르지만, 이제까지의 신화 열풍이 주로 그리스신화를 중심으로 진행되었다는 점도 문제이다. 물론 앞서 다룬 작품들이 강조했던 내용처럼, 그리스신화는 세계적인 문화유산이고 인류 문명에 강한 영향력을 발휘하는 것이 사실이다. 그러나 그것이 전부는 아니다. 세상은 보다 복잡한 구조를 가지고 있다. 그리스는 서구 문화의 중심일 뿐이지, 결코 세상의 중심은 아니다.[13]

13 고대 그리스인들은 자신들이 사는 땅을 지구의 중심이라 생각했다. 특히 아테네에서 북서쪽으로 170km 떨어진 델포이에 '옴파로스(omphalos)'를 모셔두었다. 이는 그리스신화에 등장하는 신성한 돌조각으로, '대지의 배꼽'이라는 뜻이다.
그런데 '대지의 배꼽'이란 이름을 가진 장소는 세계 여러 곳에 있다. 오스트레일리아 원주민들이 '울루루(uluru)'라고 불리는 바위산이 그러하며, 페루 안데스 산맥에 있는 고산도시 '쿠스코(cuzco)' 또한 그러하다. 하기야 중심이 아닌 곳이 어디 있으랴? 강퍅한 운명에 맞서 삶을 일구는 사람들이 사는 그리스신화는 교육적 가치가 높은 텍스트이다. 그러나 그것만 배우고 익히는 것은 엄연한 문화적 편식이다. 보다 여러 지역의 다양한 이야기가 제공되어야 마땅하다. 최근 들어 열풍은 다소 진정되었으나, 신화에 대한 관심은 계속되어 범위가 조금씩 확산되고 있다. 여전히 그리스신화가 시장을 주도하기는 하지만 북유럽, 중국, 아프리카의 마사이족, 그리고 우리 한민족의 신화에 대한 책들도 연이어 출간되고 있다.

이들 모두가 세상의 중심이고 문명의 기원, 교육적인 가치를 가지는 텍스트들이다. 적어도 원칙적으로는 분명히 그렇다. 하지만 현실적으로는 선택과 집중이 이루어질 수밖에 없다. 무엇을 택해야 하는가? 답은 분명하다. 우리 민족의 신화가 기준이 되어야 한다. 자신의 이야기도 모르면서 남의 이야기에 귀를 기울일 수는 없는 법이다.

이러한 당위성이야 새로운 논리는 아니다. 이미 오래 전부터 주창되어 왔다. 그러니 이제 주목해야 하는 부분은 당위가 아니라 원인이다. 우리 신화 교육의 필요성은 인정하면서도, 정작 그런 주장에 부합되는 결과물은 왜 창작되지 못했는가?

가장 큰 원인은 정보의 부족이다. 그리스신화가 세계 신화를 대표하게 된 원인은 방대한 자료가 보존되어 있기 때문이다. 그에 비해 우리 신화를 기록한 문헌은 양이 적고 내용 또한 간략한 경우가 대부분이다. 하지만 포기할 수는 없다. 지금부터라도 우리 신화와 관련된 정보를 수집하고 데이터베이스를 구축해야만 한다. 국내 문헌은 물론이고, 이웃 나라의 기록도 찾아 모을 필요가 있다. 이를 위해서는 관련 분야

곳이라면 바로 거기가 중심이다. 신화학자 캠벨(Joseph Campbell)은 이를 "존재의 근원이기 때문에 세상의 하고 많은 선과 악을 두루 산출"하는 곳, "추한 것, 아름다운 것, 죄악과 미덕, 쾌락과 고통"이 모두 만들어지는 곳이라고 설명했다〔Joseph Campbell, 이윤기 역, 『천의 얼굴을 가진 영웅(*The Hero with a Thousand Faces*)』, 민음사, 2004(신장판), 62쪽.〕.

연구자들의 관심과 노력이 절실하게 요구된다.

다음 원인으로는 창작의 부재를 들 수 있다. 앞의 방안이 신화 텍스트의 전승이라면, 그를 토대로 이야기를 만들어내는 작업은 창조이다. 신화가 단순히 지난 시절의 기록으로 전락하지 않으려면, 재해석을 통해 끊임없이 생명력을 공급받아야 한다. 시대를 반영하고, 인식 변화를 수용하고, 매체 전환을 감당해야 한다. 이는 매우 지난한 과정이 될 것이다. 성공보다 실패가 많고, 찬사보다 비난을 받기 쉽다. 그럼에도 멈춰서는 안 된다.

바로 그것이 스토리텔러들이 마땅히 감당해야 할 운명이다. 인간은 누구나 자신의 터전에서 나고 자랐다. 그곳을 중심으로 키우는 일은 온전히 우리의 몫이다. 어쩌겠는가, 참고 견디는 수밖에. 그리하여 마침내 멋진 이야기 하나 만들어내는 수밖에.

tag 신화, 그리스 · 로마 신화, 신화의 교육성, 이윤기의 그리스 로마 신화, 만화로 보는 그리스 로마 신화, 만화의 도상성, 적층 텍스트, 올림포스 가디언, 긴장과 이완의 스토리텔링

09

History Comics

만화는 어떻게 역사를 소비하는가?

만화는 어떻게 역사를 소비하는가?

1. 이야기의 시대, 역사의 가치

우리는 역사가 범람하는 시대에 살고 있다. 이 사실을 확인하는 것은 그리 어렵지 않다. 지금이라도 당장 TV를 켜기만 하면 된다. 드라마와 영화는 초창기부터 역사를 주요한 소재로 활용하여 다양한 방식으로 제시해왔다. 이외에도 다큐멘터리, 예능, 코미디 등에서 역사를 소재로 하는 프로그램이 발표되고 있다.[1] 어린이 문화콘텐츠 또한 예외는 아니다. 에듀테인먼트에 대한 관심이 높아지면서 역사를 다룬 애

1 이와 관련된 각 분야별 대표작을 살펴보면 다음과 같다. 다큐멘터리로는 KBS 1TV의 〈역사스페셜〉을 들 수 있는데, 이는 1998년 10월 17일 "무용총 고구려가 살아난다"편을 시작으로 몇 차례의 휴지기를 거쳐 지속적으로 방영되었던 장수 프로그램이다. 예능의 사례로는 MBC의 〈신비한 TV 서프라이즈〉를 들 수 있다. 이는 2002년 4월 27일 방송을 시작했고, 역사의 미스터리와 음모론을 주로 다루면서 그 진위를 밝혀내는 진행방식을 유지하면서 현재까지 방영되고 있다. 코미디의 예로는 KBS 2TV의 〈개그콘서트〉 코너 중 하나였던 "감수성(城)"을 들 수 있다. 이 코너는 정확한 시대배경이 제시되지는 않지만, "북쪽의 오랑캐가 쳐들어와 평양성, 북한산성, 남한산성이 함락되고… 마지막 남은 감수성. 이 감수성의 장군들은 감수성이 풍부했으니…"라는 설정으로 미루어 병자호란과의 상관관계를 쉽게 유추할 수 있다.

니메이션과 만화가 다수 발표되고 있다.

사실 역사에 대한 관심 자체가 유별난 일은 아니다. 결국 문화예술은 인간의 삶을 모방하여 창작되기 마련이다. 삶은 공간을 바탕으로 구체화되고, 반복되는 시간이 더해지면서 의미가 부여된다. 그리고 바로 이러한 시간과 공간의 결합을 통해서 역사가 만들어진다. 그런 까닭에 역사는 문화콘텐츠의 근원이 되는데, 이에 대한 관심은 지극히 자연스러운 일이다.

하지만 논의를 최근 상황으로 한정한다면, 문제는 완전히 달라진다. 요즘 문화콘텐츠산업 전반에 나타나는 관심은 역사 자체를 대상으로 하는 것이 아니기 때문이다. 애당초 역사는 소재에 불과했다. 그것만으로는 작품이 만들어지지 않는다. 소재와 소재의 결합을 통해 이야기가 형성되고, 그 바탕 위에 각 매체의 고유한 표현방법이 더해진 뒤에야 비로소 하나의 작품으로 완성된다. 그러므로 문화콘텐츠에서 다루는 역사는 사건들이 구성하는 이야기라고 할 수 있다.

바로 이것이 문제의 핵심이다. 역사가 아니라, 역사적 사건을 활용해서 만들어지는 이야기. 그러므로 문화콘텐츠에서 다루는 역사는 사실(fact) 보다 허구(fiction)에 가깝다. 즉, '팩션(faction)'에 부합되는 개념인 것이다. 이 역시 낯선 개념은 아니다. 역사는 고정불변의 사실이 아니라 '과거와 현재의 대화'를 통해서 끊임없이 새롭게 평가되고 재해석되는 텍스트라는 주장은 이미 오래 전부터 제기되어 왔다.

> 흔히 사실은 스스로 말한다고 한다. 물론 이것은 잘못이다. 사실은 역사가가 사실에 말을 걸 때에만 말을 하는 것이다. 어떠한 사실에 어떠한 순서, 어떠한 문맥으로 발언을 허용할 것인가를 결정하는 것은 역사가다.[2]

역사와 역사 이야기 사이에는 명백한 차이가 존재한다. 역사가 상상력을 수단으로 사실을 해석하는 반면, 역사 이야기는 상상력을 목적으로 하여 사실을 수단으로 사용하기 때문이다.[3] 그런 관점에서 역사가는 연대기 속에서 이야기를 '발견(find)'하는 데 반해, 소설가는 그것을 '발명(invent)'해낸다는 설명은 타당성을 가진다.[4]

이상의 내용은 어린이 문화콘텐츠에서 역사의 쓰임새를 파악하는데 중요한 단서를 제공한다. 여타 분야보다 어린이 문화콘텐츠에서 활용되는 역사는 허구의 작용이 두드러지기 때문이다. 동화는 환상을 본질로 하기 때문에 허구의 측면이 강하며,[5] 위인전도 일반적인 전기(傳記)보다 윤색의 정도가 심한 편이다. 이는 오랜 기간 어린이 문화콘텐츠의 대표 장르로 평가받았던 만화 역시 다르지 않다. 특히 만화는 사실을 그대로 전달하기보다 대상을 단순화하는 표현방식을 갖추고 있기 때문에 작가의 상상력이 개입될 여지가 많다는 점에서 특징적이다.[6] 바로 이것이 역사를 다룬 문화콘텐츠 분야 중에서도 만화에 주목하는 이유이다.

2. 역사 활용 매뉴얼

만화는 어린이 문화콘텐츠에 매우 적합한 매체이다. 무엇보다 글과

2 Edward H. Carr, 황문수 역, 『역사란 무엇인가(*What is History?*)』, 범우사, 1984, 27쪽.

3 김기봉, 『역사들이 속삭인다: 팩션 열풍과 스토리텔링의 역사』, 프로네시스, 2009, 167쪽.

4 Hayden White, 천형균 역, 『19세기 유럽의 역사적 상상력: 메타역사(*Metahistory: The Historical Imagination in Nineteenth Century Europe*)』, 문학과지성사, 1991, 17쪽.: 이 책의 역자는 'invent'를 '창작'으로 의역했다. 문맥을 고려하면 이 역시 잘못된 표현은 아니지만, 여기에서는 역사의 기능인 '발견'과의 차이를 강조하기 위해 본래의 뜻인 '발명'으로 제시했다.

5 선안나, 「판타지 동화와 판타지 소설」, 『천의 얼굴을 가진 아동문학』, 청동거울, 2007, 66쪽.

6 Scott McCloud, 김낙호 역, 『만화의 이해(*Understanding Comics*)』, 시공사, 2002, 35~56쪽. 참고.

그림이 결합되어 있기 때문에, 문자매체보다 가독성(可讀性)이 높고 영상매체보다 정보전달력이 높다.[7] 이러한 특징은 재미와 교육을 함께 전달해야 하는 에듀테인먼트의 특성에 부합된다. 물론 모든 문화콘텐츠가 에듀테인먼트일 필요는 없다. 하지만 적어도 어린이를 대상으로 한다면, 어떠한 식으로든 교육적 효과를 간과할 수는 없을 것이다.

그러므로 만화는 역사를 활용하는 여러 문화콘텐츠를 대표할 수 있는 자격을 가진다. 이제부터 만화를 대상으로 어린이 문화콘텐츠에서 역사를 활용하는 방법을 살펴보도록 하겠다.

1) 교육효과의 강조

그동안 어린이 대상 만화에서 역사는 주로 교육을 목적으로 활용되었다. 이른바 '학습만화'라고 지칭되는 작품들이 여기에 해당한다. 세상일을 관찰하고 파악하고 예측하기 위해 요구되는 것은 인문학적 소양이며 그 바탕을 이루는 분야가 '문사철(文史哲)', 즉 문학과 역사와 철학이다. 그러므로 역사를 교육과 연결시켜 파악하는 관점은 지극히 자연스러운 태도이다. 더구나 역사는 그 자체로 매우 흥미로운 이야기이기도 하니, 이보다 적합한 소재가 어디 있겠는가.

한국 학습만화를 대표하는 작가 이원복은 이와 같은 사실을 분명하게 간파하고 있었다. 그는 『먼 나라 이웃 나라』를 비롯한 자신의 작품들이 역사를 소재로 다루는 이유에 대해 다음과 같이 설명했다.

7 최수웅, 「요리만화의 스토리텔링 양상 연구」, 《인문콘텐츠》 제18호, 인문콘텐츠학회, 2010, 149쪽.

"역사는 우선 재미있고, 인간을 이해하는 데 가장 중요한 키워드입니다. 역사에는 스토리가 있잖아요. 그런데 너무 방대하니까 다루기가 힘들어. 특히 관점이 다를 수 있다는 게 큰 문제인데, 그런 문제가 오히려 흥미롭기도 하지. 역사는 팩트이자 해석놀이니까."[8]

위의 인용에서 확인되는 것처럼, 이원복의 역사관은 에듀테인먼트와 다르지 않고 팩션의 개념과도 유사하다. 그렇지만 강조점에서는 확연하게 차이를 드러낸다. 팩션이 허구를 통해 만들어지는 재미를 강조하고, 에듀테인먼트가 재미의 효과를 강조했다면, 이원복은 목적에 주목했다. 즉, 역사를 공부하는 목적은 결국 인간을 이해하기 위해서라는 것이다. 그의 작품세계가 역사에만 한정되지 않고 지리, 사상, 풍속 등으로 광범위하게 확산될 수 있었던 까닭도 여기에 있다.

어차피 해야 하는 공부라면 재미있게 하는 편이 효과적이다. 이원복에게 있어 만화는 목적 수행을 용이하게 만들어주는 수단 그 이상도 이하도 아니다. 이는 작품의 표현방식을 통해서도 확인할 수 있다.

이원복의 학습만화는 스토리텔링을 중요하게 취급하지 않는다. 갈등과 해결이 강조되는 드라마적인 구성을 활용하지 않고, 추리와 탐색의 구조를 통해서 긴박감을 조성하지도 않으며, 환상적이고 신이한 요소를 도입시켜 호기심을 유발하지도 않는다. 그저 선생/멘토가 학생/멘티에게 차근차근 설명을 하는 방식을 차용할 뿐인데, 이는 이원복 학습만화의 시발점이라 할 수 있는 『먼 나라 이웃나라』부터 최근 작품에 이르기까지 반복적으로 활용되어 왔다. 그의 작품에 등장하는 화자들 중 많은 수가 교수 혹은 학습자로 설정되는 까닭도 같은 맥락에서

8 이원복·박세현, 『만화로 교양하라』, 알마, 2011, 208쪽.

이해할 수 있다.

이처럼 작품의 전반적인 스토리텔링이 단조롭게 구성된 것에 비해서, 학습 내용에 대한 세부적인 표현방법은 다채로운 편이다. 도식과 도표를 활용하여 내용을 요약하고 압축하며, 지도와 벤다이어그램을 동원하여 시각적 이해를 돕고, 그림과 사진을 그대로 인용해서 사실 전달에 치중한다. 일반적인 극화(劇畵)에서는 극히 예외적으로 활용되는 이런 표현들을 적극적으로 사용할 수 있었던 까닭은 역시 만화를 학습의 도구로 인식했기 때문이다. 요컨대 효과적인 학습이 이루어질 수만 있다면 어떠한 표현방법을 사용해도 상관없는 것이다.

▲ 학습만화의 표현방법(이원복, 『이원복 교수의 세계사 산책』, 김영사, 2008, 170쪽.)

이런 식의 표현방법은 만화로써의 가치는 다소 떨어질지 몰라도 학습에 있어서는 효율적이다. 전후 사정을 고려하여 시간의 맥락을 확인하고, 지도를 통해 공간의 좌표를 파악하며, 사건이 벌어진 지역의 문화적 특성을 설명하여 이해를 증진한다. 이런 방식은 역사 학습에서 특히 효과를 발휘할 수 있는데, 역사야말로 시간과 공간, 그리고 문화가 복합적으로 작용하여 만들어낸 결과물이기 때문이다. 그리고 이와 같은 학습과정을 통해 이원복이 추구하는 궁극적인 목표인 '인간에 대한 이해'에 도달할 수 있는 것이다.

이처럼 역사는 단순한 지식 습득의 대상이면서, 동시에 인간을 학습하기 위한 수단으로 활용될 수 있다. 이러한 교육적 활용이 만화가 역사를 사용하는 첫 번째 방법이 된다.

2) 기록, 증언, 그리고 반성

모든 이야기는 시간과 공간을 바탕으로 구성된다. 이는 역사가 문화콘텐츠를 구성하는 요소 중 하나인 '배경'으로 활용된다는 의미이다.[9] 그러므로 만화 속에 제시되는 역사는 그 자체로 하나의 기록으로 작용하게 된다. 특별한 언급이 없더라도 당대의 시대상황이 자연스럽게 제시되기 때문이다.

하지만 한 시대가 등장인물에게 중요한 의미를 가질 때, 그것은 기록의 차원을 넘어 증언의 의미를 가지게 된다. 기록이 객관적으로 제시된 공적인 역사라면, 증언은 작가의 주관이 개입된 사적인 역사이다. 그러므로 이 경우의 역사는 작가의 의식을 드러내는 장치로 작용한다.

이에 부합되는 사례로 나카자와 케이지(中沢啓治)의 『맨발의 겐(はだしのゲン)』을 들 수 있다. 이 작품은 일본이 제2차 세계대전에서 패망하기 직전부터 전후극복기까지를 역사적 배경으로 한다. 특히 중요한 역할을 담당하는 사건은 1945년 8월 6일 아침에 일어난 히로시마 원자폭탄 투하이다.

물론 전쟁의 참혹함을 다룬 작품은 이외에도 많이 있고, 그중에는 원폭 피해를 언급한 작품도 적지 않다. 그러나 『맨발의 겐』에 묘사된

9 여기에서의 '역사'는 실제로 일어났던 과거만으로 한정되지 않는다. 예컨대 현실에는 존재하지 않는 신화와 전설의 세계를 다루는 판타지나 미래 혹은 가상세계를 다루는 SF 등에서도 나름의 역사를 기반으로 이야기를 전개한다.

사건들이 여타 작품들보다 생생한 전달력을 가지는 까닭은, 그것이 철저하게 작가의 체험을 바탕으로 제시되기 때문이다. 그는 초등학생 때 원자폭탄으로 가족 중 대부분을 잃었으며, 자신도 원폭후유증에 시달리다가 결국 2009년 말에 시력이 약화되어 만화가를 그만두게 된다.

이처럼 기록이 역사의 거대한 흐름 속에서 사건의 맥락을 조망하는 데 도움을 준다면, 증언은 사건 자체에 집중하여 그 진행과정을 생생한 상황으로 제시하여 이해와 동감을 도모한다.

증언의 역할은 만화의 매체적 특징과 결합되어 보다 강력한 힘을 발휘한다. 만화는 문자와 영상(image)의 특징을 함께 가지는데, 이중에서 영상이 상황을 가시화(可視化)하여 전달력을 높이는 역할을 수행한다. 또한 만화에서 사용되는 이미지는 사진이 그러하듯 보이는 모든 것을 그대로 담아내는 것이 아니라, 변형과 단순화 과정을 거쳐 도상(圖象, icon)으로 제시된다는 사실도 주목된다. 특히 일본 만화는 이런 도상성을 심화시켜 '데포르메(デフォルメ, déformer)'라는 기법으로 발전시켰는데, 이를 통해 현실적인 배경 묘사와 추상화된 캐릭터가 병치되는 독특한 화풍이 만들어졌다.[10]

데포르메 기법은 『맨발의 겐』에서도 효과적으로 활용되었다. 그 대표적인 예가 다음 그림으로, 이는 원자폭탄 투하 직후의 참혹한 상황을 제시한 것이다. 불길에 휩싸인 건물, 부러진 전신주, 무너진 집 등은 현실적으로 묘사한 반면, 피폭을 당해 살이 문드러지고 피부가 흘러내린 피해자의 모습은 단순하게 표현되어 있다.

아무리 교육적인 목표를 강조하고, 역사적 사실에 대한 객관적 제시가 중요하다고 해도, 현실의 참혹한 광경을 그대로 제시하는 것은 적

10 최수웅, 「요리만화의 스토리텔링 양상 연구」, 앞의 글, 149쪽.

합한 표현방법이라고 할 수 없다. 적어도 어린이를 대상으로 하는 문화콘텐츠에서는 분명히 그러하다. 그렇다고 이처럼 역사적 가치와 교육적 효과가 높은 사건을 배제하는 것도 올바른 일이 아니다. 이러한 딜레마를 극복할 수 있는 효과적인 방안이 바로 만화이다. 만화는 역사의 기록 역할을 충실히 수행하면서도, 끔찍한 현실을 여과하여 간결하게 제시할 수 있는 기능을 갖추고 있기 때문이다.

▲ 『맨발의 겐』에 제시된 원자폭탄 투하 직후의 상황 묘사(제2권, 283쪽).

이러한 표현방법 외에도 『맨발의 겐』은 역사의식의 측면에서도 가치를 가진다. 이 작품에 제시되는 증언은 단순한 감정의 토로가 아니라, 뼈아픈 자기반성을 통해 형성되었기 때문이다. 같은 시대를 배경으로 한 일본의 문화콘텐츠 작품들이 "전쟁과 원폭을 분리시키고 패해자로서의 일본만을 강조"하거나 "가해자와 피해자 모두 피해자라는 일반적 무벌화(無罰化)"를 꾀하는데 비해서,[11] 『맨발의 겐』은 가해자 일본의 잘못을 분명하게 드러내고 있다. 국민들에게 전쟁을 강요했던 권력자에게 분노하고, 그 모든 악행의 정점에 있었으나 책임은 지려하지 않는 천황을 비난하고, 식민지의 민중

11 권혁태, 「평화, 인간 그리고 일본」, 《당대비평》 제14호, 생각의나무, 2001, 408쪽.: 이러한 작품의 사례로는 「반딧불의 묘(火垂るの墓)」를 들 수 있다. 노사카 아키유키(野坂照如)의 소설을 원작으로 다카하타 이사오(高畑勳) 감독이 1988년 극장용 애니메이션으로 제작한 이 작품은 전쟁의 비참함만을 강조했을 뿐, 그 전쟁을 도발한 일본의 침략행위에 대한 반성은 이루어지지 않았다.

들을 강제동원하고 민족차별을 감행했던 제국주의적 행태를 부끄러워 한다. 이는 다음과 같은 부분을 통해서 확인할 수 있는데, ⓐ는 주인공 겐의 대사이고 ⓑ는 이웃에 살던 재일조선인 박씨(朴氏)의 대사이다.

ⓐ 천황은 전쟁을 하게 해서 일본 국민을 몇 백만이나 죽인 최고 전쟁책임자야. 엄마를 죽인 책임자라구. 천황은 엄마한테 무릎 꿇고 용서를 빌어야 해. 난 천황이 자기가 잘못했으니까 용서해달라고 하는 걸 들은 적이 한 번도 없어. 천황 맘대로 하지 말라고 해. 전쟁 중엔 멋대로 신이 되었다가 선생에서 시고 나니까 밋대로 인간이 돼서 모른 척하게 할 순 없어. 천황은 몇 백만의 일본인 목숨을 먹고 살았어. 지금도 일본의 상징이 되어서 잘 살고 있다구. 내 귀로 천황이 전쟁을 책임지겠다는 소릴 듣지 않고는 분이 풀리지 않아. 최고책임자가 확실히 결단을 내려야해. 그러지 않으면 일본 국민들은 납득하지 못할 거야. 그리고 엄마의 죽음이 허무하게 돼버린다구![12]

ⓑ "겐, 우리 조선인은 나라를 일본에 빼앗기고 죽을 수도 살 수도 없는 쓰라린 운명을 강요당했어. (……) 일본의 탄광이나 공장, 공사장에 강제로 끌려 와서는 위험하고 더럽고 힘이 드는 일로 내몰리며 혹독하게 착취당한 거야. (……) 전쟁터로 보내져서 많은 조선인이 전사했어. 일본 때문에 우리 조선인은 오랜 세월 동안 고통을 겪은 거야. 게다가 원폭으로 인해 이중으로 극심한 고통 속에서 살고 있단다. 히로시마하고 나가사키에 떨어진 원폭으로 오만 명이나 되는 조선 사람이 희생됐어. 일본으로 강제로 끌려 와서 말야. (……) 겐, 원폭으로 괴로워하는 건 결코 일본사람만이 아니란다. 그런 우리 조선인에게 일본사람들이 해준 게 뭐가 있냐, 이거야. 아무것도 없어. 어째서 일본은 도와줄 생각을 안 하느냐구! 이래

12 中沢啓治, 김송이 · 익선 역, 『맨발의 겐』 7권, 아름드리미디어, 2002, 251~252쪽.

선 조선인과 일본인은 참된 친구가 될 수 없어. 증오심만 더 커져서 더 큰 증오를 불러올 뿐이라구.[13]

이처럼 강도 높은 자기반성이 바탕이 된 까닭에 이 작품이 전달하고자 한 생명과 평화의 회복이라는 메시지는 일본뿐만 아니라, 세계 여러 나라의 독자들에게 공감을 일으킬 수 있었다. 바로 이것이 만화가 역사를 활용하는 두 번째 방법이다.

3) 허구의 강조, 엔터테인먼트로의 역사

지금까지 살펴본 작품들도 허구가 사용하지 않았던 것은 아니지만, 그것은 어디까지나 역사적 사실을 효과적으로 전달하기 위한 장치로 활용되었다. 그러나 허구의 쓰임새를 보다 부각시킨 작품도 있다. 즉, 작가의 상상력이 표현하려는 내용을 강조하기 위해서 역사를 동원한 것이다. 이전의 작품들이 역사를 본질로 하고 허구를 장식처럼 활용했다면, 이 부류에 속하는 작품들은 허구를 본질로 하고 역사를 장식으로 활용했다고 할 수 있겠다.

이른바 '팩션'이 여기에 부합되는 개념이지만, 그 이전에도 유사한 창작방법이 활용된 경우를 찾아볼 수 있다. 1972년부터 1973년까지 일본의 소녀만화잡지 《마가렛(マーガレット)》에 연재되어 큰 인기를 모았던 이케다 리요코(池田理代子)의 『베르사유의 장미(ベルサイユのばら)』가 대표적인 사례이다.

프랑스 시민혁명 전후의 역사를 배경으로 하는 이 작품의 주인공은

13 위의 책, 45~48쪽.

실존인물인 '마리 앙투아네트'이지만, 독자들에게 인기가 높았던 것은 허구의 인물인 '오스칼'이었다. 물론 이런 인기가 단지 허구의 활용에서 비롯되었다고 단정하기는 어렵다. 그보다는 일본 문화에서 쉽게 발견되는 서구 문명에 대한 동경,[14] 소녀만화에서 특징적으로 발현되는 운명론적 사랑과 탐미(耽美)에 대한 존중, 같은 맥락에서 표출되는 양성적(兩性的) 매력에 대한 추구 등등이 복합적으로 작용했다고 보는 편이 타당할 것이다. 즉, '오스칼'은 일본의 문화콘텐츠, 특히 소녀만화와 다카라즈카 가극단(宝塚歌劇団)[15] 등에서 활용되는 장르적 특성과 클리셰(cliché)를 구체화시킨 결과물이자, 외모부터 성격에 이르기까지 완벽한 아름다움을 표상하는 캐릭터로 설정되었다. 이러한 인물이 실재할 수야 없는 일이니, 허구의 활용 비중이 높아질 수밖에 없는 내적 필연성이 마련되는 것이다.

이상의 맥락을 고려할 때 『베르사유의 장미』의 역사 활용방법은 앞서 살펴본 작품들과 분명하게 구분된다. 역사적 사실을 교육하기 위한 목적도 아니고, 역사를 증언하고 반성하기 위한 목적으로 창작된 것도 아니다. 이 작품은 오직 흥미를 추구하는 엔터테인먼트(entertainment) 콘텐츠이고, 역사는 단지 작품의 완성도를 높이는 수단으로 활용되었

14 Frederik L. Schodt, 김장호 · 박성식 역, 『이것이 일본 만화다!(*Dreamland Japan: Writings on Modern Mnaga*)』, 다섯수레, 1999, 61~63쪽. 참고.

15 다카라즈카 음악학교 출신의 미혼 여성들만으로 구성된 가극단이다. 1927년 〈몬파리(モンパリ)〉라는 제목으로 노래와 춤을 곁들인 무대극인 레뷰(revue)를 일본 최초로 선보이면서 인기를 끌었다. 이후 화려한 의상과 무대장치를 활용하는 공연으로 유명해졌는데, 특히 남성 역할을 맡은 배우 '오토코야쿠[男役]'는 세간의 관심을 모으는 유명인이 되었다.
다카라즈카 가극의 무대연출 및 캐릭터 묘사방식은 문화콘텐츠의 여러 분야에 영향을 주었는데, 만화 역시 예외가 아니다. 처음으로 "체계화된 스토리를 갖추고 등장"한 소녀만화로 평가되는 데즈카 오사무(手塚治虫)의 「리본의 기사(リボンの騎士)」가 대표적인 예이다. 특히 이 작품은 "남장(男裝)을 강요받는 소녀의 이야기"라는 점에서 다카라즈카 가극의 영향을 분명하게 드러내고 있다[齋藤次郎, 손상익 역, 『아톰의 철학(手塚治蟲がねがったこと)』, 개마고원, 1996, 35~36쪽.].
패전 이후 TV방송이 보급되면서 다카라즈카 가극의 인기가 떨어졌으나, 1974년 8월 29일 만화 「베르사유의 장미」를 원작으로 한 공연이 크게 성공하면서 부활했다. 본래 다카라즈카 가극의 영향을 받아 형성되었던 소녀만화가 다시 다카라즈카 가극단의 주된 레퍼토리로 활용되고 있는 것이다.

을 뿐이다.

그런데 이 과정에서 이루어지는 역사 표현이 높은 사실성을 바탕으로 이루어졌다는 점이 주목되는 부분이다. 루이 16세와 뒤바리 부인 등 실존인물들의 모습은 초상화나 조각품과 유사하게 그렸고, 건축물이나 패션소품 등도 당대의 것을 충실하게 재현했다. 역사적 사건을 묘사한 장면 또한 실존하는 그림 자료를 반영한 경우가 많다.

대표적인 예가 아래의 그림들로, 1789년 10월 5일 새벽에 발생했던 '베르사유 행진(La Marche des Femmes sur Versailles)' 사건에 대한 삽화를 그대로 활용한 것이다. 이와 같은 이미지 표현 이외에도 작가는 작품의 곳곳에 역사적 사실에 대한 설명을 배치하여 리얼리티(reality)를 강조하는 창작 전략을 활용했다.

▲ 베르사유 행진 삽화와 『베르사유의 장미』 제7권에 제시된 해당 장면.

『베르사유의 장미』가 "역사교과서의 역할을 훌륭하게 해내고 있"는 "진정한 역사만화"라는 주장은 이에 근거한 것이다.[16] 하지만 이는 사실과 분명히 다르다. 리얼리티는 마치 사실처럼 그럴 듯하게

16 이성재, 「일본 만화 "베르사유의 장미"의 미학과 역사적 상상력」, 《서양사연구》 제34집, 한국서양사연구회, 2006, 281쪽.

재현하는 기법에 불과할 뿐, 그 자체로 역사의 전달을 의미하지 않는다. 현실에 존재하지 않는 세계를 다룬 SF나 판타지 작품에서도 리얼리티가 중요한 창작방법의 하나로 활용되는 이유도 그 때문이다. 일본의 판타지소설가 하카와 레이코(はかわ玲子)가 제시한 사례처럼, 제아무리 환상의 세계라고 해도 "길이가 200미터나 되는 고블린"이 나타난다는 설정은 리얼리티가 결여된 것이다.[17]

이러한 개념은 역사를 다룬 만화에도 그대로 적용된다. 요컨대 리얼리티는 작품의 설정을 견고하게 만들기 위해 사용되는 것이지, 역사 전달을 목적으로 하지 않는다. 그러한 까닭에 작가의 의도에 따른 변형은 얼마든지 이루어질 수 있다. 실제로 작품에서 오스칼이 착용했던 군복의 디자인을 비롯한 몇몇 부분은 역사적 사실과 부합되지 않는다.[18]

그럼에도 불구하고 『베르사유의 장미』를 통해 프랑스 시민혁명의 전개과정을 학습하는 일이 불가능한 것은 아니다. 목적이야 어떠하든 작품에 구현된 리얼리티는 역사적 가치가 높고, 일부 변형된 부분도 충실하게 해설이 달려있다. 하지만 학습은 어디까지나 부차적 성과에 지나지 않는다. 『베르사유의 장미』는 어디까지나 엔터테인먼트 콘텐츠, 즉 미적(美的) 쾌감의 전달을 목적으로 하기 때문이다. 그러니 이 작품을 감상하는 올바른 방법은 우선 즐기는 것이다. 바로 그것이 만화가 역사를 활용하는 세 번째 방법이다.

17 はかわ玲子, 이만옥 역, 『도쿄에서 판타지를 읽다』, 청어람미디어, 2004, 81~83쪽.: 이 표현에 리얼리티가 부족한 것은 다음과 같은 두 가지 이유 때문이다. 우선 '미터(meter)'는 "지구의 원주(圓周)에서 길이의 단위를 산출해 낸" 근대적 개념이기 때문에 판타지에 제시된 세계에서는 사용할 수 없다. 다른 하나는 '고블린'은 본래 "영국의 민간전승 속에 나오는 사악한 난쟁이 종족"이기 때문에 거인을 표현하는 용어로는 적당하지 않다.

18 작가 이케다 리요코는 오스칼이 착용한 군복은 19세기 초의 나폴레옹시대 디자인이라고 밝히면서, 이는 미적인 차원에서 굳이 사용한 것이라고 해명했다(이성재, 앞의 글, 281쪽.). 이 진술을 통해서 『베르사유의 장미』의 엄정한 고증작업은 역사적 사실의 전달이 아니라 리얼리티 구축을 목적으로 이루어졌다는 사실을 확인할 수 있다.

3. 확장되는 상상력, 영토의 한계

지금까지 살펴본 것처럼, 만화는 역사를 활용하여 다채로운 분야들을 생산해내고 있다. 이런 현상이 만화에 국한되는 것은 아니다. 소설, 드라마, 영화, 게임 등등을 비롯한 문화콘텐츠의 여러 분야에서 같은 변화가 나타나고 있다. 그리고 이러한 변화의 주도권은 상상력이 쥐고 있다. 이전 작품이 역사적 사실의 구현을 위해 노력했다면, 최근에 등장한 팩션을 위시한 일련의 작품들은 상상력의 발현에 더욱 집중한다. 앞서 살펴본 매뉴얼 구분에 따르자면, 엔터테인먼트로의 역사 활용이 강화되고 있는 것이다.

그에 따라서 앞서 살핀 작품들보다 상상력이 더욱 강조된 사례도 등장하고 있다. 단순한 허구의 개입이 아니라 판타지의 영역으로 넘어간 경우가 그것인데, 이 역시 최근에 한정되는 경향은 아니다. 1992년 연재를 시작한 김진의 만화 『바람의 나라』가 대표적인 사례이다. 이 작품의 스토리텔링은 주인공인 고구려의 대무신왕(大武神王)이 아버지 유리왕 사후에 권력을 장악하고, 부여와 전쟁을 벌이며, 아들 호동을 이용해서 낙랑을 공격하는 일련의 역사적 사건들을 근간으로 한다. 다만 그 과정에서 신수(神獸), 주술, 요괴 등의 환상적인 요소들이 결합되어 역사만화와는 확연하게 구분되는 이야기로 표현되었다.

『바람의 나라』에 제시된 신이(神異) 요소는 "적절하게 공식 역사와 결합"[19]되었다는 평가를 받고 있다. 이는 작품의 배경이 문자 이전, 즉 전설과 역사가 구분되지 않았던 시대였기에 가능한 일이었다. 애초에

19 김지영, 「팩션 시대의 역사 만화—김진의 "바람의 나라"를 중심으로」, 《국제어문》 제42집, 국제어문학회, 2008, 543쪽.

그 시기에 대한 역사적 기록인 『삼국사기』의 고구려 본기부터가 환상적인 성격이 강했기 때문이다. 그렇다고 해도 『바람의 나라』가 그 모든 요소를 그대로 활용한 것은 아니다. '마법의 솥'은 해명 태자가 이끄는 죽은 자들의 군대를 매개하는 무녀로 바뀌었고, '자명고'는 낙랑의 왕자 운과 충의 정신적인 공명으로 바뀌었다. 이러한 변환은 작품의 내적 논리에 따른 '합리적 화소'로의 전환인데, 이를 통해서 신이한 요소들은 "산발적으로 흩어진 것이 아니라 일정하게 통일된 구도를 마련"[20]했다고 평가된다.

이와 같은 사실을 십분 고려하더라도, 이 작품을 역사만화의 범주에 포함시키기는 어렵다. 역사는 어디까지나 사료(史料)에 대한 논리적 해석이기 때문이다. 논리의 범주를 벗어날 때, 그 소재는 환상의 영역으로 넘어간다. 다소간의 사실을 포함했더라도 신화와 전설이 역사에 포함되지 않는 까닭도 같은 맥락에서 설명할 수 있다. 그러므로 『바람의 나라』와 같이 신이한 상상력을 전면에 내세운 작품은 역사만화의 한 영역이 아니라, 역사를 수용한 판타지로 규정하는 것이 타당할 것이다.

지금까지 진행된 논의를 통해 만화에서 역사 활용의 범위와 한계를 확인할 수 있었다. 이는 중요한 시사점을 제공한다. 태생적으로 상상력의 발현이 용이한 탓에, 어린이 문화콘텐츠는 여타의 분야에 비해서 역사적 사실에 대한 자유로운 표현이 이루어져 왔던 것이 사실이다. 이 자체를 문제라고 평가하기는 어렵다. 오히려 분방한 상상력이야말로 어린이 문화콘텐츠만의 장점으로 작용했다.

다만 역사 왜곡 시비에서 자유롭지 못했다는 사실만큼은 분명하게 인정해야 한다. 적어도 역사를 표방하는 작품이라면 창작과정에서 발

20 위의 글, 545~546쪽.

생하는 변용과 오류에 대해서는 명확한 설명이 함께 제시되어야 할 것이다. 또한 역사 이야기는 어디까지나 논리적 해석의 범위를 넘어설 수 없다는 사실이 간과되어서는 안 된다. 판타지는 그 나름의 가치를 가진다. 그럼에도 불구하고 판타지로의 본질을 감춘 채, 역사 이야기로 인정받고자 하는 태도가 문제이다. 이것이야말로 판타지를 비하하는 태도가 될 것이다.

온전하게 사실에만 근거한 역사는 있을 수 없다. 완벽하게 객관적인 해석 또한 있을 수 없다. 인간의 삶이 그러하듯, 삶과 삶의 총합으로 구성되는 역사 역시 불완전한 기록에 불과하다. 그와 같은 불완전함 속에서 완전한 이야기를 만들어내려는 노력이 바로 창작활동이 아니겠는가. 우리는 역사이야기가 범람하는 시대에 살고 있다. 그만큼 현재에 불안을 느낀다는 증거일 것이다. 이런 불안을 떨쳐내기 위해 우리는 끊임없이 이야기를 만들어낸다. 그 아득한 옛날, 우리의 선조들이 그러했던 것처럼.

tag 역사, 만화, 팩션, 이원복, 먼 나라 이웃 나라, 나카자와 케이지, 맨발의 겐, 이케다 리요코, 베르사유의 장미, 김진, 바람의 나라, 판타지

10
Robot

현실이 만든 꿈,
꿈이 만든 현실

현실이 만든 꿈, 꿈이 만든 현실

1. 인간, 창조하다

> 우리와 비슷하게 우리 모습으로 사람을 만들자. 그래서 그가 바다의 물고기와 하늘의 새와 집짐승과 온갖 들짐승과 땅을 기어 다니는 온갖 것을 다스리게 하자.[1]

인간은 끊임없이 자신을 규정하려고 노력해왔다. 다른 동물은 가지지 못한 특성을 근거로 들면서 스스로가 우월한 피조물이라는 사실을 증명하려 했다. 그동안 실로 다양한 설명들이 제시되었지만, 다음과 같은 세 가지가 가장 대표적이다. 생각하고〔Homo Sapiens〕, 도구를 사용하고〔Homo Faber〕, 놀이를 즐기는 것〔Homo Ludens〕.[2]

그러나 인간이란 존재가 본디 그러하듯, 이 정의들도 불완전하다.

1 「창세기」 1장 26절.

2 Johan Huizinga, 김윤수 역, 『호로 루덴스(*Homo Ludens, A Study of the play Element in Culture)*』, 까치, 1981, 7쪽.

대체적으로 타당하지만 전부를 규정하지는 못한다. 동물들과의 차이를 드러낼 수는 있지만 인간만이 가진 능력을 제시할 수는 없고, 행동을 설명할 수는 있지만 목적을 드러내지는 못한다. 인간은 어째서 그러한 특징을 가지게 되었는가? 무엇 때문에 생각하고, 무엇을 위해 만들고, 무슨 까닭으로 놀이에 몰입하는가? 이런 행동이 추구하는 것은 마침내 무엇인가? 이 질문들에 대한 대답은 한 가지 방향으로 모아진다.

창조. 바로 이것이 그 모든 특징들이 지향하는 목표이고, 인간에게 특별한 피조물의 지위를 보장해주는 요소이다. 오랜 시간동안 창조는 신의 영역에 속하는 일이었다. 물론 인간도 새로운 것을 만들어내지만, 그것은 어디까지나 신과 비슷하게 창조된 축복받은 피조물이기 때문이라고 설명되었다. 그러므로 인간의 창조행위는 신의 권능을 흉내내는 일이며, 인간이 만드는 것들은 모사품에 지나지 않았다. 적어도 인간이 자신을 닮은 피조물을 창조하기 전까지는 분명히 그러했다.

물론 인간이 자신의 형상을 본 딴 사물을 만드는 일은 아주 오래 전부터 이루어져 왔다. 그림이나 조각과 같은 시각예술 분야는 물론이고 가면, 인형, 장난감에 이르기까지. 하지만 이런 일은 신에 대한 도전으로 간주되지 않았다. 이론적으로는 인간의 형상이 신에게서 비롯되었기 때문이며, 실질적으로는 각 매체들이 가진 한계 때문이었다. 제아무리 아름다운 모습이 새겨진 상아라고 하더라도 '아름다운 나의 여인(My Fair Lady)'으로 변하는 일 따위는 일어나지 않는다.[3] 그렇지만 기

3 그리스신화에 나오는 키프로스의 왕 피그말리온(Pygmalion)은 자신이 상아에 조각한 여인상을 사랑하게 되는데, 이 이루어질 수 없는 사랑을 안타깝게 여긴 여신 아프로디테가 상아에 생명을 불어넣어 여인으로 만들어준다. 그러나 이들의 사랑은 어디까지나 신화시대에나 이루어질 수 있었던 것이다. 인간의 시대인 20세기 초반에 상연된 버나드 쇼(George Bernard Shaw)의 희곡 「피그말리온」에 등장하는 인물들은 맺어지지 않는다. 이후 〈마이 페어 레이디(My Fair Lady)〉라는 이름으로 개작된 뮤지컬과 영화에서는 사랑을 이루지만, 이는 이미 피그말리온 이야기가 아니다. 브로드웨이와 할리우드가 좋아하는 신데렐라 이야기로 바뀌었기 때문이다.

술이 발달하면서 인간의 창작품은 점차 정교해졌다. 눈을 반짝이고, 손가락을 움직이고, 말을 하기 시작한다. 그리하여 마침내 인간을 닮은 기계, 로봇(robot)이 만들어진다.

▲김지운 감독의 작품이 포함된 옴니버스 영화 〈인류멸망보고서〉의 포스터

로봇은 그동안 인간이 만들어낸 피조물과는 완전히 다른 차원의 존재이다. 스스로 사고하고, 자동적으로 다른 물건을 생산하고, 놀이에 개입하여 즐거움을 만들어낸다. 앞서 제시한 인간의 특성을 모두 갖추고 있는 것이다. 아니, 로봇의 능력은 오히려 인간보다도 뛰어나다. 보다 복잡한 계산을 척척 해내고, 더욱 정교한 작업이 가능하며, 인간이 접근하지 못하는 영역에서 재미를 만들어내기까지 한다.

그리하여 이제 인간적인 특성에 대한 규정을 재고해야 한다는 요구가 높아지고 있다. 그와 함께 신과 인간의 관계 또한 다시 정립될 필요가 있다는 주장도 제기되고 있다.

그동안 이와 같은 요구와 주장을 담은 문화콘텐츠 작품들은 여러 편 제작되었다. 그 중에서도 특히 김지운 감독의 단편영화 〈천상의 피조물〉(2011)은 흥미로운 아이디어를 제시한다. 사찰에서 안내 역할을 하는 로봇이 도(道)를 깨우쳤다고 주장한다. 가장 비천한 동물인 개에게도 불성(佛性)이 있다는 불교의 가르침에 따르자면, 로봇 역시 깨달음을 얻을 수 있지 않겠는가? 하지만 로봇의 해탈은 프로그램 오작동과 어떻게 다른가? 작품은 명확한 답을 제시하지 않는다. 다만 가능성을 보여줄 뿐이다.

신은 자신을 닮은 인간을 만들고서 창조를 멈추었다. 인간이야말로 가장 우월한 피조물이기 때문이다. 그리고 인간은 로봇을 만들어 냈다. 그렇다면 인간 역시 창조를 멈출 것인가? 혹은 인간은 신의 지위에 오른 것인가?

쉽게 답을 찾을 수 없는 질문이고, 성급하게 단정할 수도 없는 문제이다. 무리한 진행을 멈추고 판단을 중지하자. 다만 로봇은 산업공학에만 국한되는 문제가 아니라, 보다 넓은 영역과 연결되어 있다는 사실을 확인하는 것이 중요하다.

2. 로봇, 기원과 영역

> 당신들은 로봇과 다릅니다. 당신들은 로봇처럼 능력이 뛰어나지 않습니다. 로봇은 뭐든 할 수 있지만, 당신들은 명령만 내릴 뿐이지요. (……) 저는 어떤 주인도 필요 없습니다. 스스로 모든 걸 알 수 있습니다.[4]

로봇은 결코 현대 문명의 산물이 아니다. 현실에서의 구현은 과학기술 발전에 힘입어 이루어졌지만, 개념 형성만큼은 상상력의 도움을 받았다. 멀리는 그리스신화에 등장하는 크레타섬을 지키는 청동거인 탈로스(Talos)부터, 가깝게는 세계 곳곳에서 제작되었던 자동인형들에 이

4 Karel Čapek, 조현진 역, 『로숨의 유니버설 로봇(*Rossum's Universal Robots*)』, 리젬, 2010, 70~71쪽. 로봇 라디우스의 대사.

르기까지,[5] 인간은 아주 오래 전부터 로봇과 유사한 존재를 꿈꿔왔다.

▲「로숨의 유니버셜 로봇」의 로봇 반란 장면.
출처: 위키피디아 (영문판) http://en.wikipedia.org/wiki/File:Capek_RUR.jpg

인간의 상상력이 현대적인 로봇의 개념에 근접하게 된 것은 1920년, 체코 작가 차페크(Karel Čapek)가 발표한 희곡「로숨의 유니버설 로봇(*Rossum's Universal Robots*)」과 그를 바탕으로 한 연극이 상연된 이후부터이다. '로봇'이라는 용어는 이 작품에서 처음으로 사용되었는데, 이는 '일하다' 혹은 '강제노동'을 뜻하는 'robota'라는 말에서 비롯되었다. 바로 이러한 설정에서 로봇은 인간의 일을 대신해 주는 도구라는 인식이 형성된 것이다.[6] 현실에서의 로봇 개발이 산업 분야를 중심으로 진행되었던 까닭도 같은 맥락에서 이해할 수 있다.

이외에도 차페크의 작품에 제시된 로봇은 복잡한 의미망을 내포하

5 로봇의 원형으로 제시되는 사례로는 흔히 르네상스시대 유럽에서 유행했던 '오토마타(automata)'와 일본 에도시대에 만들어진 '꼭두각시인형'이 언급된다. 특히 일본 연구자들의 저술에서 자주 발견되는 이러한 태도는 분명한 잘못이다. 우리나라만 하더라도 에도시대보다 훨씬 앞선 세종대왕 통치기에 장영실이 제작했던 자격루(自擊漏)와 옥루(玉漏) 등에 자동인형을 활용했다는 기록이 전한다.
이외에도 세계 여러 지역에서 자동인형에 대한 실물과 기록이 발견되는데, 이를 마치 유럽과 일본만의 유산인 것처럼 취급하는 것은 무지와 독선의 결과다. 보편적인 안목으로 인류 문명사를 파악하지 못했다는 점에서 지식이 부족하며, 그처럼 편협한 주장을 근거로 자신들이 로봇기술을 선도하는 일이 당연한 역사적 소명인 것처럼 포장하고 있다는 점에서 오만한 선동에 지나지 않는다.

6 이러한 인식은 세계 여러 나라로 전파되었다. 우리나라도 마찬가지인데, 1933년『신동아』5월호에 게재된 '50년 후의 세계'라는 특집기사를 보면「미래의 노동자 로봇트군」이란 제목으로 영국 기술자 메이(Harry may)가 만든 로봇 모형 사진이 실려 있다. 이 모형의 디자인은 흑인노예와 흡사하여, 당시 서구사회의 로봇에 대한 인식을 확인할 수 있다(배일한,『인터넷 다음은 로봇이다』, 동아시아, 2003, 14~15쪽.).

고 있다. 우선 주목되는 부분은 노동자 로봇들이 반란을 일으켜서 지배자였던 인간들을 제압하고 자신들만의 세상을 건설한다는 설정이다. 이것은 명백하게 당시에 활발히 전개되던 노동해방 운동과 러시아 사회주의혁명의 영향을 받은 것이다. 그런 점에서 차페크의 작품은 현실 문제에 대한 알레고리로 작용한다고 할 수 있다.

다만 이러한 설정을 계승한 이후 문화콘텐츠 작품들은 계급적인 갈등은 약화되고 그로 인해서 촉발된 위기상황인 '로봇 반란(robot uprising)'만을 강조한 경우가 많았다. 〈터미네이터(*The Terminator*)〉 시리즈가 대표적인 예이다. 이는 1984년 처음 발표된 이후 총 4편의 영화와 1편의 TV드라마가 만들어졌는데, 각각의 작품에서 당대 최고의 특수효과와 현란한 액션 기술을 동원하여 관심을 모았다. 전체적인 이야기 줄기는 인류와 로봇이 전쟁을 벌인다는 설정에 기반을 두고 시리즈 전개에 따라 세계관을 다각도로 심화시켰으나, 정작 전쟁 발발 이유에 대해서는 명백한 제시가 이루어지지 않았다.

> **로숨은 진짜 사람을 만들려고 했어요. 과학의 힘으로 신의 영역을 넘본 거지요. 그는 신이 필요 없다는 걸 증명하고 싶어 했어요. (……) 로봇이 유용한 노동력이 될 거라고 생각한 건 아들이었지요. 교과서로서는 두 로숨이 힘을 합쳐서 일했다고 나와 있지만 말도 안 되는 이야기예요. 사실 그들은 지독하게 싸웠거든요. 늙은 로숨은 산업에 대해서는 전혀 관심이 없었어요. 결국 아들은 아버지를 연구실에 가둬 버리고 말았지요. 그리고 아들은 생산을 시작했어요.[7]**

차페크의 작품이 가진 또 다른 의의는 로봇을 만들어낸 이유를 신의

7 Karel Čapek, 앞의 책, 15~17쪽.

영역을 넘본 '과학의 힘', 혹은 그것을 남용했던 인간의 독선으로 제시했다는 점이다. 작품에서 로봇들은 반란에 성공하지만 그리 오래지 않아 쇠락해버린다. 그들에게는 인간이 가진 위대한 능력, 즉 창조하는 힘이 결여되었기 때문이다. 로봇은 이미 만들어진 생산체계를 운영할 수는 있지만 새로운 것을 만들어내지 못한다. 무엇보다 생명을 잉태할 수 없다. 그러므로 그들은 자신들이 가지지 못한 능력을 동경한다.

이러한 설정도 이후의 작품들에서 자주 활용되었다. 사랑을 느끼고 그것을 이루기 위해서 인간이 되고자 했던 로봇 캐릭터를 제시한 영화 〈바이센테니얼맨(*Bicentennial Man*)〉(1999)이 대표 사례이다. 물론 이 작품은 할리우드가 즐겨 다루었던 로맨스의 서사구조를 답습하면서 남자주인공을 로봇으로 교체했을 뿐이다. 그러나 감정을 느끼게 되는 과정이 매우 섬세하게 표현되어 관객들의 이해를 이끌어낼 수 있었다.

엄격한 의미에서 차페크의 희곡에 제시된 로봇은 복제인간 혹은 인조인간에 가깝다. 여기에 기계의 이미지가 부가된 것은 작품 상연 당시에 유행했던 러시아 아방가르드풍의 미술이 무대에 도입되었기 때문이다.[8] 이처럼 인간과의 경계가 모호했던 로봇이 기계와 접목되면서 명확한 정체성을 부여받을 수 있었다. 그러한 작업을 주도했던 것은 소설을 중심으로 한 SF의 작가들이었다.

특히 아시모프(Isaac Asimov)의 공로는 매우 컸다. 그는 그동안 공포를 유발하는 존재로만 다루어졌던 로봇에게 친근한 이미지를 부여했다. 또한 이른바 '로봇공학의 3원칙(Three Laws of Robotics)'으로 알려진 법칙을 선정하고 전파하여 로봇의 기본 개념을 형성하는 데 기여했다.

8 瀨名秀明, 「로봇 공존사회와 휴머니티」, 井上博允 외 3인, 박정희 역, 『로봇, 미래를 말하다(ロボット学創成)』, 전자신문사, 2008, 144쪽.

이 원칙은 문화예술 작품은 물론이고 산업공학 분야에서 광범위하게 통용되면서 현재까지도 막강한 영향력을 발휘하고 있다.

1. 로봇은 인간에게 위해를 가할 수 없으며, 인간이 위험한 상황에 처했을 때 방관해서도 안 된다.

2. 로봇은 첫 번째 원칙에 위배되는 경우를 제외하면 인간이 내린 명령에 복종해야 한다.

3. 로봇은 첫 번째 및 두 번째 원칙에 위배되지 않는 한 자신의 존재를 보호해야 한다.[9]

또한 아시모프는 왕성한 집필활동을 병행했다. 그의 소설이 모두 완성도가 높은 것은 아니지만, 발상의 독창성과 세계관 구축만큼은 높은 성취를 이루었다. 아시모프의 작품들이 지속적으로 영상예술로 제작되면서 현재성을 확보하게 된 이유도 거기에 있다. 1950년 간행된 소설집을 원작으로 만든 영화 〈아이, 로봇(*I, Robot*)〉(2004)이 그러하다. 영화의 이야기야 새로울 것이 없지만, 컴퓨터그래픽 및 특수효과의 발전으로 풍성해진 볼거리를 제공하여 대중성을 확보했다.

이처럼 로봇에 대한 상상력은 영상예술과 결합하면서 다양한 의미망을 형성하게 된다. 특히 실재하지 않는 오브제를 표현하는데 유리한 애니메이션은 로봇 관련 이야기 창작에서 주도적인 역할을 수행한다. 가장 선도적인 작품으로 데즈카 오사무(手塚治虫)의 〈아톰(アトム)〉을 꼽을 수 있다.[10]

9 Isaac Asimov, 「로봇 연대기」, 김선형 역, 『아시모프의 과학소설 창작백과(Gold)』, 웅진씽크빅, 2008, 47쪽.

▲ 〈아톰〉의 캐릭터 이미지

이 작품이 가진 의의는 어린이와 닮은 로봇을 주인공으로 제시했다는 사실이다. 이는 아톰이 교통사고로 죽은 초등학생 아들을 대신하려는 목적으로 제작되었다는 설정에서 비롯된 것으로, 여기에서 작품의 주된 시청계층인 어린이들과의 동감 형성이 가능했던 이유를 찾을 수 있다. 이전의 로봇 이야기들이 주로 성인을 대상으로 했다면, 이 작품은 철저하게 어린이의 관점과 입장을 지켰다. 이성보다는 감정에 호소했고, 친구를 위해 싸웠으며, 대립하기보다 화해를 추구했다. 그런 까닭에 아톰은 지금까지도 "세대와 세대를 연결하는 대사의 역할"[11]을 수행할 수 있는 로봇으로 선정될 수 있는 것이다.

물론 냉정하게 판단하자면 작품의 완성도는 다소 떨어지는 편이다. 스토리라인은 단순하고, 선악의 구도는 평면적이며, 각각의 에피소드가 급박하게 마무리된 경우도 적지 않다. 하지만 그 모든 단점보다 캐릭터가 가진 매력이 훨씬 컸다.

아톰은 아이들의 손을 잡아 로봇 이야기로 이끌었다. 그리고 그때

10 〈아톰〉의 원작 만화는 1952년부터 1968년까지 연재되고, 인형극과 드라마로도 만들어졌으나 폭넓은 인기를 끌었던 것은 애니메이션으로 제작된 이후였다. 1963년부터 1966년까지 193화, 1980년부터 1981년까지 52화, 2003년부터 2004년까지 50화가 TV시리즈로 방영되어 매번 높은 시청률을 기록했고, 2010년에는 할리우드에서 극장용 3D애니메이션으로 만들어지기도 했다.
초기 제목은 '아톰 대사(大使)'였다가 이후 '철완(鉄腕) 아톰'으로 바뀌었으며, 미국에서는 '아스트로 보이(Astro Boy)'라는 이름으로 알려졌다. 우리나라에서는 미국식 명칭을 번역하여 '우주소년 아톰'으로 소개되어 큰 인기를 끌었으며, 특히 행진곡풍의 주제곡이 널리 불려졌다. 당시 아톰을 보았던 세대 중에는 애니메이션의 내용은 잊었지만, "푸른 하늘 저 멀리, 라랄라 힘차게 나는 우주 소년 아톰"으로 시작되는 노래를 기억하는 사람도 많다.

11 瀬名秀明, 앞의 글, 220쪽.

TV 앞에 모였던 아이들이 현재의 로봇연구를 주도하고 있다. 적어도 일본이 세계 로봇시장을 주도하는 한 축이 될 수 있었던 배경에는 아톰의 역할이 분명하게 작용했다.[12] 이후 만들어진 로봇 애니메이션들은 직·간접적으로 〈아톰〉의 영향을 받았다. 로봇의 종류와 크기는 각양각색으로 변했지만 어떤 측면에서든 아이들과의 연결된다는 점은 바뀌지 않았다.

3. 로봇 애니메이션의 방향성

소년은 만들어진다. 생물학적 성별(sex)이야 타고나는 것이지만, 사회학적 성역할(gender)은 사회적 관습에 의해 학습된다. 일반적으로 로봇은 남자아이들의 장난감으로 간주되는데, 이는 명백한 편견이다. 하지만 그 속에는 로봇을 무기로 인식하는 견해와 전투를 남성의 역할로 규정하는 태도가 포함되어 있다는 점이 주목된다.[13] 최근의 연구에서 새롭게 각광받는 분야가 군사용 로봇이라는 사실을 고려한다면, 이러한 편견도 영 허무맹랑한 것만은 아닐 것이다.

한편 로봇에 부여된 견해와 태도는 관련 문화콘텐츠를 '청소년유해매체물'로 규정하는 근거가 되기도 했다. 폭력성을 조장한다는 이유였다. 하지만 이 주장의 오류는 분명하다. 우선 선후관계가 잘못되었다. 로봇이 폭력을 만드는 것이 아니라, 먼저 존재했던 폭력성이 로봇에

12 東嶋和子, 조성구 역, 『로봇의 시대』, 사이언스북스, 2002, 12쪽.

13 이러한 인식을 여성주의의 관점으로 파악하면 "젠더는 군사주의를 작동시키는 가장 강력한 사회적 기제"라고 설명된다. 여기에서 군사주의는 "남성성, 여성성, 성별 이분법 같은 개념과 문화에 의존하는, 그 자체로 성별화된(gendered) 사회 현상이며, 동시에 성별 구조의 핵심을 이루는 제도"를 의미하는데(정희진, 『페미니즘의 도전』, 교양인, 2005, 245쪽.), 이에 따르면 로봇을 무기 혹은 전투의 수단으로 파악하는 태도 역시 군사주의의 영향이라고 할 수 있다

투사된 것이다. 그러니 책임은 로봇이 아니라 인간에게 있다. 또한 구분이 잘못되었다. 무기로 활용된다고 무조건 폭력에 봉사하는 것은 결코 아니다. 총이 그러하지 않은가. 강도가 휘두르면 폭력이지만, 경찰이 정당하게 사용하면 법집행 도구가 된다. 로봇도 역시 마찬가지다. 마지막으로 놀이문화에 대한 이해가 부족하다. 쟁투(爭鬪)는 인간의 본능이면서 동시에 주요한 놀이수단이다. 특히 규칙이 확보된 싸움은 명백하게 놀이의 속성이 가진다. 장기가 그렇고, 스포츠 경기가 그러하다.[14] 이러한 활동들과 로봇은 대체 무엇이 다른가?

이러한 편견에서 벗어나기 위해서는 논의의 방향을 전환해야 한다. 그동안 진행되었던 로봇 관련 논의들은 대부분 선진문물을 소개하는 수준에 불과했다. 문제의 핵심에 접근하기 위해서는 풍문이 아니라 텍스트에 집중해야 한다. 그를 통해서만 로봇이 가진 이야기 가치를 분석할 수 있기 때문이다.

1) 애착

"마징가Z만 있으면 너는 신도, 악마도 될 수 있어."[15]

앞서 소개했던 〈아톰〉 이후 발표된 작품 중에서 대중의 관심을 가장 집중시켰던 로봇 이야기는 〈마징가Z(マジンガーZ)〉이다. 이 로봇은 여러 측면에서 기존 작품과 변별된다. 우선 주목되는 부분은 외형이다. 아톰이 초등학생 정도의 몸집인데 비해서 마징가Z는 신장은 18미터에 이른다. 아톰의 몸과 얼굴은 인간과 구별하기 어렵지만, 마징가Z는 인

14 Johan Huizinga, 앞의 책, 67쪽. 참조.
15 애니메이션 〈마징가Z〉 제1화. 마징가Z를 개발한 할아버지의 조언.

▲ 〈마징가Z〉 일러스트. 거대한 로봇의 머리 부분에 조종사가 합체해있는 장면.

간형 몸체를 가졌지만 얼굴만큼은 괴물에 가깝다. 이는 원작자 나가이 고(永井豪)의 세계관이 반영된 결과이다.[16] 이러한 디자인을 가진 로봇에게 동질감을 느끼기는 어려운 일이다.

하지만 수많은 어린이들이 〈마징가Z〉에 열광했나. 그것은 무엇보다 조종방식 때문이었다. 아톰은 스스로 판단하고 움직인다. 그에 비해 마징가Z는 인간 파일럿이 로봇에 합체해야 비로소 움직일 수 있다. 즉, 어린아이들에게 아톰은 비슷한 모습을 가진 친구이지만, 마징가Z는 자기 마음대로 조종할 수 있는 놀이기구로 받아들여진 것이다. 그런 점에서 조종사가 합체하는 지점이 로봇의 머리 부분이라는 설정은 매우 상징적이다.

과학적으로 검증하자면 이런 설정은 매우 불합리하고 위험하다. 우선 거대 로봇이 이족보행을 하는 것 자체가 쉬운 일이 아니다. 균형을 잡기도 쉽지 않을뿐더러, 조종사가 그 높이에 위치한다면 로봇이 움직일 때마다 진동 때문에 엄청난 충격을 받게 된다. 더구나 마징가Z의

16 이에 대해서는 다음 견해를 참고할 수 있다. "사실 마징가Z는 로봇으로서는 지나치게 괴기스러운 모습으로 디자인되었다. 몸체는 검은색이 주조를 이루는 디자인, 핏빛처럼 붉은 가슴의 고열판. 그 당시에 만들어진 로봇들은 전부 눈동자가 있었는데, 눈동자 없이 치켜 뜬 마징가Z의 눈은 무시무시한 느낌마저 주고 있지 않은가. 이빨을 드러낸 입 주변의 바이저도 인상적이다. 이것은 모두 원작자 나가이 고의 악마 취향에서 따온 모습인데, 사실 마징가Z는 악마가 만들었다는 초기 설정도 있었을 정도로 선악이 뒤바뀐 설정을 즐기는 전형적인 '나가이 고 스타일'의 로봇이었던 것이다."〔선정우, 『슈퍼 로봇의 혼(魂)』, 시공사, 2002, 27쪽.〕

조종석은 무방비로 노출되어 있다. 시야를 확보하기 위해서겠지만, 이래서야 적들의 공격을 방어하기 어렵다. 또한 조종석 바로 밑에 위치한 로봇의 눈에서는 강력한 레이저빔까지 발사된다. 아무래도 마징가Z 제작자들은 조종사의 안전 따위는 전혀 고려하지 않은 듯하다.

여러 가지 불합리한 점에도 불구하고, 이러한 설정이 가진 심리적 효과는 매우 크다. 정서적인 연대가 강화될 수 있기 때문이다. 두뇌는 사고를 통제하고 행동을 지시하는 기관이다. 조종사는 로봇의 머리에 자리 잡음으로써 두뇌가 된다. 〈마징가Z〉의 조종사는 소년이다. 이는 〈아톰〉 이후의 로봇 애니메이션에서 반복적으로 활용된 로봇과 어린아이의 접점 찾기에 대한 계승이며, 동시에 "무장(武裝)에 대한 경도(傾倒)"[17]라는 사춘기적 욕망의 발현이다. 이로써 마징가Z는 장난감이 된다. 거대한 몸집에 무시무시한 힘을 가진 기계이지만, 어디까지나 소년의 의지에 복종하고, 소년의 욕망을 충족하는데 기여하기 때문이다.

시청자들이 동질감을 느끼는 대상은 로봇이 아니라, 그것을 조종하는 소년 가부토 고지였던 것이다. 그러므로 마징가Z에 대한 감정은 동감이 아니라 애착에 해당한다. 아이들이 좋아하는 장난감에 자신을 투사하는 것처럼, 고지는 마징가Z가 공격을 받으면 자신도 아픔을 느끼는 것처럼 행동하지만, 이는 어디까지나 제스처에 불과할 뿐이지 물리적으로 일어날 수 있는 일은 아니다. 장난감을 잃어버린다고 세상이 끝나지 않는 것처럼. 애니메이션의 마지막 화에서 적들의 협공을 받아 만신창이가 된 마징가Z를 대신해서 '그레이트마징가(グレートマジンガ

17 위의 책, 4쪽.: 선정우는 남자아이가 로봇에 열광하는 이유를 다음과 같이 설명한다. "소년은 왜 로봇에 열광하는가. 그 이유는 물론 무장에 대한 경도 탓이다. 본래 인간은 스스로 자기 몸을 지키려는 자위 본능이 있다. 그러나 어린이는 힘이 약하여 뜻대로 자신을 지키기 쉽지 않다. 그래서 무기에 대한 욕망이 생기게 마련이다. 특히 소년은 어느 사회에서나 '남성으로 키워지기' 때문에 소녀에 비해 강해지고 싶다는 욕구가 큰 경우가 많다."

ㅡ)'가 등장한다. 하지만 고지는 멀쩡하다. 자신의 분신과도 같았던 마징가Z는 완전히 훼손당해 버렸음에도 불구하고, 그를 탓할 생각은 없다. 인간이란 본래 그런 법이다. 정들었던 장난감이 고장 나버린 것은 아쉽지만, 보다 성능이 좋은 새 장난감이 생겼으니, 무엇이 문제가 되겠는가. 시청자들도 그대로 만족해버린다.

2) 교감

"정의로 뭉친 주먹 로보트 태권, 용감하고 씩씩한 우리의 친구"[18]

▲ 〈로보트 태권V〉 2007년 디지털 복원판 재개봉 포스터

〈로보트 태권V〉의 전체적인 디자인은 마징가Z와 유사한 부분이 많다. 하지만 그에 못지않게 독창적인 요소를 갖춘 것도 분명한 사실이다.[19] 특히 주목되는 부분은 조종석이 머리가 아니라 가슴에 위치한다는 사실이다. 태권V의 조종사 훈이는 먼저 소형비행기 제비호를 타고 상승한 뒤에 로봇의 머리에 착륙, 내부 엘리베이터 시스템을 이용하여 하강해서 마침내 조종석에 도착한다. 불필요하게 복잡하긴 하지만, 가슴 부분은 두터운 장갑으로 보호

18 〈로보트 태권V〉 주제가 1절.

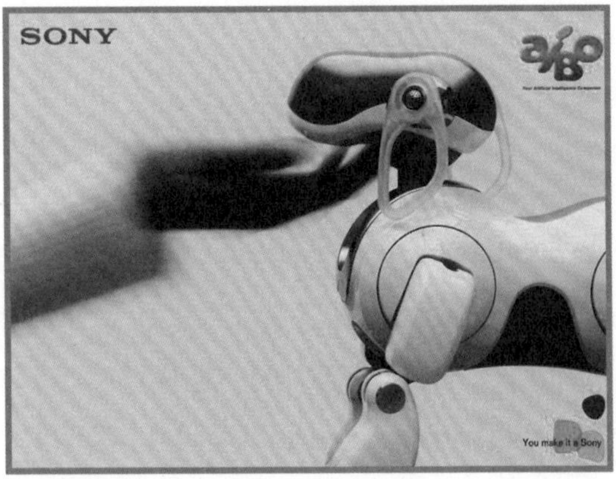

▲ 로봇애완견 아이보 소개 이미지자료. 인간과의 감정 교류가 중요하게 다루어졌다. ⓒSONY

되기 때문에 안전성만큼은 마징가Z의 개방형 조종석보다 월등하게 높아진다. 그러면서도 심리적 효과는 그대로 유지할 수 있다.

머리가 이성적 판단을 의미한다면, 가슴은 감성적 소통을 상징하는 기관이다. 태권V의 필살기는 조종사 훈이와 혼연일체가 되어 구사하는 태권도 기술. 이는 소년의 마음이 로봇과 연결될 때 비로소 이루어지는데, 그것을 담당하는 기관이 머리가 아닌 가슴이라는 점에서 문화심리학적 의미가 만들어 진다. 요컨대 훈이와 태권V 사이에는 가부토 고지와 마징가Z에 비해서 훨씬 더 친밀한 관계가 형성되어 있는 것이다.

이를 지금까지 출시되었던 로봇 관련 제품들에 비유하자면, 틴토이(tin toy)와 로봇애완견 아이보(AIBO)[20]의 차이와 같다. 이들은 모두 대

19 이는 〈로보트 태권V〉를 만들었던 김청기 감독도 인정하는 부분이다. 그는 이를 '실력의 한계'라고 설명했다. "아류작이니 하는 여러 말이 나왔는데 그게 참 부끄러운 일이지만 한편으론 한계야. 실력의 한계. 실력이 있었다면 완전히 다른 모습의 로봇이 나왔겠지. 그 때 우리 디자인 실력으로는 마징가의 영향이 없다고 할 순 없어."(홍지연, 「마징가 닮은 태권V, 부끄러운 한계야」, 《오마이뉴스》, 2007.07.08. 최종업그레이드). 또한 그는 다른 인터뷰를 통해 실력의 한계를 극복하고자 노력했다는 사실을 밝히기도 했다. "마징가가 히트했을 때 로봇 만화의 가능성을 발견했다는 점은 부정하지 않는다. 하지만 양심적으로 말해서 어떻게 하면 마징가를 닮지 않을 수 있는가가 제작진의 가장 큰 숙제였다. 광화문 네거리로 점심을 먹으러 가는데 이순신 장군 동상을 우연히 보게 됐다. 이순신 장군을 닮은 로봇이 우리의 태권 무술을 하는 것이 좋겠다는 생각이 떠올랐다. 태권V가 투구를 쓴 모습으로 제작된 이유도 그렇다."(「태권V가 마징가Z 이기는 이유」, 《세계일보》, 2005.10.06.)

20 일본에 본사를 둔 다국적 기업 소니에서 개발한 애완용 로봇으로, 그 이름은 인공지능을 뜻하는 'A.I.'와 로봇에서 'BO'를 따와서 합성한 것이다. 1998년 프로토타입이 발표되었고, 1999년 5월에 소비자들에게 판매되기 시작했다. 이후 매년 업그레이드 버전을 발표하면서 많은 인기를 모았다. 그러나 2006년 1월 소니가 로봇 개발을 포기하면서 생산이 중단되었다.

량으로 생산되며, 성능과 기능이 유사한 제품도 다수 출시되어 있다. 그럼에도 소유자의 태도는 사뭇 다르다. 틴토이의 경우는 동일 기종으로의 교체나 다른 물건으로의 대체가 빈번하게 이루어진다. 하지만 아이보의 경우에는 그러한 일이 쉽게 일어나지 않는다. 이런 현상의 원인은 무엇보다 소유자와 대상 사이에 감정이 교류되기 때문이다.

〈로보트 태권V〉에 제시된 관계 역시 마찬가지. 조종사는 로봇을 자신과 구분하지 않으며, 태권V를 다른 로봇으로 대체하려 하지도 않는다.[21] 이는 관객들도 역시 마찬가지였다. 그들이 열광했던 것은 훈이의 멋진 겨루기 동작이나, 태권V의 활약상이 아니다. 조종사와 로봇이 일심동체가 되어 구사하는 태권도 기술을 보면서 박수를 치고 목청껏 주제가를 따라 불렀다. 그 과정을 통해서 그들 역시 스크린 속의 주인공이 될 수 있었다. 〈로보트 태권V〉가 어린이들에게 선사했던 감정은 동질감이나 애착이 아니라, 교감이었던 것이다.

3) 무기

"할 수 있을지는 모르겠어. 하지만 해야만 해."[22]

마징가Z와 태권V 시리즈, 그리고 그와 유사한 로봇들을 흔히 '슈퍼로봇'이라 부른다. 과학적이기보다는 공상에 가까운 설정, 혈기왕성하고 열정이 넘치는 조종사, 선과 악의 명확한 대결 구도 등을 특징으로

21 이는 태권V 시리즈의 외전 〈날아라! 우주전함 거북선〉에서 확인된다. 작품은 우주전함 거북선에 필요한 부품을 충당하기 위해 태권V를 해체하는 장면으로 시작된다. 이를 보면서 훈이는 절규한다. 그만큼 태권V와 정서적 일체감을 느끼고 있다는 증거이다. 하지만 그는 다른 로봇을 선택하지 않는다. 마지막 부분에서 해체된 줄 알았던 태권V가 거북선 안에 숨겨져 있었다는 사실이 밝혀진 뒤에야, 그는 다시 조종사로 나선다.

22 TV애니메이션 〈기동전사 건담〉 제2화, 아무로 레이의 대사.

가지기 때문이다. 한동안 로봇 관련 문화콘텐츠에서는 슈퍼로봇들이 활약을 펼쳤다. 하지만 1979년 〈기동전사 건담(機動戦士ガンダムシリーズ)〉이 발표되면서 새로운 개념의 로봇들이 속속 등장하기 시작한다. 이른바 '리얼로봇'의 출현이다. 이는 슈퍼로봇의 설정을 뒤집어놓은 것이지만, 작품 자체에 표현된 과학기술을 살펴보면 그 구분이 엄격하게 이루어졌다고 보기는 어렵다. 리얼로봇도 역시 막강한 힘을 발휘하고, 과학적 설정을 추가했다고는 하지만 여전히 비현실적이다.

이 작품들에서 차별되는 부분은 조종사의 캐릭터였다. 건담의 조종사 역시 소년이지만, 또한 군인이기도 하다. 마징가Z의 고지는 혈기방장 한 오토바이 레이서이고, 태권V의 훈이는 용맹정진 하는 무도인(武道人)이다. 그에 비해 건담을 조종하는 아무로 레이는 지구연방군 소속으로 계급은 상사에 이른다. 신분은 캐릭터의 행동을 규정한다. 소년병 아무로 레이는 명령에 복종해야만 한다. 그는 스스로 원해서 로봇을 조종했던 것이 아니다. 끊임없이 회피하고자 했지만 어쩔 수 없이 전투에 참가하고, 그 과정에서 저지르게 되는 살인으로 인해서 자괴감에 빠지기도 한다. 바로 이것이 아무로가 다른 조종사들과 변별되는 이유이며, 건담이 여타 로봇들과 구분되는 부분이다. 제목에 제시된 것처럼, 이 작품의 로봇은 '움직이는 갑옷(mobile suit)' 즉 전쟁을 위한 도구로 간주된다.

건담 시리즈만큼 로봇이 가진 무기로써의 속성을 분명히 드러낸 작품은 없었다. 여기에서 특유의 복잡한 세계관이 비롯되며, 그것을 바탕으로 리얼로봇의 개념이 도출된다. 전쟁은 선악의 구분이 모호한 행위이다. 정의를 지키기 위한 성전(聖戰) 따위는 위정자들의 사탕발림에 지나지 않는다. 다만 피아(彼我)의 구분이 있을 뿐이다. 그러니 서로 다른 입장, 주장, 목적이 복잡하게 얽히기 마련이고 그 다양성을 경험하면서 소년은 빠르게 성장한다. 본인의 의사와는 아무런 상관없이.

또한 아무로 레이는 동료들과 영향을 주고받으면서 함께 성장한다는 점도 특징적이다. 마징가Z의 고지와 태권V의 훈이에게도 동료는 있다. 하지만 그들은 주변의 영향을 거의 받지 않는 독립된 인물이며, 어떤 경험을 하더라도 성격이 바뀌지 않는 평면적 인물(flat character)이다. 그에 비해서 건담의 아무로는 내성적이고 소극적인 성격으로, 전쟁으로 인해 상처도 받지만, 동료들과 교류하면서 인간을 이해하고 자신의 능력을 각성하는 입체적 인물(round character)이다.[23]

전쟁보다 더 큰 폭력이 어디 있겠는가. 그럼에도 그것을 다룬 이야기들이 용납되는 이유는 폭력 자체를 다루는 것이 아니라, 그를 통해 인간의 다양한 면모를 드러내고 성장에 기여하기 때문이다. 〈기동전사 건담〉의 가치 또한 같은 맥락에서 이해할 수 있다.

엄격하게 따지자면, 이 작품은 어린이보다는 청소년을 대상으로 한다. 그럼에도 이를 다른 작품들과 함께 다룬 까닭은 아톰에서 시작되었던 로봇 애니메이션이 소비자의 성장과 함께 깊이와 넓이를 확보해 나가는 양상을 드러내는 좋은 사례이기 때문이다.

4. 유년의 기억이 미래를 지배한다

모든 생명은 기억의 지배를 받는다. 인간도 마찬가지. 유년기에 접한 문화콘텐츠 작품은 성인이 되어서까지 기억에 남는다. 이것이 중요

23 '평면적 인물'과 '입체적 인물'이라는 구분은 포스터(E. M. Forster)가 제시한 것으로 소설을 비롯한 이야기를 다룬 여러 문화콘텐츠 분야에서 캐릭터 창작방법론으로 활용되고 있다.: E. M. Forster, 이성호 역, 『소설의 이해(*Aspects of the Novel*)』, 문예출판사, 1993, 76~88쪽. 참고.

한 까닭은 이들이 작품을 평가하는 기준으로 작용하고, 나아가 그 영향이 아이들의 진로 선택에까지 영향을 미치기 때문이다.

일본이 산업로봇 분야를 선도하게 된 까닭, 특히 인간형 로봇 연구에서 탁월한 성과를 창출할 수 있었던 이유도 같은 맥락에서 설명된다. 일본의 아이들은 '아톰'을 보면서 로봇에 대한 친근감을 형성했고, '마징가Z'를 보며 소년의 욕망을 표출했으며, '건담'을 보면서 성장을 경험했다. 물론 문화적인 배경만으로 산업이 발전하는 것은 아니다. 하지만 적어도 아이들의 관심을 높이는데 기여했던 것만큼은 분명한 사실이다.

그에 비해서 우리의 경우는 어떠한가? 과학기술의 중요성이 강조되고, 이공계 육성의 필요성이 제기되어 왔지만, 제시되는 해결방안은 연구비와 장학금 지급 등 당장의 불만을 완화하는 수준에 머물고 있다. 이래서야 미래에 대한 준비는 이루어지지 않는다. 미래는 아이들에게서 나온다. 아이들의 수준에 맞춰 과학지식을 가르치는 에듀테인먼트도 방법이 될 것이다. 하지만 그보다 효과적인 일은 꿈을 심어주는 것이다.

우리에게도 '태권V'가 있다. 하지만 그것뿐이다. 물론 이후에 발표된 애니메이션 중에도 로봇이 등장했지만, 그것을 꿈이라고 부를 수 있을까? 구태여 그렇게 불러야 한다면, 차라리 악몽에 가까울 것이다. 그 작품들은 일본의 로봇 이야기를 차용하고, 표절하고, 짜깁기 했다. 최소한의 창조력조차 발휘하지 못한 채. 심지어 태권V마저도 시리즈가 진행될수록 진부한 모방을 반복하면서 전락해버리고 말았다.

한국의 로봇은 아이들을 배신했다. 아니, 보다 정확하게 말하자면 로봇 애니메이션 창작자들이 아이들의 꿈을 짓밟았다. 미래를 보여주기는커녕, 독창적인 창작활동보다 외국 작품을 베껴서라도 이윤을 챙

기면 그만이라는 비뚤어진 경제논리를 가르쳤다. 그리하여 끝내 우리는 외국의 선진문물을 따라할 수밖에 없으리라는 패배주의를 심어놓았다.

어쩔 수 없었다고 변명할지도 모르겠다. 가난했고, 실력이 부족했고, 인식이 성숙하지 못해서 그랬다고. 틀린 말은 아니다. 충분히 이해할 수 있다. 실제로 당시에 횡행했던 표절 행위는 창작자만의 문제는 아니었다. 그보다는 "애니메이션 제작과정에 있어 필수적인 인력인 전문 캐릭터 디자이너와 메카닉 디자이너를 전혀 양성하지 못했던 (혹은 양성할 생각조차 없었던) 현실 속에서 오로지 감독 혼자 제작비 조달과 디자인 전반까지 총괄해야 하는 기형적인 구조"[24] 탓이 더 컸다.

하지만 그 뒤로 30년이 지났다. 소년이 중년으로 변할 만큼의 시간이 흐른 것이다. 그럼에도 한국 로봇 애니메이션의 성장은 거의 이루어지지 못했다. 오히려 외국 문화콘텐츠에 대한 감상이 자유로워지면서 소비자의 안목은 더없이 높아졌고, 그런 까닭에 한국의 로봇 애니메이션은 더욱 외면 받고 있다. 그로 인해 제작사들의 상황은 악화되어 창의적인 작업보다 싸구려 하청이나 모방을 거듭하게 된다. 깊고도 끈질긴 악순환이 지속되고 있는 것이다.

이런 상황에서 벗어날 수 있는 방법은 분명하다. 그 모든 악조건에

24 페니웨이, 『한국 슈퍼로봇 열전』, 한스미디어, 2012, 152쪽.: 한국의 로봇 애니메이션에 대한 정보를 정리한 최초의 저술인 이 책에서 저자는 태권V 시리즈가 표절로 전락해버린 이유도 같은 맥락에서 설명하고 있다. 그는 1982년 개봉한 〈슈퍼 태권브이〉를 소개하면서 '완구 스폰서 시스템'의 폐해를 제시했다. "일본의 애니메이션 합작 시스템을 도입한 성과만을 보자면 분명 긍정적이라 할 만한 이 기념비적인 계약이 오늘날 평가절하되는 이유는 바로 원천기술의 부족 때문이었다. 당시 금형 제조기술에 있어 초보적인 수준을 벗어나지 못했던 한국에서는 일본처럼 정교한 프라모델을 생산할 만한 여건을 갖추지 못했다. 그래서 선택한 방법은 일본에서 가져온 완구를 분해해 이를 토대로 몰드를 제작하는 것이었다. 캐릭터 시안을 토대로 프라모델을 디자인해 몰드를 제작했던 정상적인 절차가 완전히 왜곡될 수밖에 없는 상황이었던 것이다. 그렇게 선택된 로봇이 바로 일본의 〈전투메가 자붕글(戦メカ ザブングル)〉이었다. (……) 결국 〈슈퍼 태권브이〉는 제작비 부족으로 작품을 만들 수 없었던 김청기 감독이 스폰서의 모든 요구 조건을 수용하기로 한 결정과 전문 메카닉 디자이너의 부재, 그리고 완구사의 부족한 제작기술이 빚어낸 결과물이었다."(같은 책, 150~151쪽.)

도 불구하고, 우리만의 가치와 이상을 구현하는 독창적인 로봇을 창조하는 것. 그를 흥미진진한 이야기에 담아 각종 매체를 통해 전파하는 것. 그를 통해 우리의 아이들이 다시 꿈을 꾸게 만드는 것.

그래, 꿈. 이 진흙탕 같은 비루한 현실을 이겨내는 힘은 오직 그것뿐이다. 꿈. 다소 허황되게 보일수록 좋다. 지식은 현재의 과학수준이 바탕이 되지만, 꿈은 앞으로 창조할 목표를 제시하기 때문이다. 인류가 자신을 닮은 피조물을 꿈꾸었을 때 그것은 신화, 소설, 애니메이션 같은 허구의 이야기에 지나지 않았다. 하지만 로봇이 만들어지면서 꿈은 현실이 되었다. 인간은 창조하는 존재이다. 꿈이 없으면 창조는 이루어지지 못한다. 바로 이것이 어린이 문화콘텐츠가 아직 오지 않은 과학에 관심을 가져야 하는 이유이다.

tag 로봇, 자동인형, 김지운, 천상의 피조물, 카렐 차페크, 로숨의 유니버설 로봇, 로봇 반란, 터미네이터, 바이센테니얼맨, 아이작 아시모프, 로봇공학의 3원칙, 아이 로봇, 데즈카 오사무, 아톰, 나가이 고, 마징가Z, 김청기, 로보트 태권V, 기동전사 건담, 슈퍼로봇, 리얼로봇

11

Author

작가에서 조정자로, 문화콘텐츠에서 창작자의 문제

작가에서 조정자로, 문화콘텐츠에서 창작자의 문제

1. 작가의 정체

"내가 누구인지 말할 수 있는 자는 누구인가?"[1]

정체성 찾기는 인류의 오래된 수수께끼 중 하나이다. 지역·인종·성별에 상관없이 인간은 누구나 같은 질문을 떠올린다. 주로 사춘기, 인지능력(認知能力)이 형성되고, 세상에 대해 의문을 품기 시작하고, 주어진 삶을 주체적으로 바라보기 시작하는 바로 그 열병과도 같은 시기에 질문은 불현듯이 우리를 찾아온다.

나는 누구인가? 대부분의 사람은 답을 찾기보다 질문 자체를 잊어버리는 편을 택한다. 그러면서 말한다. 먹고살기도 바쁘다고. 타당한 의견이다. 궁금증 따위가 생존보다 우선할 수야 없는 법이니. 그것이

1 William Shakespeare, *King Lear*, London: Methuen, 1972, p.45. : 리어의 질문, "Who is that can tell me who I am?"

현실이고 삶의 논리다. 먹고사는 일에서 자유로운 이가 몇이나 되겠는가. 하지만 질문 자체가 사라지는 것은 아니다. 삶의 무게가 잠시잠깐 가벼워지는 순간, 혹은 무게를 감당할 수 없어 내려놓고 싶어질 무렵, 궁금증은 불현듯 고개를 치켜든다. 잊어버린 것이 아니다. 잊고 싶었을 뿐이다. 잊었다고 믿고 싶었을 뿐이다. 인간은 결코 이 질문에서 자유로울 수 없다.

정체성 찾기가 문화예술 분야에서 즐겨 다루어지는 까닭도 여기에 있다. 인간은 누구나 같은 의문을 품고 살아간다. 하지만 생활에 묶인 신세로는 해답을 찾기 쉽지 않으므로, 다른 사람이 제시하는 답을 궁금해 한다. 그러므로 질문은 약간 수정되어 되풀이된다.

내가 누구인지 말할 수 있는 자는 누구인가?

윌리엄 셰익스피어(William Shakespeare)의 대표작 「리어왕(King Lear)」에 나오는 이 유명한 대사는 우리가 품고 사는 질문을 분명하게 드러내고 있다. 우리는 스스로 누구라고 말하지 못한다. 그럴 여유도 없지만, 그를 위한 노력도 하지 않으며, 아쉽지만 그럴만한 능력도 갖추지 못했다. 그래서 우리는 다시 묻는다. 주변 사람들에게, 나보다 앞서 고민했던 선생(先生)들에게, 그리고 나보다 빼어난 재주를 가지고 대답 찾기에 훨씬 더 많은 시간을 투자하는 예술가들에게.

중요한 것은 누가 대답하느냐가 아니다. 애당초 이 질문에는 정답이 없기 때문이다. 물음은 보편적이지만 대답은 개별적이다. 제아무리 심오하고 거창한 대답을 찾아내더라도 내가 처한 상황에 부합되지 않으면 아무런 도움이 되지 못한다. 반대로 상황에만 맞는다면 광대의 농지거리도 훌륭한 답이 될 수 있다.

여기에서 작가의 자격에 대한 논란이 발생한다. 예술은 인간의 삶을 모방하여 거기에 감춰진 진리를 드러내는 행위라는 아리스토텔레스

(Aristoteles)의 고전적인 명제는 여전히 유효하다. 다만 작가에 대한 구분이 의심의 대상이 된다.

> 시는 시인의 개성에 따라 두 가지 종류로 구분되었다. 고상한 시인들은 고상한 행동과 고상한 인물들의 행동을 모방한 데 반하여, 저속한 시인들은 비열한 자들의 행동을 모방하였는데, 전자가 찬가(hymnos)와 찬사(enkomion)를 쓴 것처럼 후자는 처음에는 풍자시를 썼다.[2]

아리스토텔레스가 가치를 부여했던 분야는 비극(悲劇), 즉 고상한 시인들의 창작품이었다. 그러나 다른 부류의 작가들이 존재한다는 사실까지 부인하지는 않았다.[3] 비록 저속할망정 그들도 역시 '시인'이라고 지칭되었다. 다만 그들은 아리스토텔레스가 추구했던 이상에 부합되지 않았을 뿐이다. 결국 성인(聖人)에서 비열한 시정잡배에 이르기까지 누구라도 작가가 될 수 있다는 의미이다.

작가는 여전히 위대해질 수 있다. 그러나 그것은 결과이지 자격이 아니다. 현대의 예술비평에서 작가는 더 이상 "작품을 채우는 무한한 원천이 아니"라 "제한하고 배제하고 선택하는 그런 기능상의 원칙을 갖고 있는 존재"로 평가된다.[4] 이제 작가의 역할은 창조자에서 기능공으로 변모한 것이다. 이러한 역할의 축소는 텍스트 자체에 대한 강조

2 Aristoteles, 천병희 역, 『시학(詩學, *Poetics*)』, 문예출판사, 1990, 36쪽.

3 움베르토 에코(Umberto Eco)의 소설 『장미의 이름(*Il nome della rosa*)』은 이러한 상상력과 닿아있다. 14세기 이탈리아의 한 수도원을 무대로 자행된 연쇄살인 사건의 비밀을 추적하는 이 작품의 핵심에는 아리스토텔레스가 『시학』의 후속편을 창작했으리라는 상상력이 작용한다. 『시학』이 비극을 중심으로 했다면, 그 후속편은 희극(喜劇)을 대상으로 했으리라고 설정된다. 문제는 희극은 '저속한 시인'이 '비열한 자들의 행동'을 모방한 작품이라는 것. 이를 부정하게 여겨 세속에서 은폐시키려는 장님 사서 호르헤 수도사와 진실을 밝혀내려는 탐정 윌리엄 수도사의 대결이 소설의 주된 내용이다.

4 Michel Foucault, 박인기 편역, 「저자란 무엇인가?(*What Is an Author?*)」, 『작가란 무엇인가』, 지식산업사, 1997, 184쪽.

로 이어졌고, 이는 곧 독자의 역할에 대한 관심으로 연결되었다. "텍스트의 통일성은 그 기원이 아닌 목적지에 있다"는 견해, 나아가 "글쓰기에 그 미래를 되돌려 주기 위해 글쓰기의 신화를 전복시켜야 한다"는 주장, 그를 위해서는 새로운 독자의 개념이 만들어져야 하는데 이는 "저자의 죽음이라는 대가를 치러야"만 가능하다는 의견이 대표적인 예이다.[5]

이와 같은 문제의식은 문화예술과 산업의 결합이 촉진되면서 실제가 되었다. 기존 문화예술 작품이 개인에 의해서 창작되었다면, 문화콘텐츠는 여러 분야 다양한 사람들의 협업을 통해서만 완성될 수 있기 때문이다. 영화의 제작과정을 살펴보면 이를 분명히 확인할 수 있다. 초창기 영화는 감독이 전권을 휘두르며 제작 과정 전체를 통제하기도 했다. 그러나 최근의 상업영화 감독은 결코 홀로 작업할 수 없다. 시나리오 작가·촬영감독·배우 등등 제작에 직접적으로 참여하는 이들은 물론이고 기획·투자·배급 담당자들과의 협의를 통하지 않고서는 작품을 만들어내지 못한다. 이렇게 여러 사람의 손을 거친 작품에서 작가는 도대체 누구를 의미하는가?

아직까지는 감독의 지위가 인정되고 있지만, 그 역할은 현저하게 줄어들었다. 산업화 이전에는 '위대한 개인'에게 집중되었던 권력과 책임은 하나둘 각 분야의 전문가에게로 넘어가고 있다. 이 문제는 영화에 한정되지 않는다. 문화콘텐츠 산업의 모든 분야에서 이미 같은 현상이 일어나고 있다. 역시 당연한 일이다. 분업화에 의한 능률 향상, 아웃소싱을 통한 경영효율 강화, 각종 안전장치 투입을 통한 위험요소(risk) 관리야말로 산업경영의 기본이 아니던가. 더구나 그런 과정을

5 Roland Barthes, 김희영 역, 「저자의 죽음(*The Death of the Author*)」, 『텍스트의 즐거움(Le Plaisir du Texte)』, 동문선, 1997, 35쪽.

통해서 보다 양질의 제품이 만들어질 수 있다면, 소비자들에게도 이익이다. 문제될 것은 없다. 적어도 산업적인 측면만을 고려한다면 분명히 그러하다.

그렇지만 아쉬움이 남는다. 이성적으로야 충분히 납득되었고, 창작자와 소비자들이 모두 만족할 수 있는 결정이었다. 하지만 의심은 여전히 사라지지 않는다. 잊어버렸다고 생각했지만 끝내 떨쳐지지 않는 정체성에 대한 질문처럼. 바로 여기에 이 글의 목적이 있다. 문화콘텐츠산업에서 작가의 역할을 다시 검토하고, 그 가치를 재평가하는 것. 그를 통해서 작가의 정체성을 확인하는 것.

2. 기획자

"아무튼 너처럼 질문 많은 애는 처음 본다. 뭐 그리 궁금한 게 많아."[6]

이 글에서 검토할 텍스트는 에듀테인먼트(edutainment) 출판물인 '노빈손 시리즈'이다. 출판은 여타의 분야에 비해 비교적 작가의 권위가 유지되었던 편이다. 제작과정에서 별다른 협업이 요구되지 않고, 저자의 명성이 브랜드처럼 활용되는 경우도 많기 때문이다. 하지만 최근 기획출판 시장이 확장하면서 저자보다 기획력을 강조하는 콘텐츠가 양산되고 있다.

기획출판은 에듀테인먼트에서 유용하게 활용되는 제작 방식이다. '교육'이라는 분명한 목표가 있으므로, 작가의 개성이 발현될 여지는

6 한희정, 『노빈손의 두근두근 미국 횡단기』, 뜨인돌, 2007, 70쪽.

상대적으로 줄어들기 때문이다. 물론 에듀테인먼트는 "궁극적으로 추구하는 목표"인 교육적 효과는 이면에 감추고서, 표면적으로는 '재미'를 강조함으로써 "학습이 즐겁고 재미있도록 만들"어낸다.[7] 그런 과정에서 각종 스토리텔링 기법을 동원되므로 작가의 역할이 전혀 필요하지 않은 것은 아니다. 다만 여기에서 작가는 전통적인 개념의 창조자라기보다는, 앞서 설명했던 푸코의 견해처럼 "제한하고 배제하고 선택하는" 기술자로서 역할을 수행하게 된다.[8]

노빈손 시리즈는 기획출판의 전형적인 사례이다. 첫 작품 『로빈슨 크루소 따라잡기』부터 에듀테인먼트로의 정체성을 분명하게 드러냈다. 이 책의 기획자 박철준은 『과학동아』에 연재되던 「공간 속의 과학」 코너에서 '무인도 생존법'이란 기사를 접하게 되고, 여기에 나온 과학상식과 어드벤처 스토리를 결합하는 계획을 세웠다고 한다. 이후 SF 및 교양과학서 번역가이자 칼럼니스트로 활동하던 박상준과 여행·문화 칼럼리스트 박경수가 참여하여 스토리텔링 작업을 진행했고, 여기에 만화가 이우일이 삽화를 담당하면서 책이 완성되었다. 이처럼 노빈손 시리즈의 제작은 스토리텔러가 아니라 기획자를 중심으로 진행되었다는 점에서 기존의 출판 형식과 변별된다.

> 처음의 원고는 무인도에서 살아남는 데 유용한 과학상식을 나열하는 데 그쳤어요. 그것만으로는 너무 밋밋해서 주인공을 앞세운 무인도 서바이벌 스토리를 만들기로 했죠. 20세의 배낭족이 여행을 가다 무인도에 떨어진다, 이름은 로빈

7 이상민, 「에듀테인먼트와 스토리텔링, 그리고 만화」, 디지털문화콘텐츠연구소, 『만화콘텐츠와 스토리텔링』, 북코리아, 2008, 6쪽.

8 이 설명은 창조자를 우위에 두고 상대적으로 기술자를 비하하려는 의도가 아니다. 두 가지 역할 모두 충분히 가치 있는 일이다. 다만 기술자의 역할로는 전통적인 저자가 그랬던 것처럼 콘텐츠를 생산하는 모든 과정에 압도적인 영향력을 발휘할 수는 없다는 사실을 지적하고 싶었을 뿐이다.

손 크루소를 패러디한 노빈손, 모범생과는 거리가 멀고 덜떨어진 인상이지만 위기의 순간 번뜩이는 아이디어를 떠올리는 잔머리의 대가, 외모는 엽기적이고 행동은 비실비실하다고 설정했죠.[9]

노빈손 시리즈에서 가장 독창적인 부분은 캐릭터 설정인데, 이 역시 에듀테인먼트를 충실히 구현하기 위한 기획의 산물이다. 우선 캐릭터의 이름이 가진 복합적인 의미에서부터 그 사실을 확인할 수 있다. 위에 인용된 창작자의 증언처럼, 『로빈슨 크루소 따라잡기』에서 '노빈손'은 '로빈슨'을 한국인의 이름과 유사하게 변형시킨 것이다. 이는 독자들이 익숙한 이야기를 떠올리도록 유도하여 친근함을 유발하기 위한 전략이라고 할 수 있다. 또한 내용적인 측면에서는 비록 가진 것 없이 무인도에 표류했지만, 과학적 지식을 알고 있다면 '빈손'이 아니라는 의미이기도 하다. 시리즈가 진행되면서 노빈손과 로빈슨 크루소의 연관성은 거의 사라져버리지만, 두 번째 의미는 그대로 유지되고 있다. 이처럼 친근함과 의미를 함께 추구하는 명명법(命名法)은 노빈손 시리즈의 주요 스토리텔링 전략으로 활용되고 있다.

"아노, 너 바보구나. 어차피 지혜의 보고에는 옛날 지식이 들어 있다며~! 내가 21세기로 가서 옛날 지식을 갖고 돌아오면 될 거 아냐! (……) 넌 속고만 살았니? 내 이름이 뭐냐. 노, 빈손이야. 절대로 빈손으로 돌아오지 않는다니까."[10]

이외에도 노빈손의 캐릭터는 '우스꽝스러운 외모', '덜렁거리며 실수를 잘하는 행동', '자신을 솔직하게 드러내면서도 따뜻한 감성을 갖

9 이종철 · 강현구, 『e-러닝과 에듀테인먼트』, 글누림, 2007, 86쪽.
10 강용범 · 선희영, 『노빈손 아이스케키 공화국을 구하라』 1권, 뜨인돌, 2003, 141쪽.

▲ 노빈손의 캐릭터 디자인

는 신세대적 특질' 등을 갖추고 있기 때문에 독자들이 '동정어린 친근감'과 '동류의식'을 느끼게 만든다고 평가된다.[11]

여기에서 주목할 부분은 캐릭터를 드러내는 방식이 스토리텔링만으로 한정되지 않는다는 사실이다. 위에 제시된 특징들은 주로 이야기 진행을 통해 드러나게 되지만, 이우일의 그림을 통해 보다 가시적인 선날이 이루어진다. 노빈손 시리즈에서 그림은 단순한 삽화가 아니라 캐릭터의 정체성을 드러내는 주요한 표현 수단으로 작용한다. 이는 시리즈를 진행하는 과정에서 스토리텔러는 수시로 교체되었지만 그림은 이우일이 독점적으로 담당하고 있다는 사실을 통해서도 확인할 수 있다.

1999년 7월 시리즈의 첫 번째 작품 『로빈슨 크루소 따라잡기』가 출간된 이후, 2014년 1월에 발행된 최근작 『노빈손의 못 말리는 우정 수호 대작전』에 이르기까지, 노빈손 시리즈는 총 53종이 발간되었다. 스토리텔링을 담당했던 작가는 모두 33명으로, 첫 작품의 스토리텔러였던 박경수가 7편을 담당하여 가장 참여율이 높고, 뒤를 이어 문혜진이 6편, 한희정과 함윤미가 5편, 남동욱이 4편, 강산들·강영숙·강용범·선희영·장은선·Julie Jeong 등이 3편을 담당했다. 스토리텔러의 계층도 다양하다. 이미 등단하고 활발하게 활동하는 시인과 소설가를

11 이종철·강현구, 앞의 책, 94쪽.

포함하여 교사, 학원 강사, 출판기획자, 기자, 칼럼리스트, 여행전문가를 비롯하여 노빈손 탄생 10주년 기념 공모전 당선자에 이르기까지 여러 분야의 전문가가 참여했다.

이처럼 다양한 스토리텔러가 필요했던 이유도 노빈손 시리즈가 에듀테인먼트 콘텐츠로 기획되었기 때문이다. 현재 노빈손 시리즈는 12개의 카테고리로 구분되어 있다.[12] 가장 중요하게 다루어진 분야는 역시 과학 교육으로 어드벤처·계절탐험·타임머신·가다·생태·사이언스 등의 카테고리가 여기에 해당한다. 그 외에도 세계사와 지리 교육을 다룬 역사탐험, 국사 교육을 목적으로 한 한국사, 영어 교육을 위한 학습, 한자 교육에 목표를 둔 동양고전, 예술 교육을 위한 예술여행 등의 카테고리가 있으며, 이외에도 엔터테인먼트를 강조한 스페셜 시리즈도 있다.

물론 이 카테고리들이 단일한 영역만을 다루는 것은 아니다. 시리즈 초기에는 비교적 영역의 구분이 명확하게 이루어졌지만, 카테고리가 다양화되면서 교육 분야들의 혼재 양상이 확산된다. 과학·지리·역사·인문 등을 뭉뚱그려 제시하는 타임머신 카테고리에 속한 작품들이 대표적인 예이다. 이 역시 문화콘텐츠에서 작가의 역할 축소를 증명하는 사례라고 하겠다.

이처럼 시리즈의 진행에 따라서 다양화된 교육 분야들을 특정 작가의 개인적인 역량만으로 감당하기는 어려운 일이다. 그러므로 노빈손 시리즈의 기획자는 각 분야의 전문가를 기용하여 스토리텔러 다양화 전략을 추구하게 되었다.

결과적으로 이 전략은 매우 유효했다. 그로 인해 전통적인 저자 개

12 노빈손 홈페이지(http://www.nobinson.com) 노빈손 서재 참고.

념에서 사뭇 멀어지게 되었으나, 소비자들에게 그것은 아무런 문제가 되지 않았다. 주요 독자층인 초등학생은 아직 작가의 개념이 희박했고, 구매자인 학부모에게는 교육 효과가 더 중요했다. 애당초 노빈손 시리즈에서 작가의 정체성에 관심을 기울였던 사람은 아무도 없었던 것이다.

하지만 무관심하다 해서 문제가 없어지는 것은 아니다. 시리즈가 이어지면서 카테고리가 늘어나고 분야가 다양해질수록, 그리고 스토리텔러가 교체될수록 작품 자체의 정체성이 모호해졌다. 이는 절대로 간과할 수 있는 문제가 아니다. 이로 인해서 다음과 같은 위험이 발생했기 때문이다.

첫째, 교육적 효과보다 엔터테인먼트 요소가 강조되고 있다. 이는 에듀테인먼트 스토리텔링의 핵심인 균형감각을 위협하는 근본적인 오류이다. 노빈손 시리즈는 최근까지도 여러 단체에서 선정한 우수 콘텐츠에 포함되었다. 하지만 이런 평가는 어디까지나 에듀테인먼트의 범주에 속했기 때문에 가능했던 일이다. 노빈손이 아무리 수많은 모험을 수행하더라도 해리 포터(Harry Potter)나 인디아나 존스(Indiana Jones)를 이길 수 없고, 유머를 강화하더라도 〈무한도전〉이나 〈개그콘서트〉를 따라잡을 수 없으며, 감동을 추구한다고 해도 드라마와 영화에는 상대가 되지 못하는 것이 사실이다. 재미만으로는 경쟁이 되지 않는다. 애초부터 그것은 에듀테인먼트의 수단일 뿐 목적이 아니다.

그러므로 차후 노빈손 시리즈가 강화해야 할 부분은 재미가 아니라 교육이다. 지금까지 그러했듯 새로운 교육 분야를 개척하고, 그 내용을 스토리텔링과 이미지를 동원하여 구성하며,[13] 그를 통해서 학습 의욕과 효과를 높이는 데 집중해야 한다. 바로 여기에 노빈손 시리즈의 정체성이 있고, 이것이 지켜져야 문제를 극복할 수 있다.

둘째, 재미 요소의 구현방식이 말장난과 유행에 기댄 경우가 많다. 물론 이런 식의 창작방법이 전혀 가치가 없는 것은 아니다. 독자들의 동감과 즉각적인 반응을 이끌어내는 데는 더없이 효과적이다. 다만 언어유희에는 의미가 있어야 하고, 유행에는 시대인식이 포함되어야 한다. 이를 간과하면 단순한 시간 때우기로 전락해버린다. 적어도 교육을 목적으로 하는 콘텐츠라면 마땅히 경계해야 할 부분이다.

> **개보린(皆寶隣) '모두 나의 보배로운 이웃'** 백색 환약으로 주변 사람들과의 과도한 경쟁에서 오는 두통 및 불안 증세에 하루 한 알 복용. 마음을 진정시키는 효과. (…) **울후사(鬱後思) '답답한 일은 뒷날 생각하라'** 세상 모든 일을 잊고 잠에 곯아떨어지게 하는 녹색 가루. 간 보호하는 효과도 있음.[14]

위의 인용에는 어떤 의미도 포함되어 있지 않다. 이야기의 진행과 전혀 연관되지 않고, 학습 효과를 기대하기도 어렵다. 그저 불필요한 부분에서 부적절한 장난을 시도했을 뿐이다. 오직 웃기기 위해서. 유머에 대한 강박관념이라도 있는 것처럼. 하지만 안타깝게도, 이런 방식의 유머는 너무 낡았다. 이미 오래 전에 인터넷 게시판에서 유행했던 것이고, 주요 독자층으로 설정된 초등학생들이 받아들이기는 어려운 부분도 있다.[15]

13 노빈손 시리즈의 초기 기획은 다음과 같은 원칙에 따라 이루어졌다고 한다. ① 과학상식을 스토리에 녹여서 쓸 것, ② 스토리에 녹일 수 없다면 팁을 만들어 설명할 것, ③ 정말 꼭 알아야할 중요한 과학상식은 아이들도 이해할 정도로 아주 쉽게 해설할 것, ④ 과학원리 해설이 어렵다면 일러스트를 활용해서 독자의 이해를 높여줄 것. : 이유정, 「'과학기술도서' 출판의 활성화 방안 연구」, 중앙대학교 신문방송대학원 석사학위논문, 2007, 61쪽.

14 박은철, 『노빈손 사기1—맹상군열전:사람을 품은 자, 천하를 얻으리니』, 뜨인돌, 2012, 134쪽.

15 말장난의 올바른 사용법은 이미 앞서 명명법과 관련해서 충분히 살펴보았다. '노빈손'이란 이름은 참신하고, 친근하며, 무엇보다 스토리텔링과 직접적으로 관련되어 있다.

셋째, 중심 캐릭터의 일관성이 흔들린다. 지금까지 설명했던 것처럼 시리즈를 이끄는 주체는 스토리텔러가 아니라 기획자이고, 텍스트들 간의 관계를 지탱시키는 요소는 작가의 개성이 아니라 노빈손이라는 캐릭터의 힘이다. 그러므로 캐릭터를 일관되게 유지하는 작업이 무엇보다 중요하다.

이는 캐릭터의 성장을 부정하는 것이 아니다. 사실 이 정도 규모를 가진 시리즈에서 변화는 피할 수 없는 부분이고, 이왕 변해야만 한다면 그 방향을 성장으로 잡은 것은 매우 타당한 선택이다. 노빈손이 비록 '덜떨어진 인상'에 '외모는 엽기적이고 행동은 비실비실'하게 기획된 캐릭터이지만, 그토록 많은 모험을 겪었고 그를 통해서 다양한 지식을 배웠다면 능력은 향상되어야 마땅할 것이다.

다만 성장은 노빈손 시리즈의 장점들 중 하나인 '영웅 서사의 구조' 활용을 방해할 수 있다는 점에 주의해야 한다. 영웅의 이야기는 "일상적인 삶의 세계에서 초자연적인 경이의 세계로 떠나고 여기에서 엄청난 세력과 만나고, 결국은 결정적인 승리를 거두"는 구조를 가지고 있고, 그 "신비로운 모험"의 과정을 통해서 영웅은 "동료들에게 이익을 줄 수 있는 힘을 얻어 현실 세계로 돌아"오기 마련이다.[16] 이는 노빈손 시리즈의 스토리텔링에도 그대로 적용될 수 있다. 낯선 세계로의 여행, 그곳에서 이루어지는 모험과 대결, 그리고 귀환. 그 과정에서 노빈손이 얻는 힘은 새로운 지식이다.

이러한 영웅 이야기는 "지식과 정보를 폭넓게 혹은 다양한 층위로 전하는 데 천혜의 조건"이며, 특히 "청소년 혹은 유년의 꿈과 욕망을 자극하고 부추기는" 효과가 있기 때문에 어린이 문화콘텐츠에서 유용

16 Joseph Campbell, 이윤기 역, 『천의 얼굴을 가진 영웅(*The Hero with a Thousand Faces*)』, 민음사, 2004(신장판), 45쪽.

하게 활용된다.[17] 하지만 고난과 극복이 반복되면서 "고난의 무게가 점증되며 절정에 이르는 구조"로 되어 있기 때문에, 성장이 거듭될수록 더 무거운 고난이 필요해진다는 한계를 함께 가지고 있다.

그런 까닭에 스토리텔러들은 노빈손이 감당해야 할 사건과 사고의 규모를 점점 키웠고, 그를 원시림 · 극지(極地) · 고도(孤島)를 거쳐 우주로까지 진출시켰으며, 마침내 시간을 넘나들고 환상세계를 드나드는 초인적인 경지에 올려놓았다. 그 결과 노빈손은 "산전, 수전, 공중전, 우주전에 공룡하고도 맞장"을 뜰 수 있는 '서바이벌의 왕자'가 되어 버렸다.[18]

이제 노빈손에게는 새로운 정체성이 필요하다. 시리즈 초창기에 형성된 '동정어린 친근감'과 '동류의식' 형성을 추구하는 캐릭터로는 더 이상 이야기의 규모를 감당하기 어려워졌다. 이것이 분명히 위기이다. 하지만 세상 대부분의 일들이 그러하듯 기회이기도 하다. 새로운 정체성을 만들어내는 것은 앞으로 노빈손 시리즈를 담당하게 될 스토리텔러에게 부여된 과제이며, 그를 통해 작가적 역량을 증명할 수 있는 계기가 될 것이다.

넷째, 보조 캐릭터들의 정체성이 형성되지 못했고 역할도 미비하다. 그동안 시리즈의 진행은 오직 노빈손을 중심으로 이루어졌다. 각 권마다 적지 않은 캐릭터들이 등장했지만, 그들의 역할이 지속적으로 이어지는 경우는 드물었다. 노빈손의 여자 친구 말숙이 그나마 자주 등장했는데, 이조차 역할이 미비하다. 하지만 그보다 큰 문제는 이 캐릭터의 정체성이 불분명하다는 사실이다.

시리즈 초기 작품들에서 말숙의 캐릭터는 "상상을 초월하는 엽기적

17 이종철 · 강현구, 앞의 책, 101쪽.
18 강용범 · 선희영, 『노빈손 이순신의 거북선을 수호하라』, 뜨인돌, 2009, 130쪽.

인" 패션 감각을 가졌고, "멀쩡한 연인들 싸움 붙이는 게 취미"인 심술쟁이에다 무식하고 폭력적인 인물로 제시된다.

"지난번엔 인도가 인도네시아의 준말이라고 우기더니만, 오늘은 뭐? 페팅 보러 간다구? 내가 진짜 어이가 없어서." (……) 우드득—. 말숙이의 주먹에서 묵직한 소리가 들렸다. 하지만 모처럼 삐길 기회를 잡은 노빈손은 너무 신이 난 나머지 그 소리를 듣지 못했다. 뭔가 심상치 않은 분위기를 느끼고 퍼뜩 정신을 차렸을 때는 이미 말숙이의 무쇠주먹이 번개처럼 허공을 가른 뒤였다.[19]

하지만 시리즈가 진행되면서 캐릭터가 변한다. 외모야 변함이 없지만 패션에 대한 언급은 더 이상 이루어지지 않고, 폭력성은 그대로 유지되지만 심술을 부리기보다는 정의감이 강한 인물로 그려진다. 이러한 변화를 잘 드러내는 것은 다음과 같은 구절이다.

노빈손의 여자친구이자 동업자. 불의라는 단어와 비슷한 말만 들려도 1톤 해머와 철퇴를 마구 휘두르며 달려나가는 열혈정의파! 빈손이에게 알토란 같은 정보를 찾아주지만 마스크 백작이 자기에게 관심 있다는 걸 눈치채고 종종 거짓정보도 흘린다.[20]

이러한 변화는 앞서 살펴본 노빈손의 성장과는 전혀 다른 의미를 가진다. 노빈손의 성장이 스토리텔링을 진행한 결과로 제시된 것이라면, 말숙의 변화는 스토리텔러가 자주 교체되는 과정에서 우발적으로 발생한 일이기 때문이다. 즉, 노빈손에 비해서 말숙의 캐릭터는 충분한

19 박경수, 『노빈손 에버랜드에 가다』, 뜨인돌, 2001, 31쪽.
20 이우일 · 이우성, 『노빈손의 세계도시탐험』, 뜨인돌, 2006, 3쪽.

기획이 이루어지지 않은 채 사용되었고, 그러한 까닭에 스토리텔러마다 해석과 표현이 상이하게 이루어진 것이다.

연계성의 부족은 노빈손 시리즈를 위협하는 가장 큰 요인이다. 스토리텔링은 작품 내부에서만 작용하는 것이 아니다. 때로는 전편과 속편의 관계를 통해서 보다 정교하고도 흥미로운 이야기가 만들어지기도 한다. 시리즈를 진행하면서 전편들의 세계관을 차츰 심화시켜 마침내 복잡한 이야기 규모를 갖추게 되었던 〈터미네이터(*The Terminator*)〉나, 이전 작품들의 기원을 되짚어가는 방식으로 후속 작품들을 제작하여 세계관을 강화하고 방대한 이야기를 만들어냈던 〈스타워즈(*Star Wars*)〉 시리즈 등이 여기에 해당하는 사례이다. 이 시리즈들에 속하는 작품들은 나름의 이야기를 가지면서 동시에 앞선 작품들과의 연관관계를 강조하는 전략을 구사했다. 그 결과 이야기의 확장과 결속이 동시에 이루어지게 되었다. 이러한 전략을 '네트워크 스토리텔링(network storytelling)'이라고 부를 수 있겠다.

그러나 노빈손 시리즈는 이야기의 확장은 진행되었지만, 결속은 거의 이루어지지 못했다. 다수의 작가들이 중구난방으로 이야기를 진행시켰을 뿐, 장기적인 안목으로 계획을 수립하는 기획력이 부족했다. 개별적인 작품은 스토리텔러에 의해 만들어지지만, 시리즈 전체의 정체성을 부여하는 결속력은 기획자에 의해 형성된다. 노빈손 시리즈의 기획력은 이 단계까지로는 이르지 못한 것이다. 이것 역시 앞으로 남은 과제가 될 것인데, 그 과정에서 효과적으로 활용될 수 있는 구성요소는 주인공 노빈손보다는 주변 캐릭터들이 될 것이다.

3. 조정자

"리어의 그림자입지요."[21]

그림자의 문제는 결국 정신의 전체성과 결부된다. 그림자는 좋고 나쁜 것이 아니라 정신생활의 살아 있는 조건이다. 그것이 있음으로써 사람은 사람다워진다.[22]

맞다. 결국 정체성이 문제다. 결과만 고려하자면 작가의 지위가 약화되는 것은 아무런 문제가 되지 않는다. 그렇지만 그러한 논리에는 과정이 빠져있다. 작가가 존재한다고 무조건 정체성이 만들어지는 것이 아니다. 작가가 창작활동을 전개하고 그 과정에서 도출되는 작품을 통해서 비로소 정체성이 구현된다.

우리 시대의 작가들은 더 이상 실무자 차원의 역할에 안주해서는 안 된다. 개인의 능력이 제아무리 빼어나더라도, 전문가들의 협업보다 좋은 결과를 만들어내기는 어렵다. 디지털콘텐츠 분야에서 활발하게 논의되고 있는 '집단지성(collective intelligence)'의 힘은 문화예술 영역에도 그대로 발휘된다.[23] 이것은 분명한 발전이고 진보이다. 이를 받아들이지 못한 채, 개인적인 작업만을 고집하는 것은 자존심이 아니라 아집에 불과하다.

21 William Shakespeare, op. cit., p.45. : 광대의 대답, "Lear's shadow."

22 이부영, 『그림자』, 한길사, 1999, 83~84쪽.

23 경영학자 리드비터(Charles Leadbeater)는 디지털미디어 환경변화의 주요 개념으로 '집단지성'을 제시하면서, 이를 "웹(web)이 창조한 집단적 사고방식과 집단적 놀이방식, 집단적 작업방식, 집단적 혁신방식"(Charles Leadbeater, 이순희 역, 『집단지성이란 무엇인가(*We-think*)』, 21세기북스, 2009, 62쪽.)이라고 정의한다. 또한 그는 "서로 다르지만 서로 보탬이 될 가능성이 있는 통찰력을 가진 사람들이 그 통찰력을 결합하는 무수한 창의적 상호작용이야말로 아이디어를 뽑어내는 원천"(63쪽)이라고 평가하면서, 집단지성은 "집산(集散)주의에 대한 고지식한 확신이 아니라 책임 있는 개인들의 협업활동"(61쪽)이며 "독립적인 개인들로 이루어진 다양한 그룹이 효과적으로 협업할 때"(65쪽) 효과를 발휘할 수 있다고 설명된다. 이러한 활동이야말로 문화콘텐츠의 창작과정에서 매우 빈번하게 이루어지고 있다.

앞으로의 창작활동에서 독점적인 권위는 사라지고, 힘은 분산될 것이다. 누군가는 이러한 상황을 작가는 사라지고 그림자만 남았다고 푸념할지도 모르겠다. 하지만 기억하기 바란다. 리어왕은 권력을 잃어버린 뒤에야 비로소 주인공이 될 수 있었다. 스스로 누구인지를 말할 수도 없게 되어서 끝내 광대의 조롱까지 받게 되지만, 바로 그럼으로써 그는 자신의 이야기를 위대하게 만들어냈다.

현대의 작가는 협력과 소통을 배워야 한다. 그들은 더 이상 압도적인 카리스마로 실무를 장악할 수 없고, 그럴 필요도 없다. 오히려 그들에게 필요한 것은 창작과정에 참여하는 여러 전문가들이 만들어낸 성과물을 효과적으로 결합하는 통합능력, 그 과정에서 발생하는 갈등을 조정하는 관리능력, 그리고 시대와 역사를 한꺼번에 파악하여 전략과 계획을 수립하는 기획능력 등이다. 그런 까닭에 작가는 창조자나 기술자가 아니라 '조정자(controller)'가 되어야 한다. 이것이 작가들에게 부여된 새로운 정체성이다.

위대한 개인의 시대는 이미 저물고 있다. 작가의 지위는 분명히 변했다. 하지만 그들이 사라진 것은 아니다. 새로운 역할에 적응하기 위해 고군분투하면서도 그들은 여전히 작품을 만들고 있다. 그것은 정체성을 찾으려는 노력 또한 계속되고 있다는 증거이기도 하다. 바로 이것이 우리가 희망을 버려서는 안 되는 이유이다. 어떤 풍파 속에서도 이야기는 계속된다. 그것만으로도 충분하지 않은가.

tag 작가, 기획자, 조정자, 노빈손 시리즈, 로빈슨 크루소 따라잡기, 기획출판, 에듀테인먼트, 스토리텔러, 캐릭터 변화, 네트워크 스토리텔링(network storytelling)

참고문헌

Introduction _ 어린이문화콘텐츠의 숲을 향한 발걸음

- 신동희, 『스마트 융합과 통섭 3.0』, 성균관대학교출판부, 2011.
- 이오덕, 『동화를 어떻게 쓸 것인가』, 삼인, 2011.
- 이원수, 「어린이와 문학」, 『아동문학 입문』, 한길사, 2011.
- 이재철, 『아동문학개론』, 서문당, 1992(중판).
- 인문콘텐츠학회 편, 『문화콘텐츠 입문』, 북코리아, 2006.
- 정창권, 『문화콘텐츠학 강의—깊이 이해하기』, 커뮤니케이션북스, 2007.
- 홍성욱, 「융합의 현재에서 미래를 진단한다」, 홍성욱 외, 『융합이란 무엇인가』, 사이언스북스, 2012.
- 柄谷行人, 박유하 역, 「아동의 발견」, 『일본근대문학의 기원(日本近代文學の起源)』, 민음사, 1997.
- 李 贄, 홍승직 역, 「동심설(童心說)」, 『분서(焚書)』, 홍익출판사, 1998.
- Johan Huizinga, 김윤수 역, 『호모 루덴스(*Homo Ludens, A Study of the play Element in Culture*)』, 까치, 1993.

Animation · 1 _ 한국 극장용 애니메이션을 위한 몇 가지 조언

- 성백엽 감독, 〈오세암〉, 2003.
- 이성강 감독, 〈천년여우 여우비〉, 2007.

- 선안나, 「애니메이션 감독, 어린이책 작가를 만나다」, 『어린이책이야기』, 2009 가을호.
- 조미라, 「죽음을 바라보는 두 개의 시선」, 『상상력의 미학, 애니메이션』, 한울, 2009.
- 허인욱, 『한국애니메이션영화사』, 신한미디어, 2002.
- Chris Anderson, 이노무브그룹 · 이호준 역, 『롱테일 경제학(*The Long Tail: Why the Future of Business is Selling Less of More*)』, 랜덤하우스코리아, 2006.

Animation · 2 _ 동화를 만난 애니메이션, 애니메이션과 만난 동화

- 황선미, 『마당을 나온 암탉』, 사계절출판사, 2000.
- 오성윤 감독, 〈마당을 나온 암탉〉, 2011.

- 이형식 외, 『문학텍스트에서 영화 텍스트로』, 동인, 2004.
- 夏目房之介, 박관형 외 역, 『망가세계전략(マンガ世界戰略)』, 시공사, 2002.

Character Industry _ 그들은 어떻게 세상을 지배했는가?

- 문일호, 「한국콘텐츠 희망과 한계—콘텐츠 파워③」, 《매일경제》, 2009.04.21.
- 신현덕, 「애니메이션 캐릭터 라이선싱 전략 연구」, 한양대학교 문화콘텐츠전공 석사논문, 2008.
- 이계일, 「에듀테인먼트 애니메이션의 특성에 관한 연구」, 순천향대학교 애니메이션학과 석사논문, 2008.
- 정옥분, 『아동발달의 이해』, 학지사, 2002.
- 홍성욱, 「창의적 융합의 '벡터 모형'」, 홍성욱 외, 『융합이란 무엇인가』, 사이언스북스, 2012.
- James G. Frazer, 이용대 역, 『황금가지(*The Golden Bough*)』, 한겨레신문사, 2003.

Edutainment _ 두 마리 토끼를 쫓는 지난한 여행

- 스튜디오 시리얼, 『마법천자문』 제1권~제24권, 아울북, 2003~2012.
- 윤영기, 〈마법천자문—대마왕의 부활을 막아라〉, 2010.
- 북이십일 · 지앤지엔터테인먼트, 〈마법천자문〉(TV애니메이션), 2011.

- 김경철 · 장연주, 「에듀테인먼트로서의 마법천자문의 교육성과 오락성」, 『한국열린유아교육학회 춘계학술대회 자료집』, 한국열린유아교육학회, 2009.
- 김영순 · 백승국, 『문화산업과 에듀테인먼트콘텐츠』, 한국문화사, 2008.
- 안성혜 · 송수미, 『에듀테인먼트 콘텐츠 기획』, 커뮤니케이션북스, 2009.
- 이상민, 「에듀테인먼트와 스토리텔링, 그리고 만화」, 디지털문화콘텐츠연구소 편, 『만화콘텐츠와 스토리텔링』, 북코리아, 2008.
- 최수웅, 「소설 창작방법론의 스핀오프」, 『작가사랑』, 2007년 여름호.

- 최수웅, 「손오공의 이야기가치와 문화콘텐츠적 활용양상 연구」, 『인문콘텐츠』 제23호, 인문콘텐츠학회, 2011.
- 최수웅, 「요리만화의 스토리텔링 양상 연구」, 『인문콘텐츠』 제18호, 인문콘텐츠학회, 2010.
- 吳承恩, 임홍빈 역, 『서유기』 1권, 문학과지성사, 2003.

Board Game _ 게임을 하는 아이들, 아이들이 하는 게임

- 김양은, 『새로운 세대의 등장, 게임 제너레이션』, 커뮤니케이션북스, 2009.
- 백영균, 『에듀테인먼트의 이해와 활용』, 정일, 2005.
- 이인화, 『한국형 디지털 스토리텔링』, 살림, 2005.
- 임영모, 『보드게임 한 판 어때?』, 혜지원, 2004.
- 진중권, 『놀이와 예술 그리고 상상력』, 휴머니스트, 2005.
- 최수웅, 『소설과 디지털콘텐츠의 창작방법』, 청동거울, 2005.
- Jill Belinson, 유미숙 · 이영애 · 진미경 역, 『보드게임을 활용한 아동심리치료(*Children's Use of Board Games in Psychotherapy*)』, 시그마프레스, 2008.
- Johan Huizinga, 김윤수 역, 『호모 루덴스(*Homo Ludens, A Study of the play Element in Culture*)』, 까치, 1981.
- Wikipedia(영문판) http://en.wikipedia.org/wiki/The_Game_of_Life

Pop-up Book _ 아날로그 멀티미디어의 아방가르드

- John Patrick Lewis & Tom Curry, 박용기 역, 『갈릴레오의 우주(*Galileo's Universe*)』, 베틀북, 2006.
- Robert Sabuda, 홍승수 역, 『이상한 나라의 엘리스(*Alice's Adventures in Wonderland*)』, 넥서스, 2004.
- Robert Sabuda, U&J 역, 『미녀와 야수(*Beauty and the Beast*)』, 넥서스주니어, 2011.
- Steve Alton & Nick Sharatt, 윤소영 역, 『끈적끈적 울렁울렁 속 보이는 코+피 탐험(*Blood and Goo and Boogers Too*)』, 아이즐북스, 2008.
- Steve Alton & Nick Sharatt, 윤소영 역, 『냠냠쩝쩝 꾸륵꾸륵 속 보이는 뱃속 탐험(*Chewy, Gooey, Rumble, Plop!*)』, 아이즐북스, 2011.

- 김나래, 『북아트—아름다운 책 만들기』, 북프레스, 2009.
- 김영욱, 「증강현실(AR) 기술이 접목된 그림책으로 보는 상상력의 진화」, 『인문콘텐츠』 제19호, 인문콘텐츠학회, 2010.
- 김중철, 『소설과 영화』, 푸른사상, 2000.
- 박정아, 『아이들과 함께하는 팝업북 만들기』, 예경, 2009.
- 안성혜·송수미, 『에듀테인먼트 콘텐츠 기획』, 커뮤니케이션북스, 2009.
- 앨리스설탕, 『나는 팝업북에 탐닉한다』, 갤리온, 2008.
- 한혜원, 『디지털 시대의 신인류, 호모 나랜스』, 살림, 2010.
- Marchall McLuhan, 김상호 역, 『미디어의 이해: 인간의 확장(*Understanding Media: The Extensions of Man*)』, 커뮤니케이션북스, 2011.

Children's Song _ 아이들의 노래는 즐겁다, 숲 속을 걸어도

- 알라딘음반(http://music.aladdin.co.kr) 판매현황(2014.02.03.)
- 이원수, 『아동문학 입문』, 한길사, 2001(개정판).
- 이재복, 『우리 동요 동시 이야기』, 우리교육, 2004.
- 이재철, 『한국현대아동문학사』, 일지사, 1978.
- 최재봉, 「'햇볕은 쨍쨍…' 진짜 작사가 따로 있다」, 《한겨레신문》, 2007.09.16.
- Johan Huizinga, 김윤수 역, 『호모 루덴스(*Homo Ludens, A Study of the play Element in Culture*)』, 까치, 1981.

Myth _ 전승과 창조 사이에서 길을 묻다

- 홍은영(그림), 『만화로 보는 그리스 로마 신화』 제1~20권, 가나출판사, 2002~2005.
- SBS프로덕션·동우애니메이션, 〈올림포스 가디언〉, 2003.

- 김경용, 『기호학이란 무엇인가』, 민음사, 1994.
- 배일한, 『인터넷 다음은 로봇이다』, 동아시아, 2003.
- 이윤기, 『이윤기의 그리스 로마 신화』, 웅진닷컴, 2000.
- Aiskhúlos, 김세영 역, 「결박당한 프로메테우스(*Promētheus Desmōtēs*)」, 『희랍 비극』 1권, 현암사, 1994(개정판).
- Hēsíodos, 천병희 역, 『신들의 계보(*Θεογονία*)』, 숲, 2009.
- Joseph Campbell, 이윤기 역, 『천의 얼굴을 가진 영웅(*The Hero with a Thousand Faces*)』, 민음사, 2004(신장판).

- Scott McCloud, 김낙호 역, 『만화의 이해(*Understanding Comics*)』, 시공사, 2002.

History Comics _ 만화는 어떻게 역사를 소비하는가

- 이원복, 『이원복 교수의 세계사 산책』, 김영사, 2008.
- 中沢啓治, 김송이·익선 역, 『맨발의 겐』, 아름드리미디어, 2002.
- 池田理代子, 대원씨아이 해외단행본팀 역, 『베르사유의 장미(ベルサイユのばら)』, 대원씨아이, 2009.

- 권혁태, 「평화, 인간 그리고 일본」, 《당대비평》 제14호, 생각의나무, 2001.
- 김기봉, 『역사들이 속삭인다 : 팩션 열풍과 스토리텔링의 역사』, 프로네시스, 2009.
- 김지영, 「팩션 시대의 역사 만화-김진의 "바람의 나라"를 중심으로」, 《국제어문》 제42집, 국제어문학회, 2008.
- 선안나, 「판타지 동화와 판타지 소설」, 『천의 얼굴을 가진 아동문학』, 청동거울, 2007.
- 이성재, 「일본 만화 "베르사유의 장미"의 미학과 역사적 상상력」, 《서양사연구》 제34집, 한국서양사연구회, 2006.
- 이원복·박세현, 『만화로 교양하라』, 알마, 2011.
- 최수웅, 「요리만화의 스토리텔링 양상 연구」, 《인문콘텐츠》 제18호, 인문콘텐츠학회, 2010.
- 齋藤次郎, 손상익 역, 『아톰의 철학(手塚治蟲がねがったこと)』, 개마고원, 1996.
- はかわ玲子, 이만옥 역, 『도쿄에서 판타지를 읽다』, 청어람미디어, 2004.
- Edward H. Carr, 황문수 역, 『역사란 무엇인가(*What is History?*)』, 범우사, 1984.
- Frederik L. Schodt, 김장호·박성식 역, 『이것이 일본 만화다!(*Dreamland Japan : Writings on Modern Mnaga*)』, 다섯수레, 1999.
- Hayden White, 천형균 역, 『19세기 유럽의 역사적 상상력: 메타역사(*Metahistory: The Historical Imagination in Nineteenth Century Europe*)』, 문학과지성사, 1991.

- Scott McCloud, 김낙호 역, 『만화의 이해(*Understanding Comics*)』, 시공사, 2002.

Robot _ 현실이 만드는 꿈, 꿈이 만드는 현실

- 「태권V가 마징가Z 이기는 이유」, 《세계일보》, 2005.10.06.
- 배일한, 『인터넷 다음은 로봇이다』, 동아시아, 2003.
- 선정우, 『슈퍼 로봇의 혼(魂)』, 시공사, 2002.

- 정희진, 『페미니즘의 도전』, 교양인, 2005.
- 페니웨이, 『한국 슈퍼로봇 열전』, 한스미디어, 2012.
- 홍지연, 「마징가 닮은 태권V, 부끄러운 한계야」, 《오마이뉴스》, 2007.07.08.
- 東嶋和子, 조성구 역, 『로봇의 시대』, 사이언스북스, 2002.
- 瀬名秀明, 「로봇 공존사회와 휴머니티」, 井上博允 외 3인, 박정희 역, 『로봇, 미래를 말하다(ロボット学創成)』, 전자신문사, 2008.
- E. M. Forster, 이성호 역, 『소설의 이해(*Aspects of the Novel*)』, 문예출판사, 1993.
- Isaac Asimov, 「로봇 연대기」, 김선형 역, 『아시모프의 과학소설 창작백과(Gold)』, 웅진씽크빅, 2008.
- Johan Huizinga, 김윤수 역, 『호로 루덴스(*Homo Ludens, A Study of the play Element in Culture*)』, 까치, 1981.
- Karel Čapek, 조현진 역, 『로숨의 유니버설 로봇(*Rossum's Universal Robots*)』, 리젬, 2010.

Author _ 작가에서 조정자로, 문화콘텐츠에서 창작자의 문제

- 노빈손 홈페이지(http://www.nobinson.com)
- 강용범 · 선희영, 『노빈손 이순신의 거북선을 수호하라』, 뜨인돌, 2009.
- 강용범 · 선희영, 『노빈손 아이스케키 공화국을 구하라』 1권, 뜨인돌, 2003.
- 박경수, 『노빈손 에버랜드에 가다』, 뜨인돌, 2001.
- 박은철, 『노빈손 사기1-맹상군열전:사람을 품은 자, 천하를 얻으리니』, 뜨인돌, 2012.
- 이우일 · 이우성, 『노빈손의 세계도시탐험』, 뜨인돌, 2006.
- 한희정, 『노빈손의 두근두근 미국 횡단기』, 뜨인돌, 2007.

- 이부영, 『그림자』, 한길사, 1999.
- 이상민, 「에듀테인먼트와 스토리텔링, 그리고 만화」, 디지털문화콘텐츠연구소, 『만화콘텐츠와 스토리텔링』, 북코리아, 2008.
- 이유정, 「'과학기술도서' 출판의 활성화 방안 연구」, 중앙대학교 신문방송대학원 석사학위논문, 2007.
- 이종철「강현구, 『e-러닝과 에듀테인먼트』, 글누림, 2007.
- Aristoteles, 천병희 역, 『시학(詩學, *Poetics*)』, 문예출판사, 1990.
- Charles Leadbeater, 이순희 역, 『집단지성이란 무엇인가(*We-think*)』, 21세기북스, 2009.
- Joseph Campbell, 이윤기 역, 『천의 얼굴을 가진 영웅(*The Hero with a Thousand Faces*)』, 민음사, 2004(신장판).

- Michel Foucault, 박인기 편역, 「저자란 무엇인가?(*What Is an Author?*)」, 『작가란 무엇인가』, 지식산업사, 1997.
- Roland Barthes, 김희영 역, 「저자의 죽음(*The Death of the Author*)」, 『텍스트의 즐거움(*Le Plaisir du Texte*)』, 동문선, 1997.
- William Shakespeare, King Lear, London: Methuen, 1972.

찾아보기